2020年第1辑

北京金融评论
BEIJING JINRONG PINGLUN

《北京金融评论》编辑部 编

中国金融出版社

责任编辑：张翠华
责任校对：孙　蕊
责任印制：丁淮宾

图书在版编目（CIP）数据

北京金融评论．2020年第1辑/《北京金融评论》编辑部编．—北京：中国金融出版社，2020.8

ISBN 978－7－5220－0743－4

Ⅰ．①北…　Ⅱ．①北…　Ⅲ．①金融—文集　Ⅳ．①F83－53

中国版本图书馆CIP数据核字（2020）第146810号

北京金融评论．2020年第1辑
BEIJING JINRONG PINGLUN. 2020 NIAN DI－YI JI

出版发行　中国金融出版社

社址　北京市丰台区益泽路2号
市场开发部　（010）66024766，63805472，63439533（传真）
网上书店　http：//www.chinafph.com
　　　　　（010）66024766，63372837（传真）
读者服务部　（010）66070833，62568380
邮编　100071
经销　新华书店
印刷　北京市松源印刷有限公司
尺寸　185毫米×260毫米
印张　14.75
字数　267千
版次　2020年8月第1版
印次　2020年8月第1次印刷
定价　38.00元
ISBN 978－7－5220－0743－4

学术委员会及编委会名单

Academic Committee and Editorial List

前　言

Preface

2020年注定将是不平凡的一年。这一年是全面建成小康社会和“十三五”规划收官之年，是坚决打赢三大攻坚战的决胜之年，是谋划编制“十四五”规划的关键之年，也是攻坚克难的拼搏之年。

新年伊始，一场突如其来的疫情蔓延全球，对经济社会产生巨大冲击，诱发了全球实体经济衰退。虽然外部环境更加严峻复杂，不稳定不确定因素显著增多，但在“六稳”“六保”举措有效发力、改革制度红利进一步显现、部分周期性力量触底回升的作用下，我国经济增长仍存在诸多积极因素，经济从高速增长阶段转向高质量发展阶段的长期趋势依旧向好。金融作为现代经济的核心，与经济发展历来紧密相联、共生共荣。加大金融对经济高质量发展的支持，就要增加有效金融供给，把支持实体经济发展放在更加突出的位置；就要深入推进金融供给侧结构性改革，将更多金融资源配置到经济社会发展的重点领域和薄弱环节；就要研究开展金融创新，支持培育新业态、新动能，开拓经济高质量发展新空间；就要营造良好金融生态环境，坚决打赢防范化解重大风险攻坚战。

思想是行动的先导，理论是实践的指南。站在这一重要历史关口，面对新问题新挑战，我们要聚焦经济社会发展中的重大问题，坚持深入调查与综合研究并重，加强对当前经济金融形势的分析和研判。要突出研究的创新性、前瞻性、科学性、操作性，提高研究的深度、广度和效度，让研究成果为解决实际问题、推动经济发展注入新的能量。

回首来时路，砥砺再出发。新的一年，《北京金融评论》将继续秉持“评论传播思想，思想指导实践”的宗旨，精益求精地打造学术交流与研究平台，立足首都经济，扩大学术交流，促进成果转化，指导实践创新，为推动经济金融发展提供更多智力支持。

目 录
Contents

风险与监管

金融与法律

特色金融

观 察 思 考

高管论坛

中央银行对账管理存在的问题及改进建议

中国人民银行营业管理部副巡视员　李玉秀[①]

中央银行对账管理是中央银行提供金融服务的内在组成部分，也关系到金融安全的维护与保障。2019 年初，易纲行长在人民银行工作会议上指出，要加快人民银行会计工作转型升级，促进人民银行会计工作高质量发展。高质高效的对账工作，是提升人民银行金融服务水平的重要组成部分，有助于提高金融机构会计信息质量、有助于加强金融机构内部控制、有助于会计核算业务高质量发展，对系统性金融风险有预警作用。近年来，随着经济金融形势变化和科学信息技术的发展，中央银行对账工作也呈现出对账对象范围扩大、对账形式多元化等特点。由于缺乏专门的对账管理办法，与对账有关的制度规定间存在不连续或相互矛盾之处，导致对账工作防范资金风险的预期目的弱化，中央银行对账管理亟须在核算系统和相关制度上予以完善。

一、中央银行对账基本情况

（一）纸质对账

向开户单位发送纸质对账单是人民银行对账的基本形式。根据 2005 年颁布的《中国人民银行会计基本制度》，人民银行营业部门每月向开户单位发送余额对账单，由开户单位填列余额和未达账项，并加盖预留银行印鉴后返回，对账回单中如有未达账项，应及时查明原因；开户单位的对账回单，经核对无误后，应按科目、

① 作者简介：李玉秀，现任中国人民银行营业管理部巡视员。本文仅代表个人学术观点，与所在单位无关。

账号顺序排列装订保管，以备查考。

（二）中央银行会计核算电子对账系统

2009 年 5 月起，人民银行全面推广运用中央银行会计核算电子对账系统（以下简称电子对账系统），即依托城市金融专网实现人民银行营业部门与开户单位之间的账务核对，并坚持“每日对账、授权管理、有疑必查、监督确认”的原则，确保账务核对准确无误。该系统实现了人民银行与金融机构从每月对账到每日对账的快速转变，提高了对账工作的时效性和准确性，确保会计核算日清月结、账平表对。

（三）中央银行会计核算数据集中系统（ACS）综合前置子系统

2013 年 10 月起，人民银行上线运行中央银行会计核算数据集中系统（ACS）综合前置子系统（以下简称综合前置系统）。按照人民银行规定，接入综合前置系统的金融机构，一般应通过该系统每日进行账务核对。采用综合前置系统进行对账的，一般不再使用纸质对账或中央银行会计核算电子对账系统进行对账。

（四）函证

函证是指注册会计师为了获取影响财务报表或相关披露认定的项目信息，通过直接来自第三方对有关信息和现存状况的声明，获取和评价审计证据的过程。中央银行与银行等金融机构存在频繁且大额的存、放、汇等业务往来，中央银行提供的回函对会计师事务所认定金融机构财务数据的真实性和完整性具有重要作用。

二、中央银行对账工作中存在的问题

（一）对账范围没有明确界定

目前各项制度中对于对账范围都未做出规定。传统上对账账户仅限于金融机构在人民银行开立的存款账户，但由于营业管理部业务复杂、特殊，为维护中央银行资产安全，确保负债准确，多年来营业管理部对账范围日趋扩大，对账方式日趋多样，一定程度上影响了对账的工作效率。

（二）制度规范不清晰，缺乏管理部门

目前对账工作并无独立、完整的管理办法，也缺乏明确的管理部门，对账相关规范可见于多部门的多项制度文件中。如对账时限的问题，在历次业务检查中被多

次涉及，而相关制度文件的规定并不统一。《中国人民银行会计基本制度》中并未明确对账时限。《中国人民银行关于印发〈中央银行会计核算电子对账系统管理办法〉的通知》（银发〔2009〕167号）中规定“中国人民银行营业部门应按月通过中央银行会计集中核算系统打印余额对账单交开户单位。开户单位应将余额对账单加盖预留印鉴，于月后5个工作日内送交中国人民银行营业部门。”由于核算系统已升级换代，该文件有效性存疑。而ACS系统的配套制度《中国人民银行办公厅关于印发〈中央银行会计核算数据集中系统业务处理办法〉的通知》（银办发〔2013〕133号）和《中国人民银行关于印发〈中国人民银行会计集中核算管理规定〉的通知》（银发〔2013〕108号）中也未明确对账时限。

（三）金融机构对账操作不规范，对账积极性有待提高

一是电子对账系统对账不及时。《中央银行会计核算电子对账系统管理办法》规定，“开户单位应在下个工作日内完成上个工作日内的对账工作”。但在实际操作中个别开户单位不及时对账、忘记对账现象时有发生，使对账工作失去高效性和及时性。尤其是如遇对账人员出差、休假、岗位轮换，则更容易出现违规兼岗、对账不及时的现象。

二是金融机构纸质对账重视不够问题突出。采用纸质对账方式的多为中小型金融机构，普遍存在经办人员流动频繁，专业性不高，重视程度不足等问题。此外，也有个别机构账户长期无业务发生，但因历史遗留原因无法办理销户，金融机构业务人员对对账工作存有抵触情绪。

（四）对账工作较为繁重

部分金融机构同时参与两种对账方式，特别是电子对账系统是按日核对，已经包括了月末余额情况，月末进行纸质对账的意义不大，部分金融机构也多次向人民银行营业部门提出能否减少对账频率或只参加一种对账方式。重复对账加大了人民银行、金融机构的工作量，同时也造成了资源的浪费。

（五）函证缺乏制度依据

目前人民银行函证业务缺乏制度依据，各分支行办理函证业务方式各不相同，影响了人民银行履职的权威性。各分支行办理函证业务主要有邮寄、面函两种方式，邮寄方式存在泄密风险且时效性无法保证；面函需要金融机构工作人员、注册会计师至人民银行分支机构营业部门办理，存在着地域上的不便，一方面增加了柜台业务压力，另一方面也削弱了第三方审计的独立性。

三、关于规范对账工作的建议

（一）重新整理确定对账范围

对账账户范围广、方式多是影响对账效率的重要因素，很多账户纳入对账范围是延续了传统习惯，但随着业务的发展、管理的规范，是否有必要对账值得商榷。建议总行会计部门根据工作实际，重新整理确定需对账账户，减轻对账工作压力，提高效率。

（二）制订对账管理办法，明确对账管理部门

目前与对账有关的制度零散、内容模糊，建议总行会计部门从工作实际出发，制订对账管理办法，明确对账管理部门。一是有利于明确各部门职责，规范操作。二是可以作为金融机构开户的配套制度，有利于对账管理。三是可以使相关检查工作有据可依，减少纠纷。

（三）加强对账工作监督检查力度，提高金融机构重视程度

针对目前对账中存在的金融机构重视程度不够问题，建议人民银行各分支机构加大监督检查力度。对于存在对账不及时、对账操作不规范等现象的金融机构出具业务风险提示单，情节更为严重恶劣的，可考虑进行约谈等，提高中央银行对账工作的有效性。

（四）优化对账方式，大力推广电子对账模式

在多种对账方式共存的情况下，建议人民银行各分支机构考虑提高对账工作效率，避免重复劳动。可以由开户单位提出申请，自行选择对账方式；已经加入电子对账系统的，可以不再进行纸质对账。

（五）从制度层面规范函证，采用“集中统一”函证模式

一是从制度层面规范函证格式、操作规程。建议总行会计部门规范函证的格式及内容、形式、操作流程、办理时限、加盖印鉴等具体事项，与中央银行业务相适应，减少重复工作，维护中央银行监管的权威性和第三方审计的独立性。

二是采用“集中统一”函证模式。建议人民银行由ACS业务处理中心集中负责全国的函证业务，统一回函、复核。一方面加强了规范统一性，提高了回函质量与回函速度；另一方面也大大减少了中央银行函证工作的重复性，提高了函证效率，防范了风险的发生。

观点荟萃

北京辖区上市公司 2019 年经营情况分析报告

陆 倩 侯凤坤 胡小妹 林雅婕[①]

摘要：截至 2020 年 4 月 30 日，北京辖区 A 股上市公司达 353 家，占全国 A 股上市公司总数的 9.21%，在证监会辖区排名第四；总股本 2.75 万亿股，占全国 A 股总股本的 38.76%；总市值 16.23 万亿元，占全国 A 股总市值的 25.41%。北京辖区上市公司数量多、体量大，是我国资本市场的重要组成部分，具有典型代表性。本报告通过分析北京 A 股上市公司 2019 年年报经营数据，从经营业绩、板块及行业特点、科研融资、现金状况和社会责任等方面总结上市公司 2019 年整体经营概况，发现上市公司在盈利质量、融资行为、资本运作和均衡发展等方面存在的风险，提出了紧密联系地方政府、支持适度融资、优化营商环境和合力提高上市公司质量等监管建议，对于防范化解上市公司突出风险、夯实资本市场根基具有实践意义。

2019 年，我国经济发展仍面临复杂的内外部环境，在竞争中发展成为常态，国内经济运行总体平稳，产业结构调整、转型升级成效凸显，增长质量显著提高。北京辖区上市公司积极应对国内外新形势，顺应国家发展战略方向，表现出良好的发展态势。

一、经营概况

截至 2020 年 4 月 30 日，北京辖区 353 家[②]上市公司中 344 家按期披露了 2019

① 作者简介：陆倩、侯凤坤、胡小妹、林雅婕，均供职于北京市证监局。

② 截至 2020 年 4 月 30 日，北京上市公司数量占全国的 9.21%，在证监会辖区排名第四；总股本 2.75 万亿股，占全国总股本的 38.76%；总市值 16.23 万亿元，占全国 A 股总市值的 25.41%，是资本市场的重要组成部分。

年年报，2 家无法披露年报、7 家受疫情影响仅披露主要经营数据。报告分析了 351 家已披露 2019 年经营数据的公司情况，其中，主板 174 家、中小板 55 家、创业板 105 家、科创板 17 家。

（一）整体业绩持续增长，境外收入有所提升

2019 年，辖区上市公司实现收入 18.99 万亿元，占全国 A 股收入总额的 37.76%，较上年增长 8.98%，高于全国 GDP 6.10% 的增速；实现净利润① 1.74 万亿元，占全国 A 股净利润总额的 46.24%，较上年增长 7.28%。相较于 2018 年收入 11.63% 和净利润 5.20% 的增长率，收入增速下降 2.65 个百分点，净利润增速上升 2.08 个百分点，盈利能力有所提升。辖区 316 家上市公司实现盈利，占辖区公司总数的 90.03%，与上年持平，其中，186 家实现净利润同比增长，占辖区公司总数的 52.99%，28 家实现扭亏为盈，更有 41 家净利润同比增长 50% 以上。辖区九成公司盈利，半数以上业绩增长，表现出稳中有进的良好态势。

在国际贸易环境错综复杂的局面下，辖区上市公司境外收入仍取得小幅增长。167 家上市公司积极融入海外市场，较上年减少 8 家，实现境外收入 1.05 万亿元，较上年增长 8.98%（见图 1），其中，16 家公司境外收入占比超过 50%。

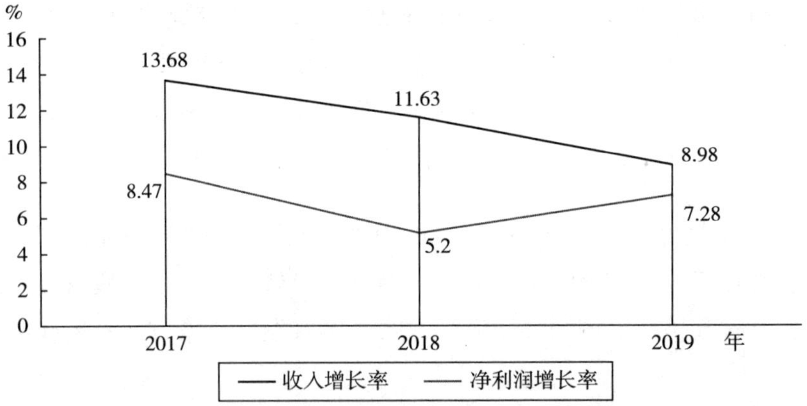

图 1　北京辖区上市公司近 3 年收入利润增长趋势

（二）板块发展各具特色，龙头企业示范引领

辖区各板块上市公司在资产规模和业务类型上存在较大差异，呈现出不同特点。174 家沪深主板上市公司是绝对主力军，实现了辖区 97.35% 的营业收入和 99.59%

① 本文中净利润皆指归属母公司股东净利润。

的净利润，其他板块的177家上市公司实现的收入、净利润在辖区占比分别仅为2.65%和0.41%。17家科创板公司上市首年表现亮眼，实现净利润同比增长23.52%，远超辖区整体水平。55家中小板和105家创业板公司经营压力较大，实现收入分别同比增长3.40%和3.15%，低于辖区整体水平，受个别公司巨额资产减值等影响，实现净利润分别同比下滑66.68%和449.51%，两个板块160家公司合计实现净利润仅8.18亿元，占全国中小板、创业板净利润总额的0.5%（见表1和表2）。

表1　　辖区各板块收入、净利润情况　　单位：亿元

板块	营业收入	同比增长	辖区占比	板块占比	板块	净利润	同比增长	辖区占比	板块占比
主板	184 894.92	9.12%	97.35%	42.45%	主板	17 330.18	7.96%	99.59%	49.01%
中小板	2 409.04	3.40%	1.26%	4.63%	中小板	41.59	-66.68%	0.24%	1.86%
创业板	2 054.18	3.15%	1.11%	12.84%	创业板	-33.41	-449.51%	-0.19%	-6.43%
科创板	536.20	8.99%	0.28%	36.45%	科创板	63.00	23.52%	0.36%	35.37%

表2　　辖区各板块净利润增长率波动趋势

板块	2015年	2016年	2017年	2018年	2019年
主板	-4.48%	3.07%	9.68%	5.47%	7.96%
中小板	14.72%	21.18%	6.43%	-26.46%	-66.68%
创业板	19.43%	31.08%	-72.58%	-163.93%	-449.51%
科创板	—	—	—	19.74%	23.52%

各板块龙头公司涌现，中流砥柱作用凸显。2020年4月30日，辖区市值超500亿元的上市公司45家，实现收入16.32万亿元、净利润1.69万亿元，在辖区分别占比85.94%和97.13%，业绩贡献突出，引领辖区各板块上市公司做大做强。

（三）行业发展普遍向好，第三产业欣欣向荣

辖区上市公司行业①分布多样，主要行业皆实现收入增长，近七成行业实现利润增长。上游原料供给行业发展平稳，奠定经济发展根基。采矿业上市公司实现收入增长4.49%、净利润下降7.22%，较2018年增速有所回落（2018年收入、净利润分别增长19.08%和46.79%）；电力、热力、燃气及水生产和供应业上市公司收入增长4.91%，净利润与2018年持平。

① 本文中行业分类采用证监会2016年分类标准。

中游设备制造行业受益于基建拉动、“一带一路”政策等稳定增长。铁路、船舶、航空航天和其他运输设备制造业上市公司收入、净利润分别增长 2.32% 和 10.28%；9 家电气机械和器材制造业上市公司收入、净利润分别增长 2.29% 和 28.01%；专用设备制造业上市公司收入、净利润分别大幅增长 24.43% 和 49.38%。

下游消费服务行业蓬勃发展，第三产业潜力巨大。科学研究和技术服务业上市公司收入、净利润分别增长 22.78% 和 16.31%；批发和零售业上市公司收入、净利润分别增长 9.68% 和 27.51%；租赁和商务服务业上市公司收入、净利润分别增长 7.00% 和 51.78%；信息传输、软件和信息技术服务业上市公司收入、净利润分别增长 4.42% 和 51.33%。

部分行业受政策等影响业绩出现较大波动。文化、体育和娱乐业上市公司受影视行业综合治理、个别公司巨额商誉减值等影响，净利润同比下滑 10 倍；医药制造行业上市公司受带量采购、一致性评价等政策影响，收入增长 5.88%，净利润下滑 8.81%；房地产行业上市公司在 2018 年政策收紧时净利润大幅下滑 44.05%，2019 年业绩回升，净利润同比增长 9.33%。

（四）研发和融资齐头并进，内外兼修强化发展动力

辖区上市公司持续加大科技研发投入，开拓创新激发内生活力。2019 年，共投入研发支出 2 276.88 亿元，较上年增长 28.77%，其中 17 家公司的研发强度①超过 20%，以软件和信息技术服务行业为主，有传统制造类企业通过技术革新，带动新旧动能转换，也有战略性新兴产业深挖潜力，带动经济发展换挡提速。

积极发挥直接融资优势，助力公司发展战略落地。辖区上市公司 2019 年直接融资合计 5 399.07 亿元，较上年增长 58.92%，其中，28 家公司（科创板 12 家）首发上市募集资金 686.67 亿元，全国排名第一，占全国 IPO 募资总额的 27.11%；27 家公司定向增发募集资金 924.03 亿元，占全国增发总额的 14.11%；28 家公司发行公司债募集资金 1 014.38 亿元，占全国公司债发行总额的 33.26%；4 家公司发行优先股募集资金 2 250.00 亿元，占全国优先股发行总额的 88.24%；8 家公司发行可转债融资 523.99 亿元，占全国可转债总额的 20.90%。同时，辖区上市公司积极运用股权工具吸引人才，34 家公司采用限制性股票或股票期权激励工具实施股权激励；7 家公司实施员工持股计划，涉及员工 6 099 人。

（五）现金流持续改善，民营企业表现良好

在去杠杆政策的引领下，辖区上市公司高度重视现金流管理，加速应收款项回

① 本文中研发强度是指研发支出在营业收入中的占比。

笼，维护企业运转“生命线”。2019 年账面货币资金余额 2.38 万亿元，较上年增长 1.69%；实现经营性现金流净额 2.99 万亿元，较上年减少 8.43%，62 家公司的经营性现金流净额为负，占辖区公司总数的 17.66%，较上年减少 17 家；应收款项余额 1.50 万亿元，较上年减少 2.03%，计提坏账准备 644.99 亿元，较上年减少 30.35%。

辖区民营上市公司表现良好，实现经营性现金流净额合计 721.75 亿元，较 2018 年增长 35.36%，大幅优于辖区整体水平；货币资金余额 1 834.31 亿元，较上年增长 3.91%，也优于辖区整体水平。民营企业应收账款增速稳定，应收款项合计 1 827.27 亿元，较上年增长 2.61%，低于收入总额 11.33% 的增长率，但计提坏账准备 38.95 亿元，是上年的 3.44 倍。民营企业在应收账款管理上仍存在较大压力，回款情况不及辖区整体水平。

（六）重视回报投资者，积极履行社会责任

辖区上市公司延续重回报、高分红的优良传统，持续增强投资者获得感。2019 年，261 家上市公司在年报中披露现金分红预案，占辖区公司总数的 73.40%，预计现金分红 5 756.93 亿元，占全国 A 股预计现金分红总额的 42.35%，占分红企业净利润总额的 33.11%。其中，33 家公司的分红比例[①]超过 50%。

辖区上市公司积极履行社会责任，投身扶贫攻坚战，为保民生、促就业贡献力量。170 家公司在年报中披露精准扶贫等公益活动，较上年增加 29 家，脱贫、助学、助老等工作成效显著。71 家公司在年报中详细披露了排污单位环境保护工作情况，还有不少公司主动披露环境保护相关工作。2019 年共支付各项税费 1.63 万亿元，接近当期 1.74 万亿元的净利润，共创造 666.64 万个就业岗位，支付职工薪酬 1.65 万亿元，同比增长 7.49%。

二、主要风险

北京上市公司整体稳中向好发展，但仍有不少公司承受了较大的经营压力，在业绩表现、资产结构、融资能力等方面呈现出较高的经营风险，国有企业与民营企业、金融业与非金融业发展仍不平衡，中小企业营商环境亟待完善，上市公司质量有待提高。

① 本文中分红比例是指现金分红金额占净利润的比重。

（一）盈利质量不高，财务信息不扎实

近四成上市公司业绩下滑，部分企业依靠非经常性损益实现盈利，个别企业被出具非标准审计意见。2019 年，辖区 136 家上市公司净利润同比下滑，占辖区公司总数的 38.75%，较上年增加 18 家，其中 56 家大幅下滑 50% 以上。35 家上市公司亏损，其中，5 家连续两年亏损，触发暂停上市风险。27 家上市公司依靠政府补助、资产处置等非经营性损益项目实现盈利，其中，国有企业 15 家、民营企业 8 家。已披露年报的 344 家上市公司，2 家被出具无法表示意见，3 家被出具保留意见，5 家被出具带强调事项段的无保留意见，此类公司财务报表数据未得到审计机构的充分认可，真实性、准确性存疑。

（二）融资成本增加，资产结构待优化

利息费用逐年上升，部分企业资产负债率较高，偿债压力较大。2019 年，辖区非金融行业上市公司支付财务费用合计 1 874.84 亿元，较上年增长 9.12%，高于上年 8% 的增长幅度；财务费用占相关企业净利润总额的 29.12%，高于上年 26.59% 的占比，财务费用对净利润的影响提高。185 家公司的筹资活动现金流净额为负，其中 101 家为民营企业，部分企业融资情况仍不乐观，呈现出偿还旧债但无新债的局面。辖区部分非金融业上市公司资产负债结构不合理，42 家公司资产负债率超过 70%，高于 2018 年的 37 家，高负债率进一步削弱公司的融资能力，可能形成资金短缺的恶性循环，酝酿流动性风险。

（三）资产减值冲击业绩，商誉及预计负债影响大

辖区上市公司商誉规模仍然较大，商誉减值直接影响业绩，近四成公司计提预计负债，进一步侵蚀利润。2019 年，辖区 228 家上市公司存在商誉，商誉账面余额达到 2 383.12 亿元，占相关公司净资产①的 1.98%，与上年持平。79 家公司计提商誉减值损失 157.79 亿元，占相关公司净利润的 69.95%，个别公司因巨额商誉减值导致业绩亏损。

辖区 129 家上市公司计提预计负债 3 391.58 亿元，占相关公司净利润的 28.64%，直接影响公司利润水平，相比 2018 年 119 家公司计提 2 969.70 亿元，预计负债规模上升 14.21%，反映出上市公司因违规担保、重大诉讼等被追责的情况增多。

① 本文中净资产指归属母公司股东的权益。

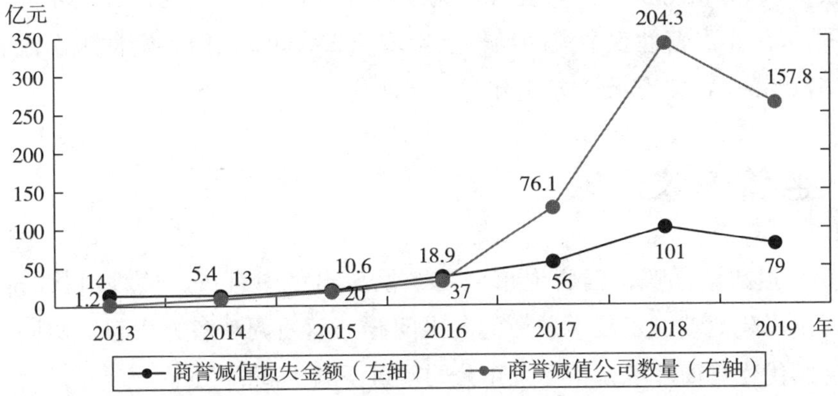

图2　2013年至2019年辖区上市公司商誉减值情况

（四）行业发展不平衡，金融行业独占鳌头

辖区金融业和非金融业上市公司业绩明显分化，金融业保持繁荣增长，非金融业调档降速。辖区金融业上市公司多为行业龙头，盈利能力远超非金融业上市公司，20家金融业公司实现收入5.20万亿元、净利润1.33万亿元，分别较上年增长10.45%和10.94%，分别占辖区收入、净利润总额的27.38%和76.44%。331家非金融业公司收入增长8.42%，受资产减值等因素影响，净利润下滑2.91%，相较2018年收入增长13.76%和净利润增长11.46%，收入增速放缓，利润由增变降，远不及金融业的增长速率。尤其是20家金融公司实现了辖区76.49%的净利润，体现出辖区行业间发展不平衡，非金融行业发展环境亟待优化。

（五）国有企业快速发展，民营经济盈利不足

辖区国有企业盈利能力明显优于民营企业，资产质量不断提升。辖区141家国有企业实现收入16.38万亿元、净利润1.09万亿元，分别占辖区收入、净利润总额的86.26%和62.96%，较上年分别增长8.84%和9.78%，利润增速超过辖区整体水平；国企资产损失大幅下降，其中存货跌价损失下降24.00%、商誉减值损失下降45.35%。179家民营企业实现营业收入5 383.31亿元、净利润36.42亿元，分别占辖区收入及净利润总额的2.78%和0.21%，其中，收入同比增长11.33%，但净利润大幅下滑81.47%，盈利能力不足；民企资产损失有所增长，其中存货跌价损失增长16.12%、商誉减值损失增长2.27%。

在金融去杠杆和市场资金紧缩的形势下，国有和民营企业共同面临现金流紧张状况。辖区国企经营性现金流净额合计1.77万亿元，较上年下滑37.17%，一改上

年大幅增长64.01%的势头；筹资性现金流净额合计857.36亿元，较上年大幅下滑60.88%。辖区民企经营性现金流净额较上年增长35.36%，但筹资性现金流表现较差，累计净额为-24.42亿元，较上年进一步恶化。

三、监管建议

2019年年报数据反映，辖区上市公司既呈现出稳中有进、持续增长的良好局面，又呈现出风险涌动、发展不平衡的突出问题，亟须调动各方力量，协同应对主要风险，持续优化营商环境，推动上市公司质量不断提高。

（一）紧密联系地方政府，协同应对辖区风险

高度关注连续2年亏损、盈利质量不高、被出具非标准审计意见的上市公司，强化日常监管力度，紧盯风险演化进程，视情况开展现场检查，严厉打击可能存在的财务造假行为，防范由经营风险引发的合规风险。充分发挥与地方政府的协作机制作用，对于暂时存在经营困难、不存在违法违规情形的上市公司，强化市场化纾困支持力度；对于存在退市风险的公司，支持通过破产重组化解风险，不符合重组条件的，加快出清节奏，与地方政府协同做好退市维稳工作，维护首都金融市场稳定。同时，强化风险公司信息披露监管力度，督促公司全面、准确、及时披露风险状况及影响程度，保护中小投资者知情权，逐步释放风险。

（二）抓住改革机遇，支持适度融资

针对辖区上市公司财务费用逐年攀升等融资问题，强化宣传资本市场改革阶段性成果，引导上市公司掌握新法新规、及时抓住改革机遇，规范运用向特定对象公开发行股票、发行可转债、并购重组配套融资、分拆上市等方式直接融资，有效降低债务负担，优化资产结构。强化高负债率上市公司监管力度，高度关注过度融资行为，提醒控制发展节奏，及时处置资产化解存量债务，防范流动性风险，引导上市公司适度融资、稳步发展。

（三）优化营商环境，促进民营经济发展

辖区金融业与非金融业、国有和民营经济发展仍不平衡，非金融业发展向好，但盈利能力远不及金融业，民营企业经营性现金流有所改善，但仍面临融资难的发展困境，营商环境亟待优化。一方面，加强首都金融监管机构之间的沟通协作，共同推进金融供给侧结构性改革，推动减少收费名目、降低费用标准、简化担保要求

等，切实降低实体经济融资成本，防止脱实向虚。另一方面，重点扶持民营经济发展，协同解决金融机构对民营企业抽贷、断贷、加息、不予发债等差别待遇问题，大力支持符合条件的民营上市公司借助资本市场直接融资，将各项扶持政策落到实处。

（四）依法从严监管，合力提高上市公司质量

推动辖区上市公司提高内控治理、规范运作、有效信息披露水平，有效防范因管理不到位、法律意识淡薄导致的经营风险和合规风险，促进上市公司提高盈利能力和融资能力，形成良性循环。一方面，落实证监会“三及时”监管要求，严厉打击资金占用、违规担保、应披露不披露等违法违规行为，强化并购重组全链条监管，严格限制“三高”并购，主抓“关键少数”法律责任，双查中介机构责任，强化监管威慑力，从源头上压缩利用资产减值腾挪利润的空间。另一方面，凝聚地方政府及市场各方合力，为上市公司发展营造良好的政策、舆论、文化氛围，发挥联合惩戒作用，共同打造真实透明、治理规范、内控有效的上市公司，将提高上市公司质量从监管外部压力转变为自身发展需求。

浙江泰隆银行中小微企业关系型贷款分析[①]

杨德勇　田　帅[②]

摘要： 融资难、融资贵问题是中小微企业普遍面临的共性问题，市场相关各方都在积极寻求解决方案，本文主要研究浙江泰隆银行通过关系型贷款技术，在缓解中小微企业融资难问题上的成功做法、存在的问题并提出更好发展的建议。

关键词： 中小微企业融资　关系型贷款　泰隆银行

目前我国中小企业贡献了50%以上的税收，60%以上的GDP，70%以上的技术创新，80%以上的城镇劳动就业，90%以上的企业数量，是国民经济和社会发展的生力军，是扩大就业、改善民生、促进创业创新的重要力量。在市场各方的共同努力下，金融体系针对小微企业的支持覆盖面更广、利率更低。2019年末，普惠小微贷款余额11.59万亿元，同比增长23.1%，比上年末高7.9个百分点，普惠小微贷款支持小微经营主体2 704万户，同比增长26.4%，全年增加565万户，同比多增100万户，新发放普惠型小微企业贷款平均利率较2018年平均水平下降0.64个百分点[③]。但中小微企业仍然普遍面临着严峻的融资问题。经过27年的摸索实践，浙江泰隆银行通过关系型贷款技术在服务小微和普惠方面、在解决中小微企业融资难问题上，走出了一条差异化发展的道路。

---

① 本文得到教育部哲学社会科学研究后期资助项目“区域经济协调发展战略视角的金融服务实体经济研究”（编号：2018013）的资助。

② 作者简介：杨德勇，教授、博导，现供职于北京工商大学。田帅，硕士研究生，现就读于北京工商大学。

③ 资料来源：中国人民银行《2019年金融机构贷款投向统计报告》、中国银保监会《银保监会国新办新闻发布会答问实录（2020年1月13日）》。

一、关系型贷款定义

企业信息分为可公开获得的硬信息和难以在公开市场获取的软信息两类。企业硬信息指容易量化、传递和不具有人格化特征的信息，如财务报表、固定资产、抵押品等。软信息是指那些难以量化、传递的独有信息，包括同中小微企业主常年接触形成的对其人品、能力、诚信度的评价，与其供应商、顾客、员工、邻近商家、企业所在社区人员交流形成的对其发展前景的预测等。这些信息只能被有限范围的熟人、朋友所掌握和了解，须依赖于融资双方长期的、多方位的接触，具有强烈的人格化特征和不可保证性的特点，难以量化和有效传递。

从信息生产角度，关系型贷款指建立于银行与企业之间长期、稳定、合法的交易关系之上，主要通过对企业软信息的生产和处理，克服硬信息的不足，缓解银企双方在借贷过程中的信息不对称，进而向企业提供的金融借贷服务协议。

二、泰隆银行中小微企业关系型贷款分析

（一）泰隆银行经营状况

浙江泰隆银行秉承支持实体、服务小微、扎根乡村的理念，自 1993 年成立至 2018 年度末，累计服务小微企业客户数 319 万多户，累计发放贷款11 470多亿元，间接支持就业人数近 400 万人。2018 年泰隆银行向 19 万户小微企业发放贷款累计 1 670多亿元，全行户均贷款 29 万元，信用保证类贷款占比 90.8%，涉农贷款占比 50%。截至 2019 年 6 月末，500 万元以下的客户数占比 99.8%、贷款余额占比 90.41%，不良贷款率 1.17%，不良率远低于全国银行业金融机构平均水平。盈利能力上，2018 年度，泰隆银行资产利润率 1.78% 是全国商业银行资产利润率累计 0.9% 的 2 倍；资本利润率为 23.06%，而全国商业银行资本利润率累计为 11.63%；同时近 5 年的盈利数据也显示，以小微和普惠金融业务为主的泰隆银行每年的资产利润率和资本利润率情况均显著好于全国商业银行的平均情况。①

泰隆银行业务聚焦在小微和普惠，在为更多有金融需要的群体提供成本可负担的金融服务、缓解小微企业融资难的同时，也获得可观的回报，实现了双赢。

① 资料来源：浙江泰隆银行 2014—2018 年各年度报告（摘要）、2018 年度社会责任报告，中经网统计数据库等。

（二）泰隆银行中小微企业关系型贷款的主要做法

商业银行信贷发放主要考察借款人的还款意愿、还款能力和还款保障三个方面。传统的信贷流程中，由于成本效益约束、信息不对称等，金融机构难以评估中小微企业（主）的诚信情况，也难以收集到真实的会计财务、投资决策、项目前景与现金流等在内的经营信息以供其评估中小微企业还款能力。在此情况下，从还款保障角度考察抵押资产成为银行降低信贷风险的优先选择，与此相矛盾的是中小微企业往往没有充足的资本和银行认可的抵押物，因此现阶段抵押担保难是中小微企业得不到金融信贷资源的一大主因。

针对中小微企业金融服务的信息不对称、缺乏抵押物、贷款定价难等问题，泰隆银行从软信息收集评估上缓解信息不对称，通过担保方式创新解决无抵押之难，以覆盖多因素的贷款定价机制解决中小企业贷款定价难问题。

1. 软信息收集评估，缓解信息不对称

泰隆银行8 300余名员工中有近一半为客户经理，坚持到户调查和眼见为实，对客户进行频繁走访与业务跟踪，建立起银行与客户的密切联系，同时通过人缘、地缘、亲缘优势借助人脉关系侧面了解客户，从多方面获取客户的动态软信息。主要方式有：软信息收集上的实地调查和侧面了解相结合；以“三品三表”“两有一无”为切入点的客户评价方法；社区化经营等。通过多渠道、大量软信息的获取与分析，结合常规的财务、央行征信、固定资产、抵押担保等借款人硬信息，锁定客户的真实信息和实际需求，缓解银行面临的中小微企业贷款信息不对称问题，降低中小微企业贷款的不良率。

社区化经营。泰隆银行依托自身机构网点，划分客户经理的责任田，实行网格化管理，提供定点、定人、定时服务，依靠社区内的地缘、人缘、业缘等优势，进行社区建档和客户建档，实现对客户硬数据和软信息的全方位、多维度获取和小微客户业务成片做。截至2019年6月末，泰隆银行金融服务覆盖1.43万个子社区，辖内乡镇、街道的金融服务总覆盖率达84%，90%以上的新增贷款来源于子社区。

“三品三表”，即人品、产品和抵押品，水表、电表、海关报表。调查企业主的人品是否值得信任，以供评估其还款意愿；企业产品是否卖得出，即还款能力；抵押物品是否靠得住，即还款保障。入户调查制造企业的水表、电表和外贸企业的海关报表等，从用水量、用电量、产品出关量及其变化上，了解企业的实际资金需求、估算其销售收入和现金流。通过社会化软信息和来自财务报表等的数字化硬信息，灵活分析客户的成长潜力和偿债能力。

2. 创新担保方式，解决无抵押之难

在贷款担保上，泰隆银行不过度强调抵押物，而是重点关注第一还款来源的稳定性和有效性；推行多人保证和辅助担保，以此降低对每个担保人的条件，防范道德风险。泰隆银行将企业主、企业股东及其亲属等实际控制人追加为贷款保证人，一是变有限责任为无限责任，约束企业管理层勤勉尽责，控制经营风险；二是实现风险分散和转嫁，避免企业破产后恶意逃避银行债务；三是促使各担保人对借款人经营状况进行监督和反馈，获取借款人经营动态信息，进一步实现信息对称。泰隆银行与此相对应的信贷产品有“义融通”道义担保贷款，截至 2019 年 6 月道义担保贷款在泰隆银行保证贷款中占比约 22%。

3. 用贷款定价机制解决中小微企业贷款定价难问题

贷款定价的关键在于贷款利率水平可覆盖成本与风险，同时又能被客户接受。泰隆银行通过对历史数据的分析，综合考虑收益与成本测算出小微企业的贷款保本率，同时结合客户的贷款用途和对资金价格的承受力，确定利率浮动范围。在此基础上充分考虑地区差异、资金供求情况、竞争对手和民间借贷利率水平、客户价值和信用等级、客户综合回报和现金流量、贷款期限、贷款方式等客观因素，进行差异化定价，做到一地一价、一期一价、一户一价、一笔一价，并根据具体情况适时调整利率，实现了利率在一定范围内的市场化浮动。

三、泰隆银行关系型贷款更好发展的分析

（一）存在的主要问题

泰隆银行关系型贷款的中小微企业信贷模式是用一种劳动密集型、社区化经营的金融服务方式，通过银行工作人员与企业长期频繁的来往，收集客户软硬信息，有效地解决了信息不对问题。很明显，人的因素即客户经理在泰隆银行这种社区化经营方式中起到了极其重要的作用。对于这种模式，笔者认为以下几点问题需要着重关注。

1. 泰隆银行关系型贷款的可复制性问题

泰隆银行充分发挥自身地缘、人缘、亲缘优势，通过社区化经营的熟人网络，坚持侧面打听、实地调查来了解客户的软信息，并以“三品三表”“两有一无”作为客户评价的切入点，增加自身对客户还款意愿和还款能力的把控。但随着个人隐私保护意识的增强，某一家银行通过对借款人上下游客户及其周围人的接触来收集贷款客户信息的做法可能并不适用。而且泰隆银行在担保方式上的创新，绕开了现

代公司制度最为核心的人和物承担有限责任的制度设计，其主打的道义担保、信用担保贷款等变有限责任为无限责任的贷款产品，在异地扩张的过程中，可能因经济环境以及信用文化差异而不被市场接受。即关系型贷款存在异地复制的软信息收集评估的困难和银行创新的信贷产品是否符合当地情况的问题。

从泰隆银行以往的发展来看，该行的关系型贷款最适合基于熟人社会的市场，这个市场的特点是：有庞大的中小微企业客户群；金融业欠发达，客户可以接受较高的利率；客群个体之间联系密切，易于找担保人和以点带面。而随着社会从熟人合作关系社会向陌生人合作关系社会的转变，上述熟人社会的特征并不明显，尤其是第二点、第三点。在金融支持实体经济发展的大背景下，国家政策要求金融资源更多向中小微企业倾斜，国有大行向中小微企业提供更多低利率信贷产品，冲击着中小银行相对昂贵的关系型贷款。

2. 泰隆银行客户来源与经营成本问题

泰隆银行社区化经营、以物理网点为依托的运营方式，一是其客户来源必将受到银行物理网点数量、密度和有效服务半径的限制，新客户群体的获取往往伴随着新地区新的营业网点的开设。二是容易形成银行贷款的地域和行业集中风险，一旦地区经济金融条件变化或客户经营异动，容易造成银行不良贷款率明显上升，危及银行的资产质量。三是获取软信息的人力、物力经营成本高企，难以实现规模经济，泰隆银行的经营成本远高于全国商业银行平均成本。数据显示：近 8 年来全国商业银行第四季度末成本收入比平均为 30.59% ~33.1%，而泰隆银行近 8 年成本收入比最低为 43.78%，最高达到 53.89%①。

3. 泰隆银行员工道德风险和操作风险问题

为了响应中小微企业金融需求期限短、频率高、需求急的特征，泰隆银行一是合理精简信贷审批流程，尽可能实现信贷审批上的扁平化，实行三三制服务承诺，确保小微客户最慢 3 天、最快 3 小时即可获得贷款。二是下放审批权限，实现约 80% 的业务在支行层面完成审批，95% 的业务在分行层面即可完成审批。同时在软信息收集上，泰隆银行通过银行工作人员与企业长期频繁的来往，收集中小微企业社会化、非公开化且不易量化、证实和传输的软信息。在便捷中小微企业，减少信息不对称的同时，极易出现银行内部员工同外部人员串通一气，合谋骗取贷款，导致银行损失的情形。泰隆银行历史经验表明，小微贷款风险 70% ~80% 都集中在道德风险和操作风险上。

① 数据来源：中经网统计数据库、国泰安 CSMAR 数据库、泰隆银行 2011—2018 年年报（摘要）。

（二）更好发展的建议

1. 金融科技解决关系型贷款模式的可复制性问题

泰隆银行的社区化经营、“三品三表”“两有一无”等商业模式，其本质是通过在熟人关系网中对中小微企业相关软信息的收集，实现对中小微企业还款意愿、还款能力的考察，从而降低银行对中小微企业的信息不对称，进而改变在传统信贷发放中主要考察借款方还款保障的方式，再进一步实现对优质中小微企业的金融信贷服务。

金融科技的运用，使得在现代以陌生人分工协作为主的社会中，银行不一定必须进社区，借助人脉关系对客户进行背对背了解，通过频繁走访与跟踪客户，动态获取客户的多方面信息，以实现对客户还款意愿和还款能力的侧面考察。而是可以直接借助工商、司法、税务、海关、物流公司、社交媒体、购物平台、反欺诈和黑名单等数据源中的海量沉淀数据，考察企业的产品是否适销对路，实现对客户的精准画像。从而实现“三品三表”等模式的线上模型化，更能实现泰隆银行关系型贷款从熟人社区向陌生人网络的过渡，大大提升泰隆银行关系型贷款模式异地复制的可行性。

同时，金融科技的运用，“三品三表”等商业模式的线上模型化将至少从三个方面提升泰隆银行的经营效率，降低其高企的成本收入比。一是降低银行用工成本。避免在熟人关系网中随着信贷业务的扩张，为收集新地区新企业的软信息，必然伴随的客户经理规模急剧增加的情况出现。二是便利信息收集与分析。减少信贷决策前收集信息所花的时间，运用金融科技直接抓取的现存信息，使得银行客户经理不必花更多的时间一对一收集已有的企业线上信息。同时贷后通过金融科技模型的实时监控，能实时预警信用恶化的企业贷款。三是实现规模化经济，金融科技实现的信贷流程模型化、标准化，可实现银行在极短时间内大批量进行授信审批、用款审批等。

2. 同业合作增加客源

从目前金融与科技的结合上来看，数据是基础，技术来助力，掌握海量的数据，通过技术的手段进行挖掘，可以快速大规模获取客户，同时通过多维度数据的交叉比对，更容易实现风险控制。因此，从对掌握的企业数据量出发，阿里巴巴、京东、美团大众点评、饿了么、苏宁金服、百度、腾讯科技、携程、唯品会等平台积累的数据，如能合法、有效地合作开发，将极大地助力银行通过金融科技手段快速获取客户，有效开展小微信贷业务。

阿里系的网商银行于2015年6月25日正式开业，运用大数据、云计算、人工智能等金融科技深度挖掘阿里体系内电商数据，再结合企业工商信息、体系行为、行业特征、外部数据以及个人属性等因素，精准分析用户，实现了从贷款申请、授信用款审批、贷后管理、贷款回收全流程的线上操作。截至2018年末，网商银行资产总额959亿元，负债总额905亿元，所有者权益53.7亿元，历史累计服务小微企业和小微经营者客户1 227万户，户均余额2.6万元。

从客户来源、线上运营经验、技术基础等角度，泰隆银行可考虑同网商银行合作，由泰隆银行提供信贷资金，网上银行方面导入客源、提供技术支持，双方按收入一定比例分成的方式，开发针对阿里系平台上符合泰隆银行条件的电商小微贷款产品。

参考文献

[1] 周成一．浙江泰隆银行中小企业贷款业务投放研究［D］．哈尔滨工业大学，2012.

[2] 曾菁．浙江省民营银行的发展研究［D］．湖南大学，2014.

[3] 王钧．专注小微　践行普惠——泰隆银行小微金融服务的探索与实践［J］．中国银行业，2019（8）：50－52.

[4] 金轩宇．商业银行小微企业信贷风险管控研究［D］．复旦大学，2013.

国际借鉴

美国消费者金融教育现状及对中国的启示[①]

陈福中　刘谊平[②]

摘要： 随着金融市场的快速发展，金融产品和服务的复杂性不断增加，对消费者进行金融教育以提升其金融素养的重要性日益凸显。正是在这样的背景下，消费金融学应运而生，并迅速成为涵盖金融学、行为学及心理学等多领域的新兴学科。本文回顾了美国消费者金融教育的发展历程，并结合美国最新公布的2018年国民理财能力调查数据，从金融教育、金融知识、在线银行和信用卡使用四个方面深入探讨了美国消费者金融教育的现状。以美国发展金融教育的经验为借鉴，为进一步提升我国消费者金融教育水平，应加快构建消费者理财能力评估体系步伐，重视低收入消费者群体的金融教育普及工作，扩大优质在线金融教育资源供给，加速构建完善的高等院校金融教育课程体系，并对不同年龄段消费者实施差异化的金融教育。

关键词： 消费者金融教育　金融知识　在线银行　信用卡使用

一、引言

消费金融学是从消费者的角度，研究消费者个人的理财行为、储蓄行为、支出行为、借贷行为以及其他相关经济行为等影响消费者经济福利和主客观幸福感的科学，涵盖了金融学、行为学及心理学等多个学科，是一个新兴的跨学科研究领域。然而，学术界对于消费者金融的重视，并展开深入研究则开始于最近几年。2006

---

① 本文受教育部人文社会科学青年基金项目（批准号：16YJC790006），北京市金融学会科研项目一般项目，以及对外经济贸易大学优秀青年学者资助项目（批准号：18YQ07）的资助。

② 作者简介：陈福中，现供职于对外经济贸易大学；刘谊平，现就读于对外经济贸易大学，金融专业硕士研究生。

年，美国金融学会会长、哈佛大学教授Campbell以“家庭金融”为主题发表了演讲（张攀和周星，2014），家庭内部消费者金融行为的集合构成了家庭金融的主体。美国国家经济研究局（National Bureau of Economic Research，NBER）也于2009年开始举办以家庭金融和消费者金融等为研究主题的工作论文会议。正如Campbell在演讲中所言，学术研究应该把消费者向更为理性的方向指引。在美国，消费者金融教育是指在学校等正规教育场所以及工作单位和社区等非正规教育场所对消费者进行金融知识教育，以增强他们做出理性金融决策并实施合意理财行为的能力。已有研究文献表明，金融教育可能会通过提高金融知识水平、增强对理财能力的信心及鼓励积极的理财行为等方式对消费者的理财能力产生多种积极影响（Xiao和O'Neill，2016）。此外，金融教育更有可能影响或塑造消费者长期的理财行为，如为退休进行储蓄或进行投资（Wagner和Walstad，2019）。

自2009年起，美国金融业监管局的投资者教育基金会（Investor Education Foundation）每3年进行一次国民理财能力调查（National Financial Capability Study，NFCS），至今已分别于2009年、2012年、2015年以及2018年进行了四轮。调查涉及收支平衡管理（Making Ends Meet）、提前规划（Planning Ahead）、管理理财产品（Managing Financial Products）以及理财知识和决策（Financial Knowledge and Decision – Making）四个方面的内容。该调查旨在对理财能力的关键指标进行统计分析，并评估这些指标如何随人口、行为和金融素养等特征而变化，以提升美国国民的理财满意度。随着调查的持续开展，相关问卷设计逐步优化，目前已成为消费金融领域最为权威的全国性调查之一。2009年的第一轮调查，分为军事人员调查、州级调查和全国调查三个层次，是极具代表性的专业调查。2012年的调查在2009年的基础上，提供受访者的理财能力随时间变化的追踪调查。自2015年起，该调查增加了投资者调查，提供了更多的有关投资决策的建议。2018年的调查则更加注重地区异质性，不同于每个州500人的样本容量，哥伦比亚特区、俄勒冈州和华盛顿三个地区被赋予了更大的样本容量。本文将结合美国最新公布的2018年国民理财能力调查数据，分析美国消费者金融教育的现状，从而对我国如何向广大消费者开展金融教育并提升消费者金融福利进行政策性思考。

二、美国消费者金融教育的发展历程

美国高度重视消费者金融教育，由政府、学校和私营组织共同组成的各种全国性金融知识培训项目正蓬勃发展。从某种意义上讲，消费者金融教育在美国已经上升到国家战略的高度。早在20世纪70年代，时任美国总统肯尼迪在国会上发表的

《关于保护消费者权益的总统特别咨文》就拉开了消费者金融教育运动的序幕。随着大量的联邦和州一级消费者保护法案和地方性法令的通过，该运动在20世纪60—70年代得到快速发展（李先军和于文汇，2018）。

（一）成立专门政府部门

1995年，美国成立了全美储蓄教育委员会（American Savings Education Council，ASEC），其宗旨是帮助消费者解决缺乏储蓄意识，以及忽视制订退休计划等问题。2003年，美国通过了《公平和准确信贷交易法案（Fair and Accurate Credit Transactions Act）》，并成立了金融素养和教育委员会（Financial Literacy and Education Commission，FLEC）。该委员会由财政部长担任主席，美国联邦储备及联邦存款保险公司等19个联邦机构也参与其中。FLEC主要负责制定金融教育国家战略，推动政府和非公共部门共同参与，以期为美国所有个人和家庭带来可持续的金融福利。该委员会还创建了一个电话热线（1-800-FED-INFO）和“我的金钱”网站（MyMoney.gov）。“我的金钱”网站可以一站式地获取金融知识和教育计划，让消费者更好地了解联邦金融教育资料。

金融危机后，奥巴马政府认为，金融领域松弛的消费者保护是导致次贷危机产生并蔓延的重要原因（郭东，2010）。2009年6月，时任美国总统奥巴马提议建立一个全新的金融机构，通过直接关注消费者而不是关注银行的安全性和稳健性，来解决消费者保护的相关问题。2010年7月，奥巴马签署了《多德—弗兰克华尔街改革与消费者保护法案》（Dodd - Frank Wall Street Reform and Consumer Protection Act），根据该法案创建了消费者金融保护局（Consumer Financial Protection Bureau，CFPB）。同时，消费者金融保护局的局长成为金融素养和教育委员会的副主席。消费者金融保护局的主要使命，是推广全国金融知识策略，并且已经开展了一系列项目来帮助消费者掌控他们的金融生活。该局的金融教育办公室，设置在其下属的消费者教育和参与司中。CFPB的主要研究任务如下：确定如何测量金融福利和如何识别与有金融能力消费者相关的知识、技能和习惯；评估现有改善金融决策和结果的方法的有效性；开发和评价新的帮助消费者进行金融决策的方法（肖经建，2017）。

（二）制定针对性国家战略

2006年，金融素养和教育委员会发布了其第一个国家战略——“把握未来：国家金融素养战略”（Taking Ownership of the Future：The National Strategy for Financial Literacy），提出了金融教育的四大关键领域：建立公众对可用资源的保护意识；编订针对性的材料和传播策略；建立公私合作伙伴关系；研究和评估金融教育计划（FLEC，2006）。2011 年，金融素养与教育委员会发布了“促进美国金融成功：国家金融素养战略”（Promoting Financial Success in the United States：National Strategy for Financial Literacy），进一步构建了美国金融教育战略的基础性框架。该框架的关注点在于，提高消费者金融知识水平和满足消费者形成理性金融决策的需求，以及为实现这些教育目标而需付诸的努力。在 2006 年战略的基础上，新战略重点提出了四个目标：提高人们对有效金融教育的认识和获取；确定并整合核心理财能力；完善金融教育基础设施；确认、加强和分享有效的实践。为了实现这四个方面的大目标，新战略在每个大目标下提出了更具有针对性的小目标，如为了让国民更加有效地获取金融教育，可以在日常进行财务决策时（如在购房和为大学筹资时）提供公正且易理解的金融教育资源，并将其作为学校、职业技术中心和工作场所共享的教育战略的一部分（FLEC，2011）。

2016 年，金融素养与教育委员会对 2011 年的战略进行了更新和完善，强调了金融教育对提升大学入学率、学业成就以及消费者终身财务健康的重要性（FLEC，2016）。2018 年，该委员会的最新报告“高校金融素养和教育的最佳实践”（Best Practices for Financial Literacy and Education at Institutions of Higher Education），针对高等教育机构开展金融教育和消费者债务管理工作，提出了指导性建议（FLEC，2018）。

（三）金融机构和非营利组织开发项目

位于丹佛的非营利性金融规划学院成立于 1972 年，是美国第一家为职业人士提供金融规划课程的金融教育机构。美国国家金融教育基金会（National Endowment for Financial Education，NEFE）由该学院演变而来，是一个独立的非营利性基金会，致力于向消费者提供有关个人理财知识的相关咨询服务。1984 年，该基金会启动了首个金融教育项目，即高中理财教育计划（High School Financial Planning Program，HSFPP），旨在帮助青少年提高个人理财技能。

大量金融机构也在积极参与推进消费者的金融教育。美国联邦存款保险公司（Federal Deposit Insurance Corporation，FDIC）2001 年创建了“精明理财”（Money Smart）金融教育项目，其宗旨是帮助各个年龄段的消费者提高理财技能并建立起积极的银行业务关系。FDIC 也邀请其他组织成为合作伙伴，定期更新这一项目。2002 年，美国消费者银行家协会（Consumer Bankers Association，CBA）的一项调查显示，接受调查的 68 家零售银行中有 66% 开展了相关金融教育项目（Fox 和 Bartholomae，2008）。在一项对美国 576 个信用合作社的调查中，61% 表示提供了个人金融教育的相关课程；通过 8 000 个信用社所提供的金融教育课程，15 万成年人受到了教育（肖经建，2017）。美国独立社区银行家（Independent Community Bankers of America）的数据显示，2003 年美国 98% 的社区银行参与了金融扫盲项目，72% 的社区银行拥有自己独立的金融教育项目（Tang 和 Peter，2015）。

位于马萨诸塞州布罗克顿的 HarborOne 银行拥有 40 亿美元资产，从 2008 年次贷危机后发展成为美国首批致力于金融教育的机构之一，提供金融教育近 12 年。HarborOne 银行专门设有 HarborOne U 计划，通过课程、研讨会和相关咨询活动等为消费者提供金融教育、生活和职业规划服务。在过去的 12 年中，超过 16 000 人参加了至少一个 HarborOne U 项目（Lubecki，2020）。美国青年银行（Young Americans Bank）是世界上唯一一家专注于为 21 岁及以下客户提供服务和金融教育的银行。该银行与非营利组织“青年美国人金融教育中心”（Young Americans Center for Financial Education）一起合作，它们的三个金融教育项目已成为科罗拉多州和某些邻近州的许多学校的固定课程（Lahouze，2018）。

（四）完善学校课程体系

自 20 世纪 90 年代以来，美国中小学校及高等院校对金融教育的兴趣显著上升（Supon，2012）。美国经济教育委员会（Council for Economic Education，CEE）是致力于为中小学生提供个人金融和经济学知识教育和服务的非营利性组织。自 1998 年起，该委员会每隔两年对美国中小学生的经济和金融教育状况进行一次全面调查。其最新发布的报告显示，2020 年美国有 45 个州要求在中小学课程中加入个人金融知识等相关内容，相比 1998 年，采取上述做法的仅有 21 个州；有 37 个州要求对中小学生实施个人金融教育，而在 1998 年则仅有 14 个州。同时，该调查报告还显示，有 24 个州要求在高中课程中加入个人金融知识等相关内容，有 6 个州要求在高中实施个人金融教育，相比 2018 年的调查均有所增加。2012 年，美国国家助学贷款计划（National Student Loan Program，NSLP）对近 200 所高校进行了调查，发现 65% 的受访者表示学校内已开设金融教育项目，43% 的受访者预测学校会在一年内开设金融教育相关项目。

目前，美国还没有形成统一的金融教育课程体系。2007 年，非营利组织 Jump $ tart 个人金融素养联盟（Jump $ tart Coalition for Personal Financial Literacy）修订了 K－12 个人金融教育的国家课程标准。这一标准建立了全面的个人金融教育课程框架，将金融教育分为支出和储蓄、信贷和债务、就业和收入、投资、风险管理和保险、财务决策六个部分，描述了从幼儿园至 12 年级（K－12）期间受教育者应具备的个人理财知识和能力，为之后做出明智的财务决策打下坚实基础。2018 年，该联盟发起了“Groundswell”项目，计划到 2025 年将接受有效金融教育课程的美国中小学生数量增加 25%。

三、美国消费者金融教育的现状

（一）金融教育

自2000年以来，社会和经济趋势的融合使美国人的财务状况备受关注（Netemeyer等，2018）。在2008年发生大萧条之后，经济复苏缓慢且发展不平衡（Bordo和Haubrich，2017）；工资、个人收入和就业增长停滞（Tsui等，2018）；个人储蓄率低及对退休储备的忧虑，至今仍然存在（Adams和Rau，2011）。这些现象引起了人们对个人金融福利的担忧。有研究认为，许多美国人对金融知识缺乏足够的了解，他们在许多财务决策中经常出现可以避免的错误（Willis，2011；Agarwal等，2009）。由于金融素养在获得和维持消费者理财能力及提高金融福利方面的重要性，美国的大多数学校、企业、非营利组织和政府机构一直致力于推进国民金融知识教育。消费者金融保护局的一份报告显示，2019年有超过1 200万人使用了该局的金融教育资源；该局还签署了2 702个图书馆以作为当地的金融教育中心。

在NFCS调查中，通过向受访者询问一系列与金融教育相关的问题，进一步判断受访者接受金融教育的情况（见表1）。在对“是否曾被要求过接受金融教育”的回答中，仅有15.41%的受访者表示自己曾被要求过接受金融教育，80.90%的受访者表示没有被要求接受金融教育。当问及受访者“学校或工作单位是否提供过金融教育”时，超过四分之一的受访者表示其学校或工作单位提供过金融教育；但有8.16%的受访者并没有参与，参与的受访者所占比重为20.65%。自2012年以来，受访者所在学校或工作单位，提供过金融教育的比重一直保持在相对稳定的水平。调查数据显示，在学校或工作单位参加过金融教育的受访者中，56.52%表示在高中接受过金融教育，54.22%表示在大学接受过金融教育，35.20%表示在工作单位参加过金融教育。2018年的NFCS调查还提出了两个新问题，以进一步探讨受访者接受金融教育的情况。在学校或工作单位参加过金融教育的受访者中，55.15%表示接受了超过10个小时的教育课程，23.79%表示接受了3～10个小时的教育课程。在对接受金融教育质量进行评分（7分制）的回答中，约有四分之三（74.81%）的受访者给予了较高的评价（5～7分）。

表1　　美国消费者接受金融教育情况

消费者金融教育情况所涉及的问题	样本人数	比重
您是否曾被要求过接受金融教育？	27 091	
是	4 175	15.41%
否	21 917	80.90%

续表

消费者金融教育情况所涉及的问题	样本人数	比重
不知道或不想回答	999	3.69%
您所就读的学院、大学或您的工作单位是否提供过金融教育？	27 091	
是，但我没有参加所提供的金融教育	2 210	8.16%
是，我确实参加了金融教育	5 594	20.65%
否	15 501	57.22%
不知道或不想回答	3 786	13.98%
您在什么时候接受了金融教育？	5 594	
在高中	3 162	56.52%
在大学	3 033	64.70%
在工作单位	1 969	35.20%
您总共接受了多少小时的金融教育？	5 594	
1~2 小时	620	11.08%
3~10 小时	1 331	23.79%
10 小时以上	3 085	55.15%
不知道或不想回答	558	9.97%
您如何评价收到的金融教育的综合质量？（满分 7 分）	5 594	
5~7 分	4 185	74.81%
1~4 分	1 311	23.44%
不知道或不想回答	98	1.75%

资料来源：2018 年国民理财能力调查。

通过对调查数据进行分析，本文有以下发现。第一，美国消费者的金融教育并不普遍，但接受过金融教育的受访者普遍认为所接受的金融教育质量较高，受访者评分均值达到 5.34 分。第二，接受金融教育的数量，与性别之间并不存在显著的相关关系。但是，接受金融教育的时间长短则呈现出性别差异，即男性接受金融教育的时间明显长于女性。第三，消费者接受金融教育的时间和质量，与反映理财能力的行为相关（见图 1）。在接受过 10 个小时以上金融教育的受访者中，49.56% 的支出少于他们的收入，而在接受金融教育少于等于 10 个小时的受访者中，这一比重下降到 38.19%。同时，对接受的金融教育质量给予较高评价的受访者，比对教育给予中低评价的受访者更有可能进行储蓄。在对金融教育质量给予较高评价的受访者中，83.39% 拥有储蓄账户，而在给予中低评价的受访者中这一比重下降到 68.80%。接受更长时间或更高质量金融教育的受访者，透支支票账户和使用非银行借贷［例如发薪日贷款（Payday Loan）、典当贷款（Pawn Shop Loan）和以租代买（Rent to Own）等非银行借贷的特点是贷款成本较高］的可能性也更低。第四，随着收入水平的提高，消费者接受金融教育的比重也相应提高。调查数据显示，年收入在75 000美元以上的受访者中，18.04%曾被要求过接受金融教育；年收入不足25 000美元，以及在25 000美元到75 000美元之间的受访者中，这一比重下降到14%左右。

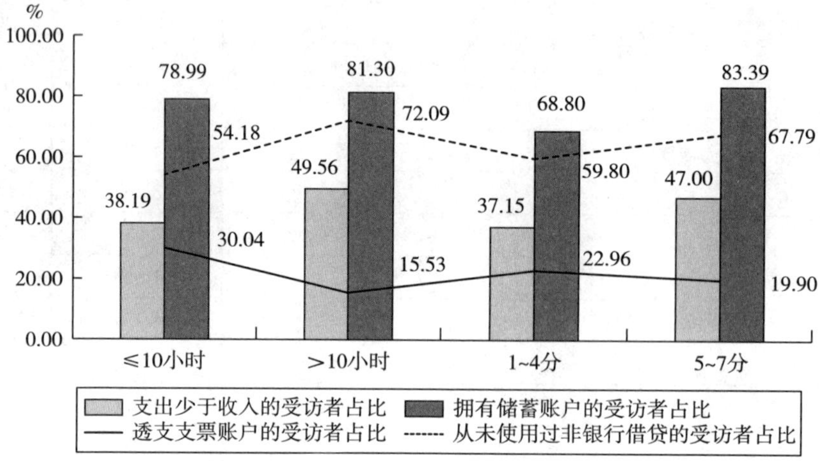

图1　消费者接受金融教育的时长和质量与反映理财能力的行为

（二）金融知识

金融知识是反映消费者金融素养的重要因素之一。金融产品本身具有抽象、难以理解及价格结构复杂等特点，金融决策往往困难且费时；当消费者金融知识水平较低时，消费者与金融机构之间固有的信息不对称就会被放大，与信息不对称相关的风险也会相应增加（李红，2017）。已有研究表明，金融知识与各种理财行为呈正相关。例如，金融知识与按时付款、进行储蓄和设定财务目标的可能性增加有关（Hilgert等，2003）；金融知识水平较低的人不太可能会有退休计划并拥有较少的财富（Rooij等，2012）；金融知识水平较低的家庭不太可能会投资于股票或债券类的金融资产，并且更容易出现财务错误（Rooij等，2011）。金融知识掌握程度可以客观地进行衡量，通常会使用一系列题目，然后对回答正确与否进行评分，正确的题目越多，金融知识掌握程度就越高（Rothwell和Wu，2019）。

NFCS调查设计了一系列经济学和金融学相关的问题，以考察消费者对金融知识的掌握情况（见表2）。这些问题不需要复杂的计算，主要关注复利计算、通胀和风险、债券价格与利率的关系、债务偿还、抵押贷款期限与回报率的关系，以及股票与共同基金的风险比较六个方面。调查结果显示，关于复利计算，约有四分之三（74.33%）的受访者能够回答正确；关于通胀和风险方面的问题，超过一半

（57.62%）的受访者能够回答正确；关于债券价格与利率关系的问题，回答正确的受访者仅有26.90%；关于债务偿还方面的问题，有31.11%的受访者能够回答正确；关于抵押贷款期限与回报率之间关系的问题，回答正确受访者的比重高达75.84%；关于股票与共同基金的风险比较问题，有45.76%的受访者回答正确。

表2　　美国消费者金融知识掌握情况

消费者金融知识掌握情况所涉及的问题	样本人数	比重
复利计算问题	27 091	
回答正确	20 138	74.33%
回答错误	3 389	12.51%
不知道或不想回答	3 564	13.16%
通胀和风险问题	27 091	
回答正确	15 611	57.62%
回答错误	5 578	20.59%
不知道或不想回答	5 902	21.79%
债券价格与利率的关系问题	27 091	
回答正确	7 288	26.90%
回答错误	9 540	35.21%
不知道或不想回答	10 263	37.88%
债务偿还问题	27 091	
回答正确	8 428	31.11%
回答错误	11 362	41.94%
不知道或不想回答	7 301	26.95%
抵押贷款期限与回报率问题	27 091	
判断正确	20 545	75.84%
判断错误	2 059	7.60%
不知道或不想回答	4 487	16.56%
股票与共同基金的风险比较问题	27 091	
判断正确	12 396	45.76%
判断错误	2 598	9.59%
不知道或不想回答	12 097	44.65%

资料来源：2018年国民理财能力调查。

对样本中受访者的回答情况进行深入分析，可以得到如下结论。第一，消费者基本清楚较为基础的金融常识，但对于债券、股票和基金等金融产品的相关知识了解较少。第二，消费者金融知识的掌握程度参差不齐，呈现两极分化的特点。43.22%的受访者至少能够正确回答4个问题，但只有7.76%的受访者能够正确回答所有6个问题。所有受访者人均能够正确回答问题数为3.12，但标准差较大，达到1.69。第三，消费者金融知识的掌握程度与性别显著相关，男性的金融知识掌握程度显著高于女性，即出现了所谓的“性别屏障”。本文在统计分析过程中，设置了性别变量和每个问题回答正确与否的虚拟变量（见表3）。

表3 相关变量说明

变量代码	变量名称	变量相关说明
A3	性别	男性赋值为1，女性赋值为2
M6	复利计算	回答正确赋值为1，否则赋值为0
M7	通胀和风险	回答正确赋值为1，否则赋值为0
M8	债券价格与利率的关系	回答正确赋值为1，否则赋值为0
M31	债务偿还	回答正确赋值为1，否则赋值为0
M9	抵押贷款期限与回报率	判断正确赋值为1，否则赋值为0
M10	股票与共同基金的风险比较	判断正确赋值为1，否则赋值为0

将性别与受访者对各个问题的回答情况进行相关性分析，发现每个问题回答正确与否和性别呈现出负相关关系（见表4），即男性的金融知识掌握水平显著高于女性。此外，男性人均回答正确的问题数为3.53，女性人均回答正确的问题数仅为2.78，男性回答问题正确的数目明显高于女性。

表4 消费者金融知识的掌握程度与性别显著相关

	A3	M6	M7	M8	M31	M9	M10
A3	1.0000						
M6	-0.1020*	1.0000					
M7	-0.1487*	0.3657*	1.0000				
M8	-0.1396*	0.1442*	0.2216*	1.0000			
M31	-0.1496*	0.1442*	0.2042*	0.1472*	1.0000		
M9	-0.0601*	0.1442*	0.3288*	0.1563*	0.1580*	1.0000	
M10	-0.1955*	0.2450*	0.3772*	0.2864*	0.2192*	0.2772*	1.0000

注：*为显著性水平0.01。

此外，消费者的金融教育和金融知识之间呈现明显的正相关关系，接受金融教育的时间越长或质量越高，消费者的金融知识水平越高（见图2）。在学校或工作单位接受金融教育并且参与调查的受访者中，参加10小时以上金融教育的受访者人均正确回答问题数为3.81；而其余受访者人均正确回答问题数仅为3.16。同时，对接受金融教育的质量给予了较高评价（5~7分）的受访者人均正确回答问题数为3.66，给予了中低评价（1~4分）的受访者人均正确回答题数仅为3.12。最后，在大学阶段提供的金融教育，能够提升消费者的金融知识水平。在高中和工作单位都接受过金融教育的受访者中，人均正确回答问题数为3.63，而在大学和工作单位都接受过金融教育的受访者人均正确回答问题数上升至4.20。

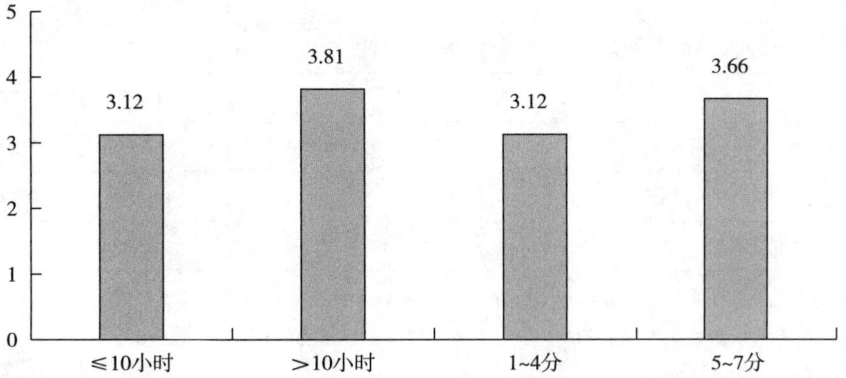

图2　消费者接受金融教育的时长和质量与金融知识

（三）在线银行和手机银行

过去的几十年移动互联网快速发展和智能手机普及率急剧增长的推动下，数字包容性在发达国家和新兴市场国家都得到了显著改善，在线银行、手机支付和电子钱包成为比传统模式更为便捷和对用户更为友好的替代方案。由于方便、易用以及在某些情况下节省了成本，消费者被这些技术所吸引（Anguelov 等，2004）。值得注意的是，在线银行业务的增长速度最为迅速。从2002年末到2005年初，在线银行的使用量增长了47%（Servon 和 Kaestner，2008）。截至2017年，全球通过电子钱包进行交易的总金额达到3 500亿美元；预计到2022年，交易总额将增加到1.6万亿美元以上（Agarwal 等，2020）。消费者可以使用在线银行将现金转入电子钱包，并用手机通过扫描卖方的QR码或通过应用程序向卖方付款。此外，有研究发现，在线银行业务的使用，与更良好的家庭财务管理显著相关（Hogarth 和 Anguelov，2004）。

表5　　美国消费者在线银行和手机银行服务使用情况

消费者在线银行和手机银行服务使用情况所涉及问题	样本人数	比重
您多久会通过以下方式访问您的支票或储蓄账户？	—	—
通过便携式或台式计算机访问过在线银行	24 972	—
从不	3 440	13.78%
偶尔	6 254	25.04%

续表

消费者在线银行和手机银行服务使用情况所涉及问题	样本人数	比重
经常	14 888	59.62%
不知道或不想回答	390	1.56%
通过手机上短信、APP、浏览器和电子邮件访问过手机银行	24 972	—
从不	8 497	34.03%
偶尔	5 532	22.15%
经常	10 520	42.13%
不知道或不想回答	423	1.69%
您多久使用一次手机在商店、加油站或餐厅亲自支付商品或服务的费用（如在结账时通过挥动或轻拍手机感应、使用手机扫描条形码或QR码、在结账时使用其他手机APP等）？	27 091	—
经常	2 816	10.39%
偶尔	6 126	22.61%
从不	17 626	65.06%
不知道或不想回答	523	1.93%
您多久使用一次手机向他人汇款？	27 091	
经常	2 563	9.46%
偶尔	7 042	25.99%
从不	16 957	62.59%
不知道或不想回答	529	1.95%
您多久使用一次网站或APP（如GoodBudget、Mint、Credit Karma等）来帮助处理诸如预算、储蓄或信贷管理之类的金融业务（不包括用于付款或转账的网站或APP）？	27 091	—
经常	2 798	10.33%
偶尔	7 489	27.64%
从不	16 175	59.71%
不知道或不想回答	629	2.32%

资料来源：2018年国民理财能力调查。

调查消费者在线银行和手机银行服务的使用情况，是2018年NFCS新增加的内容（见表5）。调查数据显示，在拥有支票或储蓄账户的受访者中，超过五分之四（84.66%）曾在计算机上使用过在线银行服务，且其中59.62%经常使用在线银行服务。此外，手机银行的应用也呈现出逐渐大众化的趋势，约三分之二（64.28%）的受访者曾使用过手机银行服务。然而，在对“多久使用一次手机在商品销售网点付款（如扫码和使用 APP 等）”的调查中，超过 65% 的受访者从未使用过手机支付。手机汇款的使用比重和付款基本一致，35.45% 的受访者曾使用过手机向他人汇款。在对“多久使用一次网站或 APP（如 GoodBudget、Mint 等，不包括用于付款或转账的网站或 APP）来帮助进行一些金融业务（如储蓄和预算管理等）”的回答中，有 37.97% 的受访者曾使用过此类服务，且其中 10.33% 经常使用，但也有 59.71% 的受访者从未使用过此类服务。

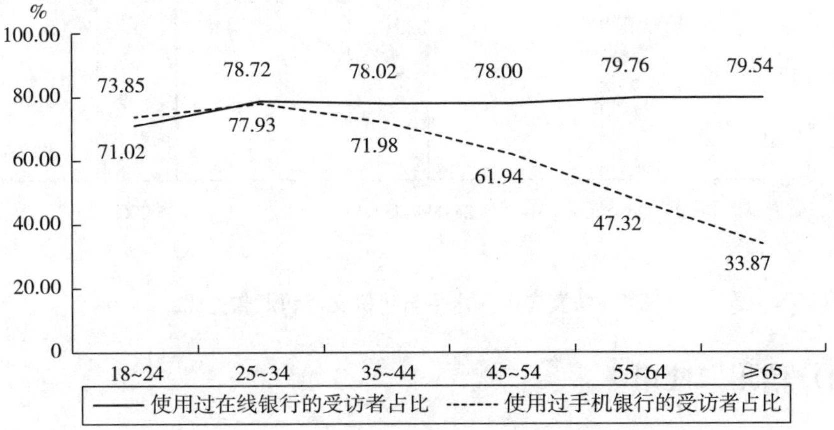

图 3　消费者年龄与在线银行和手机银行使用占比

美国消费者对在线银行和手机银行服务的使用，呈现如下特点。第一，使用手机银行服务的消费者，存在明显的年龄差异（见图 3）。在年轻（18～24 岁）的受访者样本中，73.85% 使用过在线银行，且有 71.2% 的受访者使用过手机银行。而在年龄较大（55 岁以上）的受访者中，虽然 79.54% 使用过在线银行，但仅有 33.87% 的受访者使用过手机银行。第二，接受过金融教育的消费者，更可能同时使用在线银行和手机银行服务，并且更经常使用网站或 APP 来帮助处理一些金融业务。在学校或工作单位接受所提供金融教育的受访者样本中，32.93% 的受访者经常使用在线银行和手机银行服务，15.96% 的受访者经常使用网站或 APP 来帮助进行金融业务；与之相对比，在其余受访者样本中，仅有 23.85% 和 8.86% 的受访者经常使用这些服务。第三，反映理财能力的行为表现较差的受访者，更有可能会寻求网站和 APP 的帮助。在支出大于收入的受访者中，48.44% 会使用网站和 APP 帮助其进行一些金融业务；而在支出小于收入的受访者中，仅有 35.84% 会使用此类服务。同时，在出现过透支支票账户行为的受访者中，57.50% 使用过此类服务；而没有透支支票账户的受访者中，仅有 34.12% 使用此类服务。第四，随着收入水平的提高，使用手机支付和汇款的消费者的比重也呈现出上升趋势（见图4）。年收入在75 000美元以上的受访者中，有25.90%使用手机支付和汇款；年收入在25 000美元到75 000美元之间的受访者中，有19.61%使用手机支付和汇款；而在年收入低于25 000美元的受访者中，这一比重下降到15.98%。

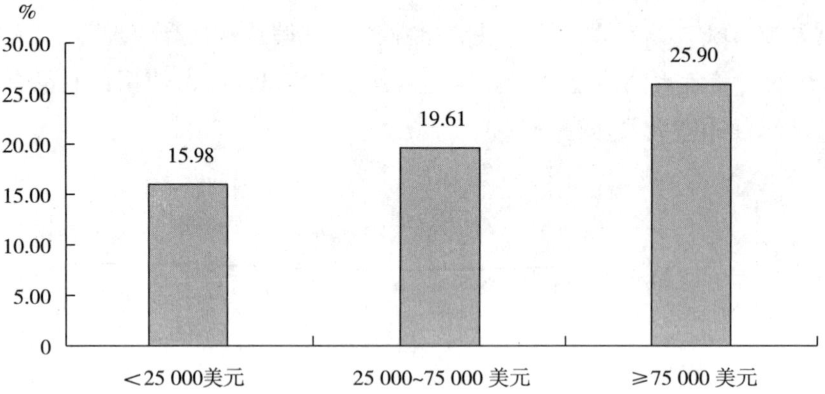

图4　消费者收入水平与手机支付和汇款占比

（四）信用卡使用

美国消费者借贷的最常用方式是使用信用卡支出。美国银行家协会（American Bankers Association）2019年11月发布的数据显示，截至2019年第二季度，美国有3.74亿个有效的信用卡账户。根据美国征信机构环联（TransUnion）2019年8月发布的报告，截至2019年第二季度，美国信用卡信贷额度总额同比增长了10.50%并达到3.83万亿美元；自2008年金融危机后，该同比增长率达到历史最高点。根据西北互助人寿保险公司（Northwestern Mutual）2018年的一项调查，在18岁及18岁以上的美国人中，有22%受访者认为抵押贷款和信用卡是他们最主要的债务来源。

2018年NFCS的数据显示，79.97%的受访者至少拥有1张信用卡，超过四分之一（29.70%）的受访者拥有4张及以上数量的信用卡（见表6）。此外，54.32%的受访者会按时全额还款，45.95%的受访者会透支并支付罚息，33.99%的受访者会选择分期并且只支付最低还款额，15.07%的受访者会因晚还款而缴滞纳金，8.84%的受访者会因透支信用额度而被收取超限费用，11.21%的受访者会使用信用卡提现。在对“获取新信用卡时，是否会比较不同公司的信息”的回答中，37.19%的受访者会进行比较后选择信用卡的类型及开卡公司，而超过一半（56.88%）的受访者则不会进行相应的比较。

表 6　　　　　　美国消费者信用卡使用情况

消费者信用卡使用情况所涉及问题	样本人数	比重
您有几张信用卡？请包括商店和加油站的信用卡，但不包括借记卡。	27 091	
1 张	4 346	16.04%
2～3 张	9 270	34.22%
4～8 张	6 527	24.09%
9～12 张	1 009	3.72%
13～20 张	358	1.32%
20 张以上	154	0.57%
没有信用卡	4 874	17.99%
不知道或不想回答	553	2.04%
在过去的 12 个月中，以下哪项能准确描述您使用信用卡的行为？	21 664	
我总是按时全额还款		
是	11 768	54.32%
否	9 466	43.69%
不知道或不想回答	430	1.98%
在某些月份，我会透支并支付罚息		
是	9 955	45.95%
否	11 248	51.92%
不知道或不想回答	461	2.13%
在某些月份，我会分期并且只支付最低还款额		
是	7 364	33.99%
否	13 831	63.84%
不知道或不想回答	469	2.16%
在某些月份，我会因晚还款而缴滞纳金		
是	3 264	15.07%
否	17 894	82.60%
不知道或不想回答	506	2.34%
在某些月份，我会因透支信用额度而被收取超限费用		
是	1 915	8.84%
否	19 277	88.98%
不知道或不想回答	472	2.18%
在某些月份，我会使用信用卡提现		
是	2 428	11.21%
否	18 847	87.00%
不知道或不想回答	389	1.80%

续表

消费者信用卡使用情况所涉及问题	样本人数	比重
关于您最新获得的信用卡，您是否从多家公司收集了不同信用卡的信息并进行比较?	21 664	
是	8 057	37.19%
否	12 322	56.88%
不知道或不想回答	1 285	5.93%

资料来源：2018 年国民理财能力调查。

不难看出，美国消费者使用信用卡较为广泛，且表现出明显的特点。首先，年轻消费者更可能会在办理信用卡前进行多方面的信息比较。在年轻（18～34 岁）的受访者样本中，约有一半（47.63%）会进行信息比较；而对年龄较大（55 岁以上）的受访者，仅有 26.05% 会进行信息比较。其次，消费者接受金融教育越多，出现不良信用卡使用行为（导致支付罚息或费用的行为，如分期支付、支付滞纳金、支付超限费用和信用卡提现等）的可能性越低。在学校或工作单位接受所提供金融教育的受访者样本中，参加 10 小时以上金融教育的受访者有 32.45% 出现过不良信用卡使用行为，而对于接受金融教育少于等于 10 个小时的受访者，这一比重上升至 49.10%（见图 5）。同时，与对接受金融教育质量给予中低评价的受访者相比，评价较高受访者的信用卡使用行为更加健康。

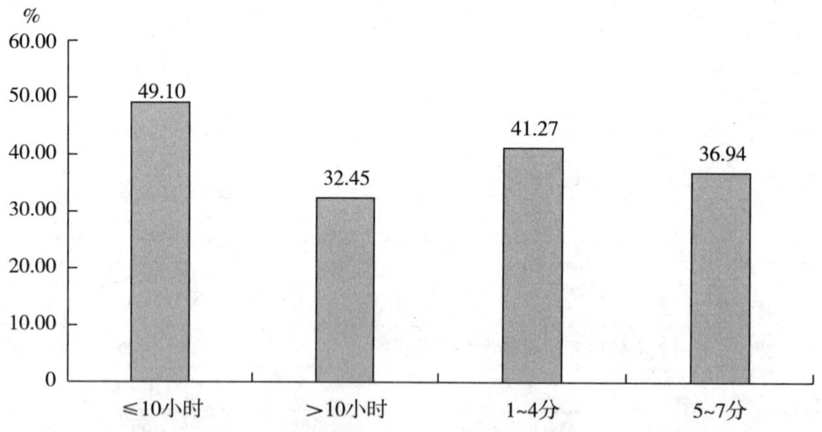

图 5　消费者接受金融教育的时长和质量与不良信用卡使用行为占比

值得注意的是，收入水平越高，消费者出现不良信用卡使用行为的可能性越低（见图 6）。年收入在 75 000 美元以上的受访者中，有 31.11% 出现过不良信用卡使用行为；年收入在 25 000 美元到 75 000 美元之间的受访者中，这一比重上升到 43.69%；而对于年收入低于 25 000 美元的受访者，出现过不良信用卡使用行为的比重则进一步上升到55.24%。

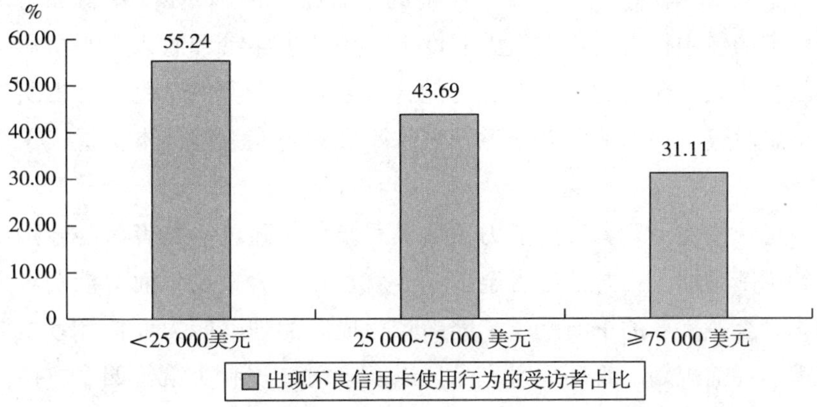

图6　消费者收入水平与不良信用卡使用行为

四、研究结论及对中国的启示

随着我国金融市场的不断发展，进一步强化消费者金融教育的重要性日益凸显。对消费者进行金融教育，不仅有利于提升个人金融素养，而且对于提升消费者的理财满意度和促进金融市场的健康发展也具有重要作用。然而，目前我国对于消费者金融领域的理论研究较少，且实际开展的消费者金融教育距离大众化、系统化和规范化的标准尚存在较大差距。同时，我国尚未建立起较为完善的个人理财能力评价体系，无法为金融教育提升金融知识，进而无法为提高消费者理财满意度提供科学合理的参照标准。

因此，本文以2018年美国国民理财能力调查（NFCS）为基础，对美国消费者的金融教育现状进行了介绍和深入分析。研究发现，美国的消费者金融教育并不普遍，但是接受过金融教育的消费者普遍对自己接受教育的质量较为满意；年收入越高的消费者接受金融教育的可能性越高；消费者接受金融教育的时间和质量与反映理财能力的行为相关。接受的金融教育时间越长或质量越高的消费者，其金融知识即客观金融素养越高；在大学阶段提供的金融教育，对消费者客观金融素养的提升具有重要作用。同时，接受金融教育的时间和质量，与消费者接受新兴金融产品或服务的可能性呈现出正相关关系。消费者接受金融教育的时间越长或质量越高，越可能会在生活中使用在线银行和手机银行服务，并且更有可能实施健康的信用卡行为。此外，消费者普遍对金融产品相关的专业金融知识了解不足；消费者的金融知识水平，呈现出两极分化的特点；接受金融教育时间的长短和金融知识水平也与性别呈现出显著的相关关系，男性接受金融教育的时间显著长于女性；相比于女性，男性的客观金融素养较高，即出现了所谓的“性别屏障”；在线银行和手机银行的使用及信用卡的使用行为，均在很大程度上受消费者年龄和收入水平所影响；反应理财能力的行为表现较差的受访者更可能会寻求网络资源的帮助。综上所述，对于如何开展金融教育，提高消费者金融知识水平和理财满意度，本文提出了以下政策性建议。

第一，加快构建消费者理财能力评估体系步伐。随着消费者参与金融市场投资活动热情的不断增加，提升消费者金融素养就显得尤为重要，而对消费者进行金融教育是强化其金融素养的重要手段。美国较为成熟的理财能力评估体系主要包含收支平衡管理、提前规划、管理理财产品，以及理财知识和决策等四个方面。该体系较为系统全面，尽管中美两国国情存在较大差异，但也可以为我国构建具有中国特色的消费者理财能力评估体系提供重要的经验借鉴。

第二，进一步重视低收入消费者群体的金融教育普及工作。如果没有适当的金融教育，缺乏金融素养以及网络信息技术所带来的数字鸿沟，会使得低收入消费者群体很难享受到在线银行等金融产品或服务所带来的便利性和潜在收益。同时，低收入消费者群体的理财能力不足，更可能导致不良的信用卡使用行为，损害消费者自身的利益。因此，重视低收入消费者群体的金融教育普及工作就显得尤为重要。例如，依托贫困地区的金融机构来开展面对面的金融知识普及教育等，将有助于低收入消费者群体金融素养的培养和形成。

第三，扩大优质在线金融教育资源供给，提升在线金融教育资源的可获得性水平。目前互联网和大数据等现代信息技术广泛应用于教育领域，网络资源逐渐成为消费者获得金融教育的重要来源。在线金融教育需要满足消费者的多样化需求，可以推动学校加大在线金融教育资源的研发和共享力度，加快线上线下融通，提升优质资源的可获得性水平，建设一批高质量在线消费者金融教育课程。

第四，加速构建完善的高等院校金融教育课程体系。金融教育不应仅局限于金融相关专业，可以将金融教育延伸到高校的数学课程和职业发展规划等通识教育课程中。在这类课程中增加金融教育的相关内容，在提高学生金融知识水平的同时，将有助于强化其防范金融风险的意识。

第五，对不同年龄阶段消费者的金融教育侧重点应该有所不同。不同年龄阶段消费者的理财行为存在一定差别，在设计金融教育课程时应考虑年龄差异，对不同年龄阶段消费者“因人施教”。例如，对青少年可以进行记账和储蓄教育，对成年人可以进行退休金规划教育，对离退休的老年人可以普及在线和手机银行的使用等。

参考文献

[1] 张攀，周星．消费者金融决策研究评述［J］．消费经济，2014，30（1）：86－90.

[2] 李先军，于文汇．美国构建理财教育体系的经验与启示［J］．世界教育信息，2018，31（16）：6－13.

[3] 郭东．金融危机后美国投资者保护制度的变化［J］．中国金融，2010（18）：65－67.

[4] 肖经建．美国消费者金融教育对中国的启示［J］．清华金融评论，2017（6）：39－41.

[5] 李红．风险认知在处理金融消费投诉中的重要性分析——以“12363”金融消费权益保护咨询投诉电话为例［J］．北京金融评论，2017（3）：105－110.

[6] Xiao, J. J. and O'Neill, B. Consumer financial education and financial capability [J]. International Journal of Consumer Studies, 2016, 40 (6): 712－721.

[7] Wagner, J. and Walstad, W. B. The effects of financial education on short－term and long－term financial behaviors [J]. Journal of Consumer Affairs, 2019, 53 (1): 234－259.

[8] FLEC. Taking ownership of the future: The national strategy for financial literacy [R]. Washington, DC: Financial Literacy and Education Commission, 2006.

[9] FLEC. Promoting financial success in the United States: National strategy for financial literacy [R]. Washington, DC: Financial Literacy and Education Commission, 2011.

[10] FLEC. Promoting financial success in the United States: National strategy for financial literacy [R]. Washington, DC: Financial Literacy and Education Commission, 2016.

[11] FLEC. Best practices for financial literacy and education at institutions of higher education [R]. Washington, DC: Financial Literacy and Education Commission, 2019.

[12] Fox, J. J., & Bartholomae, S. Financial education and program evaluation. In Handbook of consumer finance research (pp. 47－68). New York, NY: Springer, 2008.

[13] Tang, N. and Peter, P. C. Financial knowledge acquisition among the young: The role of financial education, financial experience, and parents' financial experience [J]. Financial Services Review, 2015, 24 (2): 119－137.

[14] Lubecki, R. HarborOne bank: A leader in financial education [J]. Independent Banker, 2020, 70 (3): 72－75.

[15] Lahouze, A. Banking is for kids [J]. Independent Banker, 2018, 68 (4):

20 - 23.

[16] Supon, V. Helping students to become money smart [J]. Journal of Instructional Psychology, 2012, 39 (1): 68 - 71.

[17] Netemeyer, R. G., et al. How am I doing? Perceived financial well - being, its potential antecedents, and its relation to overall well - being [J]. Journal of Consumer Research, 2018, 45 (1): 68 - 89.

[18] Bordo, M. D. and Haubrich, J. G. Deep recessions, fast recoveries, and financial crises: Evidence from the American record [J]. Economic Inquiry, 2017, 55 (1): 527 - 541.

[19] Tsui, A. S., Enderle, G. and Jiang, K. Income inequality in the United States: Reflections on the role of corporations [J]. Academy of Management Review, 2018, 43 (1): 156 - 168.

[20] Adams, G. A. and Rau, B. L. Putting off tomorrow to do what you want today: planning for retirement [J]. American Psychologist, 2011, 66 (3): 180 - 192.

[21] Willis, L. E. The financial education fallacy [J]. American Economic Review, 2011, 101 (3): 429 - 434.

[22] Agarwal, S., et al. The age of reason: Financial decisions over the life cycle and implications for regulation [J]. Brookings Papers on Economic Activity, 2009 (2): 51 - 117.

[23] Hilgert, M. A., Hogarth, J. M. and Beverly, S. G. Household financial management: the connection between knowledge and behavior [J]. Federal Reserve Bulletin, 2003, 89 (7): 309 - 322.

[24] Rooij, M. V., Lusardi, A. and Alessie, R. Financial literacy, retirement planning and household wealth [J]. The Economic Journal, 2012, 122 (560): 449 - 478.

[25] Rooij, M. V., Lusardi, A. and Alessie, R. Financial literacy and stock market participation [J]. Journal of Financial Economics, 2011, 101 (2): 449 - 472.

[26] Rothwell, D. W. and Wu, S. Exploring the relationship between financial education and financial knowledge and efficacy: Evidence from the Canadian Financial Capability Survey [J]. Journal of Consumer Affairs, 2019, 53 (4): 1725 - 1747.

[27] Agarwal, S. and Zhang, J. FinTech, lending and payment innovation: A review [J]. Asia - Pacific Journal of Financial Studies, 2020.

[28] Anguelov, C. E., Hilgert, M. A. and Hogarth, J. M. US consumers and e-

lectronic banking, 1995 – 2003 [J]. Federal Reserve Bulletin, 2004, 90 (1): 1 – 18.

[29] Servon, L. J. and Kaestner, R. Consumer financial literacy and the impact of online banking on the financial behavior of lower – income bank customers [J]. Journal of Consumer Affairs, 2008, 42 (2): 271 – 305.

[30] Hogarth, J. M. and Anguelov, C. Are families who use e – banking better financial managers? [J]. Journal of Financial Counseling and Planning, 2004, 15 (2): 61 – 77.

日本金融市场开放路径及实施效果

何迎新[①]

摘要：日本采取多种措施推动金融市场开放，实现了金融自由化，同时也遭受了金融市场开放带来的金融风险。日本吸取教训，不断提升金融市场的开放度、深度和广度，较早建立宏观审慎监管框架，抵御了2008年国际金融危机的冲击，成为世界著名的金融中心和国际上典型的避险市场。

关键词：金融市场开放　金融自由化　金融风险

一、日本金融市场开放进程及措施

20世纪五六十年代，由于美国对朝鲜和越南战争从日本采购大量战争物资，有力刺激了日本经济的发展，日本成为世界上仅次于美国的第二大经济体。为适应新的发展形势，日本拉开了金融市场开放的序幕，其进程大致分成三个阶段：第一阶段为渐进分步开放金融市场，加强金融管制时期（1960—1983年）。第二阶段为迅速开放金融市场，实现金融自由化的“大爆炸”时期（1983—1998年）。第三阶段为以亚洲为重点开放区域金融市场时期（1998年至今）。日本出台的金融市场开放措施见表1。

表1　　日本金融市场开放措施

时间	具体措施
1960—1983年	股票市场：1961年，取消非居民购买日本股票投资收益汇出额度限制；1963年，取消非居民购买日本股票禁售期；1971年，允许互助基金组织以外的本国居民购买外国股票；1972年，互助基金组织也可以购买外国股票，并允许外国证券公司在日本开展业务；1973年，取消非居民股份占日本各行业的比例限制；1980年，跨境股票投资完全自由化。

① 作者简介：何迎新，现供职于中国人民银行成都分行。

续表

时间	具体措施
1960—1983 年	债券市场：1964 年，全面废除对外国投资者购买日本政府短期债券的限制；1965 年，允许居民在境外发行以外币为面值的外国债券；1967 年，允许非居民发行欧洲日元债券；1970 年，允许非居民发行以日元为面值的外国债券，亚洲开发银行发放第一笔武士债券；1971 年，允许本国居民购买外国债券；1977 年，欧洲日元债券市场产生；1980 年，跨境债券投资完全自由化。 货币市场：20 世纪 50 年代，欧洲日元市场产生；1973 年，放松对自由外汇贷款的管制，提高外国银行以外币兑换日元的最高限额和取消非居民日元账户法定准备率；1979 年，允许非居民参加日本短期货币市场。 国际借贷市场：1972 年，允许日本银行向非居民企业提供贷款和参加国际辛迪加借贷市场。
1983—1998 年	股票市场：1985 年，允许外国证券公司成为东京证券交易所会员。 债券市场：1984—1985 年，放宽欧洲日元债券限制：允许州、地方政府、民间企业等居民发行此类债券；对非居民发行欧洲日元债券的机构由外国政府、国际机构扩大到外国地方政府和民间机构；将发行公募债券的信用评级由 3A 级降到 2A 级；取消发行笔数和每笔金额的限制；发行债券的主办机构从日本证券公司扩大到其他外国公司；取消对非居民欧洲日元债券的预扣所得税。1985 年，允许日本银行对非居民部门发放中长期欧洲日元贷款；允许非居民在日本境内发行非日元为面值的债券。1987 年，增加外国证券公司政府债券包销数额。 货币市场：1984 年，允许居民在境内购买外国商业票据和可转让定期存单；1986 年，将欧洲日元定期存单的期限由不足 6 个月延长至 1 年；1989 年，将欧洲日元定期存单期限延长至 2 年。 国际借贷市场：1987 年，制订“黑字还流”计划，提供 650 亿美元的日元贷款输入亚洲国家。1989 年，允许日本银行对居民部门发放中长期欧洲日元贷款。 期货市场：1984 年，取消远期外汇合同“实际需求规则”；1985 年，在东京证券交易所成立以政府债券为主的债券期货市场，允许外国证券公司参加。 离岸市场：1986 年，设立东京离岸金融市场；1989 年，放宽离岸和国内市场间资金转移的限制，并放松了“入超”管制。
1998 年至今	股票市场：1999 年，对非居民部门免征资本利得预扣税；废除证券和外汇交易税；2002 年，放宽对外国证券公司的限制条件。 债券市场：2003 年，允许东京离岸市场发行武士债券；免征外国企业发行的电子武士债券的资本利得预扣所得税；允许离岸市场交易衍生品和日本国债；2004 年，日本国际协力银行为韩国发行的日元企业债券担保证券提供再担保；2009 年，日本国际协力银行为武士债券发行援助方案提供部分融资担保。 国际借贷市场：2002 年向东亚各国提供 150 亿美元的日元贷款。 离岸市场：1998 年，东京离岸市场交易主体不限于银行与非居民进行交易，证券公司能够承销非居民发行的债券以及将这些债券卖给非居民。

二、日本金融市场开放的特点

（一）先渐进、后迅速开放金融市场

日本早期采取渐进、分步模式开放金融市场，按照先易后难的顺序逐步开放证券市场、国际借贷市场、货币市场、衍生品市场和离岸市场，并根据汇率和国际收支情况，灵活采取控制资本流入或资本流出措施，加强金融管制，防范金融风险。1983 年，基于美日贸易顺差剧增，美国施压要求日本全面开放金融市场，促使日元升值并使美国企业获得更大商机。在此背景下，日本被迫采取激进模式，迅速开放金融市场，并于 1996 年宣布全面放松金融管制，实现金融市场完全自由化。1983 年前，日本跨境资本流动基本上是平衡的，此后，由于迅速开放金融市场，跨境资本流动速度和规模大幅提高，波动幅度增大，且长期处于资本净流出状态（见图 1）。

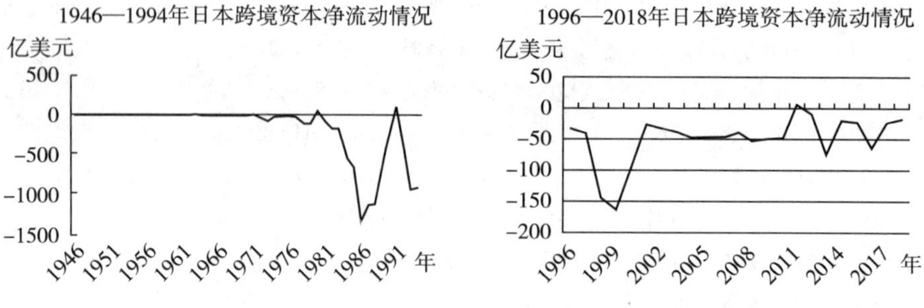

图 1　日本跨境资本净流动情况

（资料来源：根据世界银行、日本银行等《日本国际收支平衡表》数据整理计算）

（二）金融市场开放和日元国际化同步进行

许多新兴经济国家包括中国在内往往在本国金融市场开放到一定程度后再推动本国货币国际化，这与一国经济实力和该国货币在国际上的认可度有关。日本金融市场开放和日元国际化几乎是同步进行的，主要原因是日本在 1955—1973 年创造了经济增长奇迹，成为世界第二大经济体，经济实力提升促使日元在国际商品和外汇交易中自发使用。日本以金融市场开放为契机，采取措施推动日元国际化，包括取消欧洲日元市场和欧洲日元债券市场各种限制，设立东京离岸金融市场，实施“黑字还流”日元贷款计划和日元区域国际化战略等。

（三）为金融市场开放营造良好的法律环境

1949 年，日本颁布《外汇和对外贸易控制法》，对资本流动严格管制。1978 年，日本修订该法，将法律基础从“原则上禁止”改为“原则上允许”。1986 年，日本在该法中允许设立离岸账户。1998 年，日本再次修订该法，删除标题“控制”一词，即为《外汇管理法》，从法律基础上全面开放金融市场。2006 年，为保护投资者，避免产生法律真空地带，日本在《金融期货交易法》和《投资顾问业法》的基础上，制定了《金融商品交易法》；同时修改《证券交易法》，将“证券”的定义扩展为“金融商品”的概念。

（四）提升金融市场的开放度、深度和广度

1960 年以来，日本陆续取消对非居民融资票据、证券市场和离岸市场资本利得预扣税以减少非居民交易成本；取消政府事前批准和通知要求，对超过规定数额的交易事后申报；取消外汇银行授权制，非金融机构无须经过银行中介就可以直接进行外汇交易；放宽证券市场额度限制、禁售期、比例限制；取消远期外汇合同“实际需求规则”等，便利非居民进入日本金融市场。1985 年和 1994 年，分别实现了自由浮动汇率制度和利率完全市场化。1998 年以来，改善政府债券市场运作，促进日本国债种类和期限的多样化，创新剥离债券，发行 30 年期国债，以 5 年期国债为基准创造有效的收益率曲线；同时，完善结算体系，促进货银对付和即时支付结算，创新簿记制度促进跨境证券交易等。这些措施完善了金融市场，提升了金融市场的开放度、深度和广度。

（五）较早建立宏观审慎监管框架

日本 1983 年迅速开放金融市场后，跨境资本大幅波动给日本经济带来较大冲击。1991 年日本泡沫经济破灭，进入长达 10 余年的经济停滞期，期间还遭受亚洲金融危机的打击。1998 年，日本对以大藏省为集权、央行为其附属机构的旧的监管体制进行改革，拆分兼具财政和监管大权的大藏省，成立全面监管金融机构的日本金融厅；修改《日本银行法》，规定了央行政策制定的独立性，赋予央行宏观审慎监管职能，可以对金融机构开展现场和非现场检查，指导金融机构管理经营中的风险。2001 年，以金融厅为核心，独立的中央银行、存款保险机构和地方财务局共同参与的新金融监管框架正式形成，是世界上较早建立宏观审慎监管的国家。在该监管框架下，日本注重金融市场完善、金融创新和金融监管的协调发展，避免过度监管损害金融市场的活力和国际竞争力，同时对高杠杆高风险的运作模式和金融衍生品持谨慎态度，对各类金融衍生品进行监管。

三、日本金融市场开放的实施效果

（一）成为世界著名的金融中心

经过金融市场的开放，日本实现了金融自由化，建立起包括货币市场、股票市场、债券市场、外汇市场、金融衍生品市场等完整的，更有效率、活力和竞争力的金融市场体系；金融产品丰富，涵盖全球主要金融工具，在国际金融市场中具有重要地位。日本邮储银行、瑞穗金融集团、三井住友金融集团和三菱 UFJ 金融集团资产庞大，在世界金融界具有举足轻重的地位。东京证券交易所是世界上仅次于纽约证券交易所的第二大证券交易所。东京离岸金融市场是仅次于伦敦的第二大离岸市场。日元是继美元、欧元、英镑之后的第四大国际货币。日本跨境资产和负债远远超过 GDP 规模，已经是一个金融市场高度开放的国家，成为世界著名的金融中心。

（二）拥有巨额高流动性海外金融资产

日本金融市场交易活跃，尤其是债券市场规模仅次于美国位居世界第二位。截至2018 年末，债券市场规模达到 1 172 万亿日元，债券市值占 GDP 比重为213.6%。1996—2018 年，跨境证券投资累计流入 167 万亿日元，累计流出 801 万亿日元；其他跨境金融投资累计流入 83 万亿日元，累计流出 116 万亿日元；跨境金融衍生品投资累计流入 18.8 万亿日元，累计流出 9.4 万亿日元，长期处于资本净流出状态（见图 2）。日本拥有巨额高流动性海外金融资产。截至 2018 年，日本海外净资产总额高达 3.1 万亿美元，较 1997 年增长了 2.24 倍，且多年是美国国债的最大

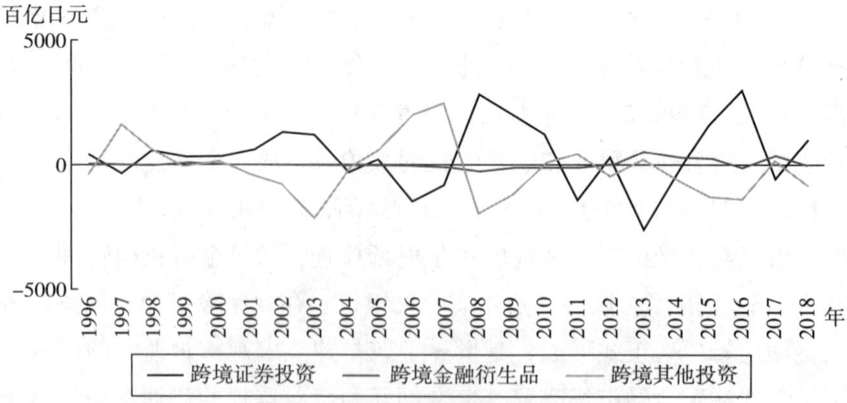

图 2　日本跨境资本净流动情况

（资料来源：根据世界银行、日本银行等《日本国际收支平衡表》数据整理计算）

债权国。巨额海外净资产增强了国际投资者的信心，为日本赢得了良好的国际信用评级，使日本能够长时期以低利率融入资金。

（三）为居民境外投融资开辟了渠道

日本金融市场开放为居民境外投融资开辟了渠道。20 世纪 80 年代以来，日本资本输出规模迅速扩大，海外纯资产曾跃居世界第一，超过号称“食利大国”的英国。日本企业不再依赖国内银行融资，而是通过全球资本市场发股发债，由此成长为新型的国际化企业集团。由于日本长期实行零利率甚至负利率政策，居民部门将资金投向海外金融市场赚取高额收益。1996—2018 年，日本跨境其他投资净流出高达 32 万亿日元。2010 年，日本购买境外中长期债 24 亿日元，创下历史最高纪录。目前，日本仍然拥有巨额高流动性海外金融资产。

（四）成为国际上典型的避险市场

日本金融市场开放为非居民投资本国市场创造了良好的条件，加之日本经济实力强、通胀低、日元强势，国际信用评级高，因而成为国际上典型的避险市场，吸引了大量国际资本流入。1996—2018 年，非居民跨境证券投资净流入累计 86 万亿日元，非居民跨境金融衍生品投资净流入累计 9.4 万亿日元。在近年的美国次贷危机、欧洲主权债务危机等国际金融危机中，日本对内证券投资流入明显加速，主要原因在于国际投资者偏向购买相对稳定国家的债券用以避险，日本债券颇受欢迎。

（五）受国际金融危机的冲击较小

日本通过金融市场开放建立了更加完善发达的金融市场，增强了抵御金融风险的能力，且日本较早建立宏观审慎监管体制，对金融系统流动性泛滥、高杠杆高风险的运作模式和金融衍生品持谨慎态度，因此，近年来受国际金融危机的冲击较小。在美国次贷危机中，日本受到的损失较少。截至 2008 年 9 月末，日本购买的次贷资产在发达国家中是最少的，日本四家大型金融机构总损失额仅占全球金融系统总损失额的 1.1%。

四、启示

日本经验表明：金融市场开放有助于提高金融市场的效率、活力和竞争力，形成一个自由、完善、发达的金融体系。但金融市场开放后，跨境资本大幅波动容易形成和放大对国内经济的冲击。这就需要一国具有发达的金融市场，更加灵活的汇率，能够吸收资本流动带来的冲击。如果缺乏这些基本条件，金融开放就会面临较大风险。因此，我国应按照“先境内后境外”“先易后难”“重点突出”的总体原则渐进稳步推进新一轮金融市场开放，谨慎开放金融衍生品市场；建立和完善多层次资本市场和金融市场，丰富金融产品体系，完善金融市场法律法规，推动利率和汇率市场化改革，同步推进人民币国际化，实现金融市场本外币一体开放；建立我国的宏观审慎监管框架，逆周期市场化调节金融市场顺周期波动，防止跨境资本流动冲击导致的系统性金融风险。

参考文献

［1］谢亚轩，林澍．日本债券市场开放的经验［J］．中国金融，2019（9）．

［2］中国社会科学院金融研究所课题组．两大因素导致日本免受金融危机重创［N］．中国证券报，2009（10）．

［3］Kazuko Shirono. Yen Bloc or Yuan Bloc：An Analysis of Currency Arrangements in East Asia［R］．IMF Working Paper，January 2009.

［4］Dennis Botman. Irineu de Carvalho Filho，and W. Raphael Lam. The Curious Case of the Yen as a Safe Haven Currency：A Forensic Analysis［R］．IMF Working Paper，November 2013.

［5］Shinji Takagi. Internationalising the Yen，1984 - 2003：Unfinished Agenda or Mission Impossible?［R］．BIS，2011.

亚洲国家数据跨境流动的实践及对我国的启示

陈 志[①]

摘要：经济全球化与国际贸易的发展推动世界各国对数据跨境流动的需求日益增长。目前，亚洲部分国家为推动本国经济稳步发展，在数据跨境流动方面做了有效尝试。相比较而言，我国的数据跨境流动还存在战略目标有待进一步提升、参与全球规则制定步伐滞后、全社会数据治理能力不均衡等问题。下阶段，要建立数据跨境流动制度体系，构建数据安全治理体系，搭建国家保障数据跨境流动安全的能力体系，积极推进双边、多边的数据跨境流动谈判。

关键词：跨境数据　流动　实践　启示

一、亚洲国家数据跨境流动的实践

（一）日本：同时与欧盟、APEC 等机制对接，积极推动数据跨境自由流动规则构建

1. 国内立法形式上参考欧盟，但通过更为弹性化的解释推动数据跨境自由流动。作为亚洲最为成熟的经济体，日本早在 2003 年就通过了《个人信息保护法》（APPI），并在 2015 年进行了修改。数字经济的全球化发展也推动日本在修订 APPI 之时引入对数据跨境转移的监管，规定了三种向境外转移个人数据的合法方法：一是事先征得个人同意；二是转移的目的国是个人信息保护委员会认可的、具有和日本同样保护水平的国家（白名单国家）；三是接收数据的海外企业依照个人信息保护委员会的要求建

① 作者简介：陈志，现供职于中国人民银行咸宁市中心支行。

立了保护数据的完善体系，能够为数据提供有效保护。虽然数据跨境转移的规则形式上参考了欧盟，但日本对规则的解释更为弹性，为数据跨境自由流动提供了空间。

2. 积极参与多边和双边数据跨境协定谈判，推动数据跨境自由流动规则的构建。一方面，日本积极跟随美国数据跨境自由流动的政策主张，积极参与美国主导的跨太平洋伙伴关系协定（TPP）和 APEC 的跨境隐私保护规则（CBPR）体系，并且在美国退出 TPP 后成为主导全面且先进的跨太平洋伙伴关系协定（CPTPP）的主要成员国。同时，日本作为 CBPR 的成员国，通过建立认证制度，为企业遵循 CBPR 规则实施跨境数据传输提供保障。另一方面，日本又积极对接欧盟的数据保护规则，制定补充规则（Supplementary Rules）以弥合欧盟和日本在数据保护规则上的差异，对敏感数据、数据主体权利和继续转移源自欧盟的个人数据加强保护。2019 年 1 月 23 日，欧盟通过了对日本的数据保护充分性认定，实现了日欧之间双向互认。此外，日本政府还积极推进美国—欧盟—日本三方的数据跨境自由流动框架，并在 2019 年 6 月 G20 峰会期间进行了磋商。

（二）新加坡：以建设亚太地区数据中心为导向，积极参与数据跨境流动合作机制

1. 主张高水平的数据保护和数据自由流动相结合，吸引跨国企业设立数据中心。新加坡是亚太地区第四大互联网数据中心，仅次于日本、中国和印度。通过智慧国家（Smart Nation）战略，新加坡实现了信息基础设施现代化，增加了对电信业与数据中心的投资。新加坡从地理上靠近成熟的澳大利亚、日本、韩国等亚太地区公共云服务市场，这也是推动新加坡以建设亚太地区数据中心为战略目标的重要因素。新加坡建立了与欧盟类似的数据跨境传输要求，禁止向数据保护水平低于新加坡的国家或地区转移数据，但在特殊情况下，企业可以申请获得个人数据保护委员会的豁免。此外，立法还提供了数据跨境传输合同条款作为补充。这些弹性化的机制使新加坡成为跨国企业设立亚太区域数据中心的优先考虑之地。

2. 积极加入 CBPRs，寻求区域内数据自由流动。2018 年 2 月，新加坡加入了亚太经合组织主导的 CBPRs 体系。根据 CBPRs 的文件，加入 CBPRs 体系要求评估成员国当前的隐私保护法、隐私保护执法机构、隐私信任认证机构、隐私法与 APEC 隐私框架的一致性。新加坡个人资料保护委员会目前正在开发一项与 CBPRs 对接的认证机制。获得这一认证，在新加坡经营业务的企业即可以与 CBPRs 成员国的认证企业自由传输数据。

（三）印度：在融入全球化和促进本国数字经济发展之间寻求本地化中间路线

1. 数据本地化政策以促进本国数字经济发展为前提。印度实施数据本地化的目

的主要是为促进本国数据经济发展，通过落实数据本地化，进而实现数据价值的本地化。《印度电子商务国家政策框架草案》的前言部分明确提出，印度将会逐步推进数据本地化政策，要求建立数据中心。总体来看，印度并不想实施严格的数据保护主义，但又不能放任数据的自由流动，因此其数据本地化策略一方面想要融入数据全球化，另一方面又想要刺激印度数字经济的发展。《电子商务框架草案》列出了一系列数据本地化的豁免情形，比如，初创公司的数据传输、跨国企业内部数据传输、基于合同进行的数据传输等并不加以限制。

2. 对个人数据实施分级分类，实施不同的数据本地化要求。在《个人数据保护法草案2018》中，印度将个人数据分为三种类型，一般个人数据、敏感个人数据和关键个人数据，针对三种数据类型，实施不同的数据本地化和跨境流动限制。首先，对于一般个人数据和敏感个人数据，草案要求这两类数据应在印度境内存储副本，可以跨境流动。同时，印度政府可以对一般个人数据进行清单化的豁免限制。其次，关键个人数据仅能存储在印度境内的服务器/数据中心，绝对禁止离境。

3. 金融数据强制本地化存储，促进印度银行金融业发展。印度中央银行要求2018年10月15日之前，所有在印度的支付企业均要将数据强制性存储在印度本地。对此，欧盟、美国政府和企业都提出了大量的反对意见，但是印度仍强势推进了支付数据的本地化规定。有研究认为，印度在此领域强制实施本地化，与其银行渗透率低下有密切关系。

二、我国跨境数据流动的发展现状及存在的瓶颈

（一）我国跨境数据流动发展现状

1. 我国数字产业发展和数字产业的竞争力。总体而言，目前我国的数字产业发展较好，处于世界领先地位，但数字产业的国际竞争力还有所不足，影响了跨境数据流动的发展。一方面，我国数字产业规模在全球处于领先地位。近年来，我国数字经济①发展迅猛，根据Statista网站提供的数据，2019年我国的数字产业规模达2.56699万亿美元，居全球第一位，高于美国（1.902037万亿美元）、英国（0.321541万亿美元）、日本（0.318399万亿美元）、德国（0.246042万亿美元）等国。另一方面，数字产业的国际竞争力与发达国家相比还有一定差距。数字产业

① 2016年9月的G20峰会上，二十国集团对数字经济的定义是："以使用数字化的知识和信息作为关键生产要素、以现代信息网络作为重要载体、以信息通信技术的有效使用作为效率提升和经济结构优化的重要推动力的一系列经济活动。"

的国际竞争力会影响跨境数据流动的发展，衡量数字产业的国际竞争力主要考察ICT① 服务出口指标。从世界银行统计的数据来看，2017 年，我国 ICT 服务出口金额为 269.77 亿美元，排名世界第五位，远落后于爱尔兰（791.51 亿美元）、印度（785.19 亿美元）、美国（422.18 亿美元）、德国（374 亿美元）②。

2. 我国数据跨境流动管理政策现状。近年来，我国数据跨境流动管理制度正在制定完善过程之中，《网络安全法》对关键信息基础设施数据提出了出境安全评估要求，此后，相关主管部门通过规章或规范性文件、标准等不断完善我国数据跨境流动管理政策体系。一是国家加快立法构建个人信息和重要数据的出境管理框架。《网络安全法》第三十七条就关键信息基础设施数据出境提出了安全评估要求，对安全评估的责任主体、管理对象、管理要求等内容进行了限定，从而确立了我国数据出境安全管理框架。为了落实《网络安全法》第三十七条规定，国家网信办于 2019 年公布了《个人信息和重要数据出境安全评估办法》（征求意见稿），此后根据征求意见作出重大调整，于 2019 年先后发布了《网络安全审查办法（征求意见稿）》《数据安全管理办法（征求意见稿）》《个人信息出境安全评估办法（征求意见稿）》等。二是部分行业重要数据率先开展数据出境管理实践。前期的行业管理实践主要集中于重要行业、信息通信服务领域。主要规定了对数据存储限定是否必须在境内、数据留存时间的最短时限以及对数据出境的禁止性规定。比如，在金融行业，中国人民银行发布《关于银行业金融机构做好个人金融信息保护工作的通知》，明确规定"在中国境内收集的个人金融信息的存储、处理和分析应当在中国境内进行。除法律法规及中国人民银行另有规定外，银行业金融机构不得向境外提供境内个人金融信息。"在信息通信服务领域，交通运输部、工信部等 7 部委共同颁布《网络预约出租汽车经营服务管理暂行办法》，规定"网约车平台公司应当遵守国家网络和信息安全有关规定，所采集的个人信息和生成的业务数据，应当在中国内地存储和使用，保存期限不少于 2 年，除法律法规另有规定外，上述信息和数据不得外流。"《保险公司开业验收指引》要求保险公司业务数据、财务数据等重要数据应存放在中国境内；《征信业管理条例》规定征信机构对在中国境内采集的信息的整理、保存和加工，应在中国境内进行。此外，《地图管理条例》《网络出版服务管理规定》等都提出了不同程度的数据本地化要求。

---

① ICT 是信息、通信和技术三个英文单词的词头组合（Information Communication Technology，ICT）。它是信息技术与通信技术相融合而形成的一个新的概念和新的技术领域。

② 截至目前，数据只更新到 2017 年。

（二）我国跨境数据流动存在的瓶颈

1. 数据跨境流动管理的战略目标有待进一步提升。当前，我国现有跨境数据流动管理政策总体是出于国家安全、执法便利等考虑，未来需要从推动实现我国企业全球化发展的战略目标出发为我国数字贸易活动正常开展提供更加多样化的机制选择。首先，个人数据和重要数据涉及两种不同的法律，面临的安全风险也不相同，在数据跨境监管手段的选择上也应有所区分，手段也并非本地化存储这一单一路径；其次，在监管者提出数据本地化要求，但未禁止数据出境的场景中，我国还缺乏相应的程序性规定，明确数据出境的必要条件；最后，重要数据的定义不清晰，数据跨境流动评估办法还很不成熟，企业难以把握，效率和效果上也难以适应目前的实际情况。

2. “数据本地化”偏好对我国参与全球规则形成制约。“数据本地化”的政策偏好导致目前我国很难参与欧盟和美国主导的双边/多边机制，欧盟在数字经济发展中暂时落后，期待通过通用数据保护条例（GDPR）提出的高保护标准和数据向欧盟境外流动的限制措施构建面向非欧盟国家的贸易壁垒。欧盟和美国的“隐私盾协议”谈判就存在诸多波折，并且一直面临欧洲法院重新审查的威胁。中国的侧重“数据本地化”政策也不可避免会对我国与欧盟的谈判造成阻碍。而由美国主导的APEC的CBPRs体系，强调的是国家间数据的自由流动，与我国当前的本地化政策相悖。同时，目前来看，APEC也未显示出与中国积极协商的意向。

3. 数据保护重点尚未达成共识，全社会数据治理能力还不均衡。我国数据保护监管尚处于起步阶段，除了重点打击数据黑灰产之外，明确数据保护的重点，防止影响企业正常经营活动中的数据使用，还有待于形成社会共识。我国大部分企事业单位数据治理能力还存在不足，违规收集用户数据、缺乏必要的数据安全防护措施、滥用甚至贩卖用户数据、大规模数据泄露等严重侵犯用户隐私和数据权利的事件屡见不鲜。有些组织缺乏基本的数据保护意识，也缺乏专业的数据管理人才；有些组织对数据安全有了初步的认识，但还缺乏良好的数据治理能力，无法将其转化为竞争优势；有些企业认识到了数据资源的财产价值，却滥用技术能力，为了获得商业利益而侵犯用户隐私。数据保护重点尚未达成共识，全社会数据治理能力不均衡，严重影响了我国整体数据保护能力的提升。

三、推动我国跨境数据流动发展的相关建议

（一）加快建立数据跨境流动制度体系

一方面，对于个人数据出境应坚持以市场机制为主，企业自律和政府监管相结

合，针对个人数据出境后可能遭遇的数据泄露、数据滥用等侵犯个人合法权益的风险制定监管规则。我国目前初步建立的数据跨境流动政策，如将数据出境安全评估作为单一合规机制，在现实中恐难以适应海量数据跨境管理需求。建议参考欧盟及其他国家经验，丰富合法出境途径及配套管理办法，设立符合我国国情需要的多样化合法流动机制。另一方面，对于重要数据出境，需结合数据出境后的安全风险进行实地分析，根据数据出境实际场景，结合重要数据的定义及范围，综合考量数据出境后产生的风险及影响，对重要数据出境实施梯度性监管。

（二）加快构建我国数据安全治理体系

构建我国数据安全治理体系，需要发挥政府、行业、企业的各自优势，实现协同共治，发挥龙头企业的引领带动作用，提升行业、国家整体数据安全治理能力，打造全球数据安全高地，以掌握数据跨境流动合作的话语权和主动权。从政府层面来说，通过制定《数据安全法》《个人数据保护法》进一步完善规则，明确主体责任和监管内容，建设良好的监督协调机制。从行业层面来说，应当深度结合行业特点，研究建立各行业数据安全相关指南、标准，鼓励行业自律，推动和监督行业性数据安全测评、监测预警、教育培训，积极提炼和推广实践经验，参与甚至引领标准，加强数据安全意识和能力教育，提升数据安全能力，让数据安全成为企业的核心竞争力。

（三）搭建国家保障数据跨境流动安全的能力体系

数据跨境流动带来的国家安全威胁主要源自于数据传输至境外以后的各种不可控风险。搭建国家保障数据跨境流动安全能力体系，政府必须联合实施跨境业务的企业，通过公私合作，加强对数据跨境活动中安全防护及感知、检测、溯源能力。一是加强数据泄露威胁情报的共享与溯源能力。打造龙头企业、安全机构与政府机构之间的快速生态协同系统，通过产品、服务、生态协同系统共享各种数据泄露的威胁情报，加强数据安全事件的快速和响应的能力，并追踪溯源恶意行为，快速定位威胁来源。二是积极拥抱创新技术。数据跨境流动包含数据泄露、个人隐私风险、数据滥用等一系列安全风险，需要多方合作积极研发和应用创新技术如同态技术、多方计算等大量新技术来降低数据安全的威胁。三是加强政府反制和威慑能力。对国家安全构成重大威胁的数据泄露事件，综合利用外交、信息、军事、经济、情报以及执法等力量，对其进行威慑和打击，惩罚恶意网络行为者。

（四）积极推进双边、多边的数据跨境流动谈判

随着中国“一带一路”建设，以及上海合作组织、金砖国家、东盟地区论坛、

中非合作论坛、中阿合作论坛、中拉合作论坛、中国—中东欧论坛等国际合作的开展，中国在全球的影响力在不断上升。这会总体上有效地提升中国应对地缘政治风险的能力。我国应充分利用“一带一路”建设等契机，在完善国内规则的基础上，由国家网信部门负责牵头，启动跨境数据流动对外合作工作推进机制。在当前各种双边、多边贸易谈判中，增加数据跨境流动的谈判内容，在加强统筹的前提下，实现数据跨境流动规则的统一。例如，可在中日韩自贸区谈判中将数据跨境流动议题纳入其中，推进区域内数据自由流动，可考虑参与 APEC 下的 CBPRs 机制，该机制虽由美国主导，但其遵循的 APEC 隐私框架要求不高，与我国数据保护要求较为契合，且其制定的数据流动规则较为弹性，APEC 多数成员国大都有意向加入其中，参与 CBPRs 有助于减轻我国企业在实施跨境业务时个人数据跨境流动的合规负担。

参考文献

［1］阿里巴巴数据安全研究院．全球数据跨境流动政策与中国战略研究报告［EB/OL］．http：//www. chinabigdata. com/cn/contents/3/253. htm.

［2］王晓明．征信体系构建制度选择与发展路径［M］．北京：中国金融出版社，2015：354－366.

［3］陈莹，郑荫立．欧盟国家征信数据跨境流动的经验与启示［J］．福建金融，2014（8）．

［4］王景瑞．国际征信数据跨境流动规则的比较研究［J］．吉林金融研究，2013（3）．

［5］许英，陈霞．征信数据跨境流动与信息安全［J］．中国金融，2012（17）．

［6］丁惠强．征信数据跨境流动监管研究［J］．征信，2011（2）．

英国贸易融资反洗钱监管规则研究

苏如飞①

摘要：贸易融资一直被视为洗钱高风险事项。随着我国企业走出去的增加，商业银行强化贸易融资的洗钱风险管控重要性日益凸显。英国贸易融资方面反洗钱监管要求在全球居于领先地位，其从体制、机制上进行全面规划，并在贸易融资洗钱风险评估、尽职调查、特殊贸易融资产品的洗钱风险管理、交易监控等方面都具有自身特色，较好地实现了安全与效率的平衡，对我国强化贸易融资反洗钱管理具有一定的借鉴意义。

关键词：贸易融资　反洗钱　英国　尽职调查　风险为本

贸易融资在国际金融中具有悠久的历史。早在13世纪，意大利的商贸公司就开始提供贸易融资的金融服务，从18世纪到20世纪，全球贸易融资市场集中于一个居于主导地位的金融中心——伦敦，伦敦出现了大规模的汇票贴现市场，并逐步成长为全球的货币市场。这种中心化的贸易融资市场结构也是第一次世界大战之前英帝国统治体系的重要组成部分。第二次世界大战后，殖民体系瓦解，各国加强对跨国支付管控，贸易融资主要由本地机构进行中介服务，一般由所在国银行或国际银行设在进口国或者出口国进行中介。贸易融资因为涉及跨国的各方，并具备单证可脱离基础贸易融资的特点，一直被FATF等国际组织视为洗钱高风险领域，被广泛地发现存在于非法贩运麻醉药品、腐败和贿赂、欺诈、走私等金融犯罪领域当中。在贸易融资的反洗钱监管方面，英国监管要求一直走在全球的前列，并具有较大影响力。

① 作者简介：苏如飞，现供职于中国工商银行总行。

一、贸易融资洗钱分析及监管

（一）贸易融资洗钱风险分析

国际组织反洗钱金融行动特别工作组（英文简称 FATF）在 2006 年 6 月发布的《关于基于贸易的洗钱问题研究报告》将与贸易相关的洗钱活动界定为“利用贸易交易掩盖犯罪收益和转移价值，企图使其非法来源合法化的过程”。就洗钱的处置（Placement）、离析及融合（Layering and Integration）三阶段来说，相比在洗钱的处置阶段，贸易融资更容易被使用于洗钱的离析和融合阶段，毕竟大量的贸易流动可以掩盖个别交易以及与使用多种外汇交易和多样化交易有关的复杂性，通过贸易融资安排允许将合法和非法资金混合使用。

在 FATF 的《关于基于贸易的洗钱问题研究报告》当中，贸易融资相关的洗钱指标有：一是开具超额发票：通过虚报发票和其他单据中货物的价格（以高于真实价值表示），卖方通过付款获得超额价值。二是开具短缺的发票：通过虚报发票和其他单据中货物的价格（以低于真实价值表示），买方在付款时获得超额价值。三是采取多次开票方式。通过为同一商品开具多张发票，卖方可以证明收到多次付款是合理的。如果串通方使用多个金融机构为付款/交易提供便利，则很难发现这一点。四是减少装运货物量方式：卖方装运的货物数量或质量低于发票数量或质量，从而歪曲了单据中货物的真实价值。效果类似于开票。五是多装货物量：卖方装运的货物数量或质量超过发票数量或质量，从而歪曲了单据中货物的真实价值。效果类似于开票不足。六是故意混淆货物类型：当事人可以以一种方式安排交易，以避免引发金融机构或卷入的其他第三方发出任何怀疑。这可能只是涉及从相关文档中省略信息或故意伪装或伪造信息。此活动可能涉及也可能不涉及一定程度的串通，并可能出于各种原因或目的。七是采取幻影运输（Phantom Shipping）：没有货物发货，所有文件是完全伪造的。八是其他双方串通欺骗方式。

贸易融资业务最关键的洗钱风险是，犯罪分子可以通过相应书面文件虚构合法贸易的存在，从而达到洗钱的目的。特别是银行收到的文件级别和类型主要由申请人或指示方决定，而且由于文件的多样性，银行可能不是在贸易融资过程中审阅文件的财务专家（虽然有经验的贸易融资人员应该对最常用的文件类型有良好认知）。如果基础商业贸易关系的各方为了掩盖交易真实性质而进行串通，最容易实现洗钱的目标。

（二）贸易融资不同业务的反洗钱监管

国际贸易融资活动可包括签发信用证、备用信用证、催收票据或担保业务等。英国的贸易融资业务通常被视为在跨国界范围内，但也可能涉及国内贸易。

除了贸易融资，目前还存在按开立账户（Open Account）条款完成交易，即买方直接向卖方支付货物或服务款项的交易，在此类情形下，无须向付款银行出示证明贸易文件。在开立账户交易中，银行只需要按照要求付款，不需要知道付款的原因，除非相关详细信息已经被包含在环球同业银行金融电讯协会（SWIFT）的相关报文中。银行需要对付款进行制裁审查，开展交易风险监测，在有限范围内开展反洗钱要求核查。而在贸易融资的情况下，银行掌握了更多的信息，以便了解交易原因和资金链条的变动。一般而言，银行无须在不知情的情况下调查商业交易，但如果视为银行交易一部分的文件已引起怀疑，则须向英国犯罪调查中心（the National Crime Agency，NCA）提交可疑交易报告，并根据具体的交易情况征得同意。

在贸易融资产品当中，又可以分为跟单信用（Documentary Letters of Credit，LC）和跟单托收（Documentary Bills for Collection，BC）两种结算方式。英国贸易融资产品一般采用国际商会（ICC）颁布的一套惯例规则。但国际商会在管理收单的规则与管理信用证的规则时有着根本不同。在托收当中，金融机构仅限于在限定的时间内确定收到的单据是否如托收指令中所列进行检查。

国际贸易融资交易通常涉及不同地点的银行机构，以各种不同身份行事。对于信用证而言，可能包括开证行、通知行、指定行、保兑行或偿付行。对于跟单托收，将存在一个寄单行、代收行或提示行的角色。不同角色的金融机构参与的性质很重要，因为这将决定金融机构与相关出口商或进口商可获得信息的性质和程度、贸易安排和交易性质。这一过程具有支离破碎的性质，即某一金融机构可能只能获得有关交易的有限信息，这意味着任何一家金融机构都不可能设计硬编码规则或方案，或采纳任何技术模式，以便对整个交易链实施交易监测。

在贸易融资的情况下，犯罪分子非法转移资金的方法常见于FATF的洗钱指标事项当中的多开票或者开票金额不足的方式、或者采取伪造虚假文件的方式。因此，银行机构在接受票据的时候，不允许使用文件的副本或者复印件，以防止伪造情形发生，并应及时开展尽职调查查询，除非原始文件（特别是所有权文件）的无法获取的原因已披露给银行，并能够被银行接受。

在关联交易的情形下，银行机构应当特别注意，并关注以下情形：一是交易存在不明原因或不必要的当事人，在进一步查询时对方对其身份/角色似乎回避；二是交易涉及与该交易无明显关系的第三方收到现金（或者其他方式的付款）；三是向与客户无关的第三方支付或支付收益请求；四是不同关联方的注册地址都是同一地址；五是其他涉及多个关联方的交易。

二、英国贸易融资反洗钱监管法律规定、要求及执法关注

（一）英国贸易融资反洗钱法律规定

当前，英国的反洗钱监管法律规定主要有：2002 年《犯罪收益法》（*Proceeds of Crime Act* 2002）、2001 年《反恐怖主义、犯罪和安全法》和《2017 年刑事金融法》《2017 年反洗钱条例》等。在贸易融资反洗钱监管方面，英国现行规定主要体现在英国根据欧盟反洗钱四号令制定的 2017 年 6 月 26 日生效实施反洗钱条例上（the Money Laundering Regulations 2017）。此外，英国涉及贸易融资反洗钱监管包括英国行业自律组织英国反洗钱指导小组——《英国金融服务业反洗钱操作指引》相关规定。

（二）英国贸易融资反洗钱监管框架

英国的贸易融资反洗钱监管不仅仅是银行的合规反洗钱部门的职责，更是整个银行的职责。贸易融资的反洗钱监管是在整个银行机构合规反洗钱监管框架下进行的。

一是在公司治理层面，银行的高层应当了解公司面临的洗钱风险，并确保采取措施有效减轻这些风险。银行机构应当建立金融犯罪风险的委员会，及时提供充分和完整的管理信息，并建立和完善公司的合规管理三道防线，明确一道防线前台部门、二道防线合规反洗钱部门、三道防线内审部门的各自职责。

二是在风险管理框架方面。银行必须建立识别和控制措施，以识别、评估、监测和管理洗钱风险。这些控制措施必须全面，并且与银行的业务相联系。银行必须定期审查其金融犯罪风险评估，以确保其保持最新。

三是在政策与程序方面，银行应根据其业务完善更新其贸易融资反洗钱的政策和程序，并保障这些政策易于获取、有效和所有相关工作人员都理解，还应定期审查和更新。

四是明确相关的反洗钱责任及监督职责。明确界定银行内部建立和维持有效金融犯罪控制的责任，并根据业务规模、性质和复杂性，开展充分有效的反洗钱监测（无论是采用信息系统自动监测、人工监测的方法还是两者混合方法都可以）。

五是做好反洗钱培训。英国监管机构要求培训必须具备针对性，应实施量身定制的培训，以确保工作人员的知识充足且最新。而且银行应强调日常的工作培训，应利用对反洗钱趋势和反洗钱类型的普遍认识来补充正式培训。

（三）英国监管机构对贸易融资的执法关注

贸易融资的单证分离及信用证的独立性原则，既促进了国际贸易的发展，也让贸易融资成为洗钱高风险领域。而犯罪分子为了洗钱或者融资，往往会进行欺诈。对贸易融资的反洗钱监管，英国金融监管局（FCA）将其视为贸易融资金融犯罪的一部分。在英国法下，英国的银行金融机构不仅需要对加强贸易融资过程中的反洗钱管理，还应加强对制裁合规、反恐怖融资、反欺诈的管理。

FCA 在 2018 年 6 月对印度卡纳拉伦敦分行（Canara Bank）的反洗钱罚单集中地显示了 FCA 在贸易融资反洗钱问题上的执法关注。在该罚单中，FCA 指出卡纳拉银行除在贸易融资业务上对反洗钱风险识别不足以外，卡纳拉银行还应该：

一是对所有客户的风险评估进行完善，确保风险能够被充分考虑；二是确认对交易的所有关联方进行了制裁检查，并确保任何潜在匹配的详细信息保存在档案中；三是对所有的反洗钱红旗警示信息（Red Flag Indicators）进行考虑并列明开展交易的相关理由，做好记录，加强公开信息检索，如欧盟两用商品清单、进行政治公众人物信息 PEP 检查的网站情况、跟踪运输船只情况和检查货物文件情况；四是与客户核实相关信息，并做好尽职调查情况的记录；五是细化职责，明确在交易中签字的工作人员的权限。

虽然以上是 FCA 给卡纳拉银行的要求，但也集中反映了 FCA 在贸易融资反洗钱监管上的关注。

三、英国贸易融资反洗钱监管具体要求

（一）客户贸易融资洗钱风险评估

英国监管机构认为，银行评估某一贸易融资交易的洗钱/资助恐怖主义风险的能力将取决于它所掌握的关于该交易的信息量及其在贸易融资中的角色。因为银行可获得的信息量可能因该银行的规模/类型及其处理的业务量而异，在开展洗钱风险评估时，银行应充分考虑各因素，如交易规模、交易性质、当事人的地理位置和客户的业务组合、构成基础商业交易的任何货物的性质。

除了直接信息外，银行机构还应考虑到公共信息来源，比如互联网上提供的信

息来源。例如，银行可参照航运公司的网站验证提单，其中多数公司提供免费的设施来跟踪集装箱的移动情况。通过使用唯一的集装箱参考编号，银行可以确认集装箱已装上指定船只，而且该船只正在进行声称的航行。许多航运公司的网站提供了其船舶当前和未来航行的详细信息，以及有关其确切位置的最新信息。就银行开展风险评估的要求而言，银行通常不应在其自身缺乏专业知识的的情况下调查商业交易，但如果它们对作为银行交易一部分的基础文件产生怀疑，则应进行可疑交易报告。

在某些具体、高度结构化的交易中，银行应作出合理的判断，并考虑是否应进行更多的调查。此类调查可能包括确定是否可能涉及交易的开票过多或开票不足，或存在的任何其他价值虚报行为，这通常不能仅依赖贸易文件本身来判断，也不能仅仅依赖外部数据库的使用，因为大多数产品不在公开市场交易，也没有公开的价格。即使有这种价格，例如商品价格，商业银行也不会知道贸易条件、所涉折扣或商品质量等，因此确定单位定价总是很困难。但是，如果商品的单价与当前市场价值有重大差别，银行应考虑是否为可疑交易。

（二）一般尽职调查要求

根据英国的监管规定，银行作为交易目的的受指示方客户情形下，应进行必要尽职调查。如果在银行的内部风险政策存在要求以及对方的具体行为受到质疑的情况下，应对其他各方（可能针对交易本身）进行额外尽职调查。应当指出，指示方通常是银行的现有客户，但如果此前没有客户关系，在进行交易之前必须对指示方开展尽职调查。对贸易融资的不同情形尽职调查的要求不同。

1. 跟单信用证情形

（1）进口信用证。在开证行指示方是申请人的情形下，在初始尽职调查过程中，需要开展信用证贷款的开证行应对包括但不限于信息进行核实，如申请人交易的国家/地区以及使用的交易路线、交易货物、与申请人开展业务各方的类型和性质（例如客户、供应商等）、申请人在业务方面使用的代理人和其他第三方的角色和位置（如有此信息）。

（2）出口信用证。在通知/保兑行指示方是开证行的情形下，通知/确认行应对开证行进行适当尽职调查。尽职调查可能支持与开证行的持续关系，这种关系将受基于风险的相关审查周期的约束。因此，对于后续交易，无须对开证行进行尽职调查。

在其他情况下，通知行可能与开证行没有持续关系，可能只是采取行动处理交易，在这种情况下，尽职调查可以基于不同的方式进行。至少，通知行需要有验证从开证行收到的任何信用证的方法。

虽然不需要对信用证受益人进行客户尽职调查，但银行可以决定进行一些检查，例如，对公司总部（或同等的外国登记处），在线贸易目录、专业顾问报告或财务报表的可用性（取决于他们自己的风险判断方法）进行检查，以确认交易的有效性，如果信用证是由被视为高风险银行签发的，则交易的性质、货物、交易条款等应进一步调查。需要注意，财务报表是关键的信息来源，因为它们通常提供公司主要活动的描述，并提供有关其财务运营规模的信息。

2. 托收情形

无论是光票托收还是出口跟单托收，英国监管机构要求银行只要作为托收行，银行就应对指示方（出口商）进行尽职调查，当然在许多情况下，该指示方是其客户，此前已进行了尽职调查，如果没有异常情况，可信赖此前的尽职调查。

在进口代收情形下，银行应对收款人进行尽职调查，该收款人通常是代表进口商行事的。在大多数情况下，收款人将是接收收款的银行现有客户，银行此前已经对这些客户进行了反洗钱目的的标准化尽职调查。但银行应根据交易的性质，以及交易是否符合客户的已知交易活动及其正常规模，考虑是否需要进一步开展尽职调查。

3. 制裁或扩散融资筛查

英国在2018年通过了《制裁和反洗钱法》（*sanctions and Anti - Money Laundering Act*），制裁的形式含冻结资产/贸易制裁等。英国在金融制裁方面，此前主要实施联合国及欧盟的制裁名单规定。在2020年12月31日之前，英国的个人与企业还需要遵守欧盟的制裁政策。过渡期结束，英国将实施自主的金融制裁规定。

在有制裁实体清单的情况下，银行开展贸易融资应考虑对交易进行实时筛选。在这方面，银行应对交易机构加强实体清单筛选。但如果上市实体更改其名称或通过非上市的公司运营，则可能会规避这些名单筛选。因此银行应采取其他办法，以查明和防止非上市实体进行的扩散筹资活动。

（三）增强型尽职调查要求

加强的尽职调查应旨在了解交易的性质、所涉货物的相关贸易周期、交易结构的适当性、付款流动的合法性以及相关的控制机制。贸易融资的业务性质和初始尽职调查阶段描述和预期交易的披露不一定表明风险类别较高，但如果在任何交易过程中出现任何高风险因素，则可能需要开展额外的尽职调查。例如，尽管在某些情况下，这些交易可能合法使用，但第三方中间商或交易者使用背对背或可转让的信用证来签订离岸交易，或者买方本身是中间人或交易者。

在英国反洗钱法下，如果交易的性质表现出高于客户（指示方）进行的正常业务的风险特征，则买方属于高风险类别，银行应考虑承担额外的尽职调查以符合其风险政策。银行机构应当根据风险状况进行分析，并对以下情形进行调查。

一是了解客户，强化信息核实力度。做好交易其他当事方的所有权和背景查询，例如受益人、代理人、航运公司，根据案件需要核实关键个人的信息或身份。

二是了解业务，加强业务质量信息核查。向指示方寻求有关交易频率和交易各方之间现有业务关系质量的信息，并对此进行记录，以协助未来的尽职调查；参加并记录与指示方的关系会议，安排拜访他们；对于出口信用证，请向原产国的其他集团资源提供详细信息，以寻求佐证。

三是做好尽职审查。一方面，抓好外部公共信息核查。可根据外部公共来源（例如国际商会国际海事局）的警告通知检查交易，或将交易提交专门从事提单、航运服务和商品价格方面检索和验证服务的外部机构，例如国际商会商业犯罪服务机构进行核查。另一方面，做好货物相关信息如货源/价格/交易文件等的核查。如货源方面，可检查货源详情，证明原产地证书，以确定商品的来源；价格方面，可查看货物等商品价格的公开来源信息，如果合同价格与市场有显著差异（例如25%），则考虑进一步调查；文件方面，在开立信用证操作结束后，从交易样本中随机抽取，从跨银行贸易融资客户的层面检查货物文件，这将有助于识别买方和卖方串通的虚假交易。

（四）特殊类型贸易融资产品反洗钱要求

1. 福费廷

英国福费廷（Forfaiting）与国际一致，指的是银行无追索权买入因商品/服务或者资产交易产生的未到期债权。通常该债权由金融机构承兑或者保付。该业务的多样性，需要考虑交易的确切性质。例如，需要确保真实性可能导致对进口商管理层进行调查，而且可能有必要根据基础商业交易的性质审查商业文件。

在主要福费廷或发起市场中，银行通常直接与出口商打交道，出口商将是其客户。银行应根据风险的状况，酌情审查基础商业交易的另一方以及交易本身，以满足交易的有效性。对交易金额的大小和审查的深入程度应取决于银行对客户和交易的风险评估。

在二级市场情形下，银行的客户将是购买债务的人。但是，如果持有福费廷资产至到期，该客户将从担保银行获得资金，因此，银行也应对该客户进行尽职调查。银行还应考虑采用基于风险的方法，考虑是否应对交易标的方以及交易本身进行某种形式的尽职调查。这将取决于对所涉国家以及所涉客户或服务类型的风险评估，可能需要检查相关基础商业交易的文档。

2. 结构性融资

英国的结构性融资（Structured Financing）含各种融资类型产品，但英国的结构性融资产品指的是各种为了促进贸易和商业，其中融资是主要业务，任何相关的贸易融资工具和（或）承诺都是附属工具的贸易融资产品。例如涉及特殊用途车辆的贷款。融资金额可能是根据贸易合同的履约证据开展，通常以分阶段方式提供，代表该合同的进展。结构性金融交易的性质多种多样，应根据公司自身的风险政策/评估对所有相关方进行尽职调查。

（五）交易监控要求

贸易融资的交易监控的深度和频率将由银行对企业和/或相关方的风险分析决定。但是，银行应实施适合其业务的此类控制和程序。银行应注意与评估特定货物可能“双重使用”或受其流动限制的风险有关的信息来源。例如，有公共资源（如欧盟委员会的 TARIC 数据库）可以指示哪些限制可能适用于具有特定关税代码的欧盟出口：它将显示该类别下某些类型的商品贸易可能许可或禁止哪些方面。出口商必须已经向海关当局提供关税代码（海关当局用这些代码计算对贸易征收的税款），因此应能够向银行、保险公司和代理商提供关税代码。这些交易可用于识别可能存在较高风险或需要进一步尽职调查的交易，尤其是在认为风险较高的情况下。

银行在开展交易监控时候，应对包括但不限于以下的因素进行分析：付款价值、付款量、付款国、发起人、受益人姓名、装运量（如吨）。根据所使用的筛选工具，银行可根据环球同业银行金融电讯协会（SWIFT）报文进行筛查，以查找违禁或许可货物（如武器）的迹象。

当然，英国监管机构也认识到银行对洗钱可疑活动的发现能力往往受到限制。例如，在零散的贸易融资安排的情况下，信息的提供非常少，银行要能够了解产品的最终买方（或卖方）是谁，或者产品的最终用途可能是什么存在较大困难。

四、英国贸易融资反洗钱监管展望及特点

2020 年 1 月 31 日英国正式脱离欧盟，到 2020 年 12 月 31 日结束过渡期。原则上，欧盟在英国实施的监管规则将逐步为英国本地监管规则取代。在反洗钱法律法规方面，就英国在 2020 年 1 月 10 日还继续推动欧盟反洗钱五号令的实施来看，同时考虑到反洗钱监管规则的全球趋同性，英国的反洗钱监管规定预计不会发生大的改变。英国在贸易融资反洗钱监管上的特点有以下几方面。

一是英国的贸易融资反洗钱监管强调的是风险为本方法的采用。风险为本（Risk Approach）的反洗钱监管方法在全球的反洗钱监管中获得普遍的认同及采用。风险为本方法要求银行机构对业务关系的洗钱风险进行定性和核实，以识别和管理最大的洗钱风险，并使用风险管理来优先分配资源和工作量，制定与洗钱和恐怖融资风险相匹配的预防和缓解措施。贸易融资一直被 FATF 等国际反洗钱组织列举为洗钱高风险的产品，英国的反洗钱监管理念走在全球前列，也将贸易融资视为洗钱的高风险领域。从英国的贸易融资反洗钱监管规定来说，风险为本的方法贯穿于风险评估、尽职调查、交易监控及可疑交易报告的各个环节。

二是在贸易融资的反洗钱监管上强调反洗钱管控效果，与英国原则监管做法保持一致。从目前英国实施的贸易融资反洗钱监管规定而言，虽然英国采纳了欧盟反洗钱指令的相关要求，但在具体实施上，英国还是突出体现了自身的原则监管特点。原则监管指的是监管机构将不再关注规则的规定性细节，而更多地评估银行如何解释原始资料（例如监管手册）中设定的广泛原则。英国对贸易融资的反洗钱监管乃至在反洗钱监管方面，更关注反洗钱监管的效果，这更加强调高级管理层在落实反洗钱监管规则方面及取得监管所需要效果方面的责任。就贸易融资业务本身来看，因为涉及多项贸易链条，因此银行机构应在灵活的基础上，落实反洗钱履职的要求。

三是英国贸易融资反洗钱监管立足于安全与效率的较好平衡。对于贸易洗钱来说，目的是将非法资金混入合法的商业资金流中，这要求各国必须做好推动正常商业交易与维护金融安全的平衡。此前，商业交易的效率在国际贸易融资中居于主导的地位，随着近年反洗钱和反恐怖融资监管的趋严，商业交易对洗钱和恐怖融资的安全性管控要求逐步升高。其中，对于制裁名单的严格遵守就是商业银行在贸易融资领域必须面对的困难。反洗钱、反恐怖融资及制裁方面的免责条款在客观上损害了信用证独立性原则。

英国监管要求所有银行都应采用某种形式的金融交易监控，但考虑到对手方向银行提供的信息显然会因银行在不同交易中的作用和所使用的支付系统类型而异。例如，就信用证而言，如果是开证行，银行将可以获取部分（尽管通常有限）有关基础交易的信息；如果是通知行，则信息较少。因此英国监管要求银行应做到与自身的洗钱风险状况一致，保障贸易融资链条上银行获取的相关信息真实，实现商业银行在贸易融资反洗钱履职专业和尽责，在最大限度地实现洗钱风险监控的同时提高效率。

五、对完善我国贸易融资反洗钱管理的启示

银行贸易融资作为反洗钱风险的高发领域，一直受到我国监管机构的关注。早在2013年，中国人民银行就在出台的《关于金融支持中国（上海）自由贸易试验区建设的意见》中明确要求自贸区的金融机构和特定非金融机构应按照法律法规要求切实履行反洗钱、反恐怖融资、反逃税等义务，配合金融监管部门密切关注跨境异常资金流动。随着我国在2019年2月通过了FATF的反洗钱第四轮互评估，未来我国对贸易融资的反洗钱监管要求将更高。我国可借鉴英国的相关规定，完善贸易融资反洗钱监管的相关规定。

（一）推动银行机构反洗钱反恐怖融资与反欺诈统筹管理

贸易融资的虚假案件已经受到我国执法机关的高度关注，根据国家外汇局的统计，2016年到2018年，国家外汇局查处虚假贸易融资案件179起，设计违规金额17.4亿美元，共处罚款2.36亿元人民币。虚假贸易融资案件中伴随着大量的跨境洗钱的风险，因此打击虚假贸易融资案件可从强化银行贸易融资的反洗钱管理着手，可借鉴英国的金融犯罪管控做法，强化金融机构贸易融资业务的反洗钱审查义务，将其与反欺诈、反恐怖融资统筹管理。毕竟了解客户、了解业务、尽职审查的三展业要求不仅对反洗钱管理，对欺诈发生也具有很好的防范作用。

（二）强化自贸区等重点领域贸易融资业务反洗钱防控要求

2013年人民银行虽然在《关于金融支持中国（上海）自由贸易试验区建设的意见》中要求金融机构切实履行反洗钱、反恐怖融资、反逃税等义务，但缺乏具体细化措施。截至2019年12月31日，我国已经批准建立了11个自由贸易试验区，将2013年的试行经验总结并全国推广，也具备一定基础。建议监管部门明确涉及贸易区的贸易融资业务，金融机构应切实采取的最低限度的反洗钱措施及列明相关的贸易融资洗钱风险指标。可借鉴英国贸易融资反洗钱的监管做法，在安全与效率之间追求平衡，明确风险为本反洗钱措施的管控要求。

（三）商业银行应贯彻风险为本原则，强化贸易融资反洗钱管理

反洗钱风险为本原则构成了国际组织FATF的40项反洗钱建议基础，而英国贸易融资反洗钱做法较好体现了该原则。商业银行在开展贸易融资反洗钱管理中，可参考英国的做法，并根据本行反洗钱实践加以改进。

一是强化贸易融资的反洗钱风险评估。商业银行应通过对本行贸易融资业务的风险评估来更好地掌握已揭示出来的金融犯罪风险（包括但不限于洗钱、恐怖融资、欺诈、制裁），并强化风险评估的履职留痕要求，以明确相应人员的责任。

二是细化贸易融资业务项下的尽职调查和交易监控要求。目前各家商业银行均具有自身的反洗钱尽职调查程序，但该尽职调查程序是否符合贸易融资交易中的不同角色并具备针对性值得思考。建议商业银行参考英国的做法，明确不同角色和不同业务下开展尽职调查的要求，并强化相关的信息核实要求，特别是对制裁名单的筛查及所涉及的政治公众人物信息核查，防止本行的尽职调查方法成为打勾式的方法，更好地防控洗钱等金融犯罪风险。

三是做好针对性培训。对于贸易融资业务，建议商业银行关注全球的洗钱风险状态，定期更新相关的红旗警示指标，并参考英国做法，对业务人员开展定期的量身定制的针对性培训。在国际反洗钱制裁合规趋严的监管形势下，贸易融资天生的国际属性，导致对任何警示指标的忽视，都可能招致巨大的监管处罚。当然，相关的指标不意味洗钱或者犯罪的发生，但商业银行可根据风险状况进一步采取管控措施，做到尽职谨慎。

参考文献

［1］英国反洗钱指导小组．英国金融服务业反洗钱操作指引．2019 年修订版．The Joint Money Laundering Steering Group：Prevention of money laundering/ combating terrorist financing（2019revised version）．网址：https：//jmlsg. org. uk/.

［2］余培．重视贸易融资合规性监管问题［J］．中国外汇，2016（8）．

［3］黎宜春，张荣晖．自由贸易区贸易洗钱模式及防范策略［J］．广西社会科学，2016（1）．

［4］肖胜．关注虚假贸易融资风险［J］．中国外汇，2019（16）．

［5］荣蓉，韩英彤，白琳．穿透虚假贸易融资［J］．中国外汇，2019（16）．

［6］FCA fines and imposes a restriction on Canara Bank for anti – money laundering systems 网址：failings https：//www. fca. org. uk/news/press – releases/fca – fines – and – imposes – restriction – canara – bank – anti – money – laundering – systems – failings.

战疫情　稳经济

新冠肺炎疫情对北京经济的影响分析

中国人民银行营业管理部课题组[①]

摘要： 新冠肺炎疫情的暴发，对我国经济发展造成了“黑天鹅”式冲击，这是继2003年SARS以来，我国再次面对的大规模疫情。从疫情形势、经济周期、外部环境等角度来看，预期本次新冠肺炎疫情对经济的影响会较SARS更加严重。但北京市高技术制造业、现代服务业比重高、抗击疫情经验丰富，是抵御疫情影响的优势因素。若能控制好复工人口返流造成的疫情暴发压力，同时政策发力着重于中小微企业流动性、通货膨胀、劳动力市场等问题，有望大幅减轻疫情对北京经济发展的冲击，实现全年5.8%以上的经济增速。

关键词： 疫情　经济　影响

一、基于SARS疫情的历史经验看新冠肺炎疫情的影响

（一）SARS疫情与本次疫情形势的对比

从疫情状况来看，本次疫情的传播速度更快、感染人群更多、扩散范围更广，影响面超过了非典（SARS）。本次新冠肺炎传播性比较强，存在24天可传播疾病的潜伏期，并且叠加春节前后人口大范围迁徙，导致疫情传播性较广。从发现首例SARS患者到疫情结束经历了近半年，我国确诊人数为5 327人（含港澳台及国外一共8 069人），确诊50人以上的省市仅有7个，并且集中在北京市、广东省、中国香港三地。本次新冠肺炎疫情才发展了1个多月，截至2020年2月11日24时，已经确诊44 653例（见图1），确诊100人以上的省市已经达到24个，影响人数与区域

① 作者简介：课题组成员：杨小玄、李康、高菲、魏海玉、宁可，现均供职于中国人民银行营业管理部。

范围都超过了SARS，预计对经济的负面影响也更大。

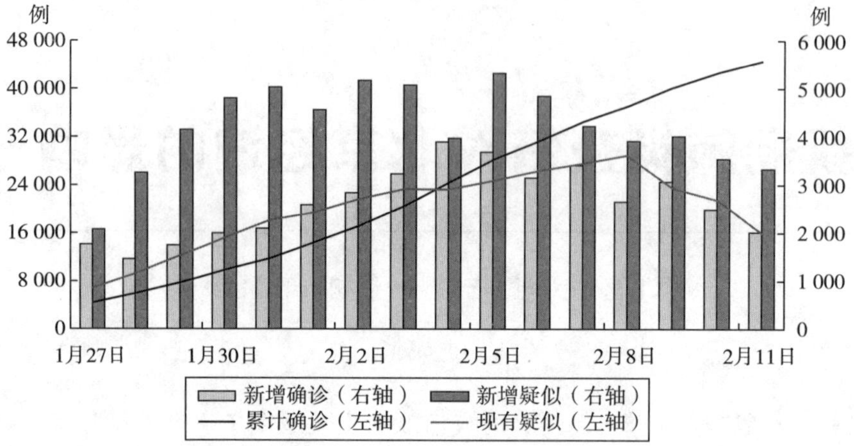

图1　全国新冠肺炎确诊及疑似病例数量（截至2020年2月11日24时）

从防控范围和防控手段看，范围更广，措施更严厉。SARS疫情主要集中于北京、广东等个别省份且暴发时间各异，各地采取的防控措施也有松有紧，如广东在SARS疫情期间学校不停课、工厂不停止生产、机关不停止办公、市场不停止开放，对经济的冲击较小。而新冠病毒传染性更强，疫情程度在全国数十个地区都较深，更加严格的管控措施也几乎同时在全国各地全面实施，对经济的冲击将更严重。

（二）SARS疫情对全国和部分地区经济的冲击情况

1. 冲击主要集中在疫情期间。整体看，对SARS的疫情防控主要集中在2003年第二季度，其对经济影响的冲击也主要体现在第二季度。2003年第二季度，全国GDP较第一季度下降2个百分点；重点地区中，北京受冲击较大，上半年GDP增速较第一季度下降3.1个百分点；广东受冲击较小，第二季度GDP增速较第一季度下降0.7个百分点。下半年，疫情影响基本消失，经济增速逐步修复，广东更是在第四季度实现15%的高速增长（见表1）。

表1　　2003年各季度GDP增速①　　单位：%

城市	第一季度	第二季度	第三季度	第四季度
北京	12.7	9.6	10.0	11.0
广州	13.0	12.3	13.9	15.0
全国	11.1	9.1	10.0	10.0

① 全国、广东为当季同比数据，北京没公布当季同比数据，因此采用累计同比。

总体来看，短期冲击未改变经济上行的总体趋势。2003—2005 年，我国 GDP 分别增长 10.0%、10.1% 和 11.4%，保持高位且逐年加快（见图 2）。

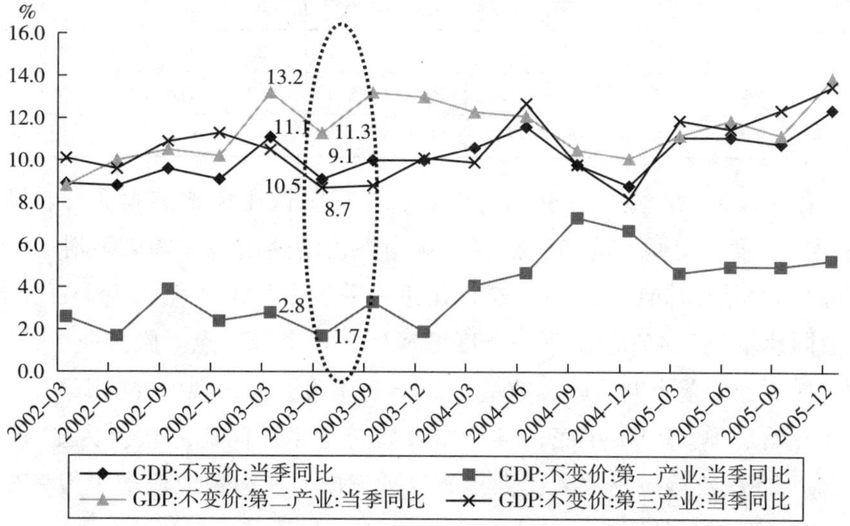

图 2　SARS 期间 GDP 同比增速

从外部环境和经济周期来看，新冠肺炎疫情发生的时点较 SARS 期间更为不利，疫情对经济的影响可能更为明显。外部环境方面，2003 年，我国加入世界贸易组织不久，正在全面享受融入全球分工与市场的红利，外需强劲，当年出口增速高达 34.6%。而当前，出口对经济增长的拉动作用已经减弱，加之受全球经济放缓和中美贸易摩擦影响，2019 年我国出口增速仅为 0.5%。在当前的外部环境下，应对内需减弱冲击的能力下降。经济周期方面，2003 年我国处于经济上行周期，人口红利逐渐释放，城镇化、工业化快速发展，货币处于快速扩张阶段，政策空间充足，应对短期冲击的能力较强。而当前我国经济下行压力较大，要素资源约束加重，宏观杠杆率较高，信用扩张存在风险，财政收支压力加大，疫情可能加重下行压力，并且加大宏观政策调控难度。

2. 分产业看，SARS 疫情对第三产业的冲击相对较大。一方面，第二季度第二、第三产业增加值增速较第一季度跌幅分别为 1.9 个和 1.8 个百分点，幅度分别为 11.3% 和 8.7%；另一方面，一二产业复苏较三产快，增加值增速在第三季度明显反弹，而第三产业第三季度仅反弹 0.1 个百分点，到第四季度才基本恢复。北京各产业增速情况与全国相似。广东由于在 SARS 期间未停产，第二产业第二季度增速较第一季度上升 1.3 个百分点，但第三产业受到冲击，第二季度增速较第一季度下降 2.2 个百分点（见表 2）。

表 2　　2003 年各季度三大产业增加值增速情况　　单位：%

城市	第一产业				第二产业				第三产业			
	Q1	Q2	Q3	Q4	Q1	Q2	Q3	Q4	Q1	Q2	Q3	Q4
北京	5.3	3.7	3.4	-1.1	14.4	12.3	12.1	12	11.9	8.2	9	11.2
广东	3.7	-4.6	0.4	3.7	15.3	16.6	18.9	20.2	11.6	9.4	10.7	11.4
全国	2.8	1.7	3.3	1.9	13.2	11.3	13.2	13	10.5	8.7	8.8	10.1

分行业看，第三产业中，交通仓储业、住宿餐饮业和旅游业受影响最为显著。2003 年第二季度，交通运输和住宿餐饮业增加值增速出现大幅度下滑。交通运输、仓储和邮政业增加值同比增长 2.3%，比第一季度平均增速低 5.4 个百分点；住宿和餐饮业同比增长 7.4%，比第一季度增速低 3.6 个百分点。旅游业中，游客周转量也因疫情受到严重影响。旅客数量自 2003 年 1 月开始出现大规模下降，直至 2003 年 6 月才开始反弹。2003 年底，各类旅客周转量累计同比才转负为正（见图 3）。其中，北京 2003 年旅游总收入比上年减少近三成；住宿餐饮业增速为 -7.7%，是服务业中唯一负增长的行业。

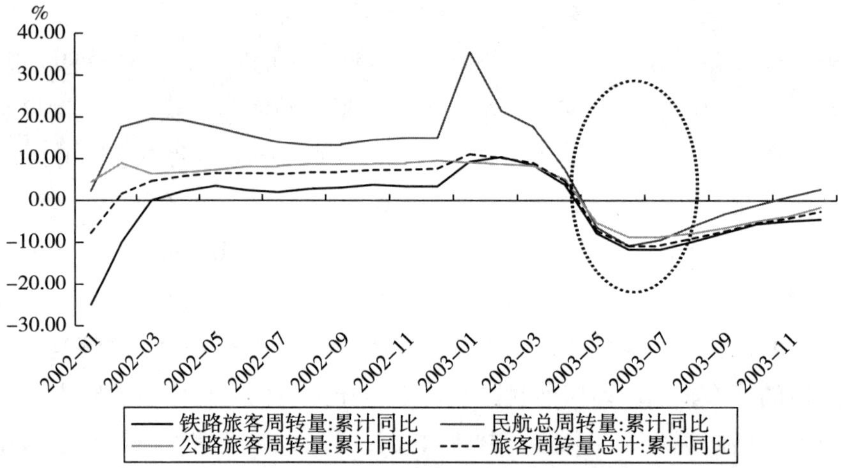

图 3　SARS 期间旅客周转量

当前第三产业占 GDP 比重已显著提高，将加大本次疫情的影响程度。2003 年，第一、第二、第三产业在 GDP 中的占比分别为 12.2%、47.0% 和 40.8%，对经济增长的贡献率分别为 3.1%、57.9% 和 39%，经济的支柱仍是第二产业。按可比价格计算，2019 年第一、第二、第三产业占比分别为 7.4%、39.6% 和 53.0%，对经济增长的贡献率分别为 3.8%、36.8% 和 59.4%。第三产业比重提高了 12.2 个百分点，对经济增长的贡献率提高了 20.4 个百分点。这预示着本次疫情冲击下对经济增长的负面影响会加大，可能高于 SARS 期间。

3. 从“三驾马车”来看，对消费影响较大。从消费来看，2003年第二季度国内市场销售增幅明显回落，社会消费品零售总额增长6.7%，低于第一季度9.2%的增长水平2.5个百分点，4月、5月、6月当月同比增速分别为7.7%、4.3%和8.3%。其中，住宿和餐饮业消费受影响最大。2003年5月，住宿和餐饮业社会消费品零售总额同比负增长15.5%（见图4）。其中，5月北京餐饮业零售额同比下降39.7%，五一黄金周被取消导致旅游消费损失200多亿元。

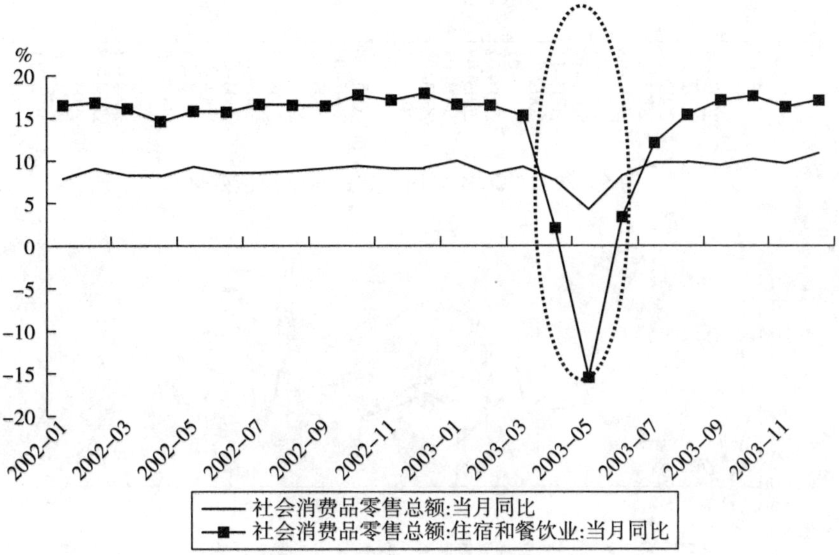

图4 SARS期间社会消费品零售总额

本次疫情正好赶上春节假期，将对一年一度的传统消费旺季带来较大冲击，加之此次疫情传播性更强，对旅行和外出的限制比2003年严格得多，导致对消费的影响程度可能强于2003年。

从投资来看，SARS期间，疫情未对投资造成较大影响，投资保持稳定，5月投资增速还小幅上升到31.7%（见图5）。对比本次疫情，由于发生在春节假期，导致企业复工时间存在一定不确定性，制造业投资可能受到冲击，但基建投资有望成为拉动投资的主要力量。除了重大区域产业、扶贫等基建投资以外，疫情带动的传统行业“线上转化”也将使得5G、大数据中心、人工智能等新基建投资将进一步扩大，2020全年投资有望企稳。

从进出口来看，2003年SARS疫情期间进出口运行平稳，只有4月进口增速有所下降到34.4%（见图6）。如果本次疫情能够得到有效控制，在贸易战暂时缓解的背景下，预计2020年进出口有望保持平稳。

从三要素比重来看，2019年最终消费支出、资本形成总额和净出口的经济贡献

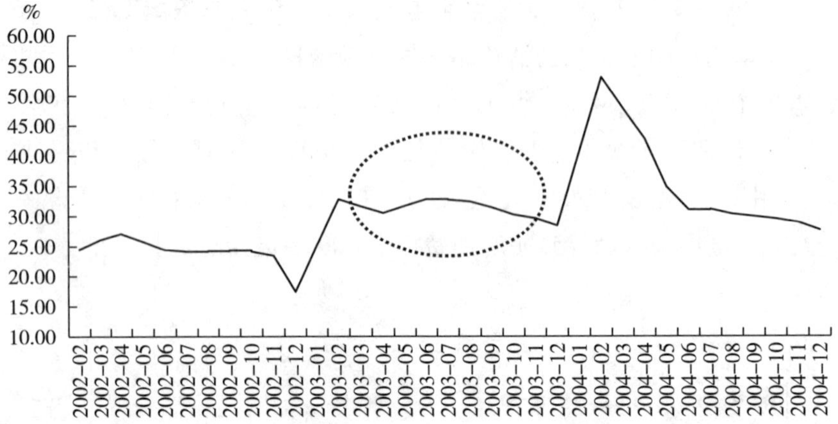

图5　2002—2004 年固定资产投资增速变化

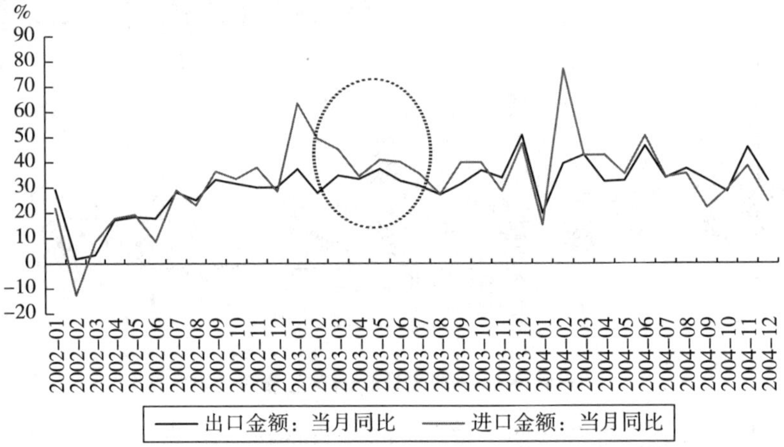

图6　2002—2004 年进出口增速变化

率分别为 57.8%、31.2% 和 11%，其中消费的贡献率高于 2003 年 22.4 个百分点，资本形成总额的贡献率低于 2003 年 38.8 个百分点，由于疫情主要冲击消费，相对 2003 年影响可能更大。

4. 分企业类型来看，中小微企业和民营企业受影响较大。由于中小微企业、民营企业资金链脆弱，对现金流的依赖程度高，抗风险能力差，在疫情中会受到更大的影响。根据国家统计局企调总队的初步测算，SARS 疫情减少规模以下工业总产值 2 亿元，影响工业总产值增速 2.7 个百分点。中小微企业相对大型企业产值损失更大。北京地区 2003 年 1～5 月规模以下工业总产值占全部工业总产值的比重为 5.3%，比 2002 年同期下降 1 个百分点。对服务业冲击则更为明显。据北京海淀区饮食行业协会调查，2003 年疫情期间与上一年同期相比，餐饮业收入下降了 60%，洗染业收入下降 50%，经济型旅店收入下降 70%，洗浴企业和家政服务公司停业率分别达到80%和90%。

本次疫情发生以来，多个行业的小微企业出现流动性压力。与餐饮、旅游、娱乐等行业及相关及上下游企业，由于市场需求大量缩减、失去订单和收入来源；与抗击疫情、居民生活保障相关上下游企业，虽然有较大市场需求，但员工难以返岗、原材料运送受阻，生产成本上升，虽然能依托大型企业的供应链获取订单，但无议价权，其供应链上的大型企业为了市场稳定，大多无法抬高物价，只能将其成本压力层层向下传导。

中欧创投于2020年2月6日对中小微企业开展问卷调查，对于在疫情下现金余额能维持企业生存的时间，34%的企业表示只能维持1个月，33.1%的企业可以维持2个月，17.91%的企业可以维持3个月。只有9.96%的企业能维持6个月以上。意味着85.01%的中小企业最多维持3个月。营业收入方面，29.58%的企业估计疫情导致2020年营业收入下降幅度超过50%，28.47%的企业预计营业收入下降20%~50%，预计营业收入下降10%以内的仅有4.02%。

（三）新冠肺炎疫情对北京重点行业和领域的影响分析

1. 供给端：对企业生产经营的影响

从企业的产业结构分布看，第三产业比重高。北京第三产业占比全国最高，2019年为83.5%，比全国53.9%水平高出29.6个百分点，比上海的72.7%高出10.8个百分点。由于第三产业相对第一、第二产业将受到更大影响，预示疫情对北京经济增长的负面影响会更大。同时，受延期复工以及物流网络运转受阻的影响，预计2月到3月北京的工业生产将面临新一轮压力，这也是疫情从第一波冲击（对服务业）到第二波冲击（对制造业）的影响路径。

从企业的规模分布看，国有经济比重高。由于首都的特殊性，北京国有经济比重相对较高，总部企业数量超过4 000家。虽然小微企业经济规模比重较低，但从企业数量上看，小微企业在北京仍占有重要地位。截至2017年末，北京市规模以上中小微企业33 356家；其中小型企业16 648家，占比为49.9%；微型企业8 062家，占比为24.2%。规模以上小微企业合计24 710家，占规模以上中小微企业的比重的四分之三。预期本次疫情冲击仍将有一定的影响范围，需引起关注。

从企业的行业分布看，行业高质量发展增强了对疫情冲击的抵御能力。制造业方面，1~2月往往是北京生产淡季，受疫情冲击影响较小。北京市2019年1~2月规模以上工业总产值仅占全年的14.2%，高技术制造业营业收入、利润总额分别仅占1~11月的14%和4.85%。北京市高技术制造业比重高，对工业增长的支撑作用较大。2018年，北京市工业总产值较高的分别为电力、热力的生产和供应，计算机、通信和其他电子设备，医药，专用设备等行业（见表3）。这些行业智能化水平较高，人员密集性相对较低、受疫情影响也相对较小，对稳定北京市经济增长、促进经济高质量发展具有非常重要的作用。

表3　　2018年北京市工业总产值：按行业划分

行业	工业总产值（亿元）	工业总产值比重（%）
电力、热力的生产和供应业	4 991.64	25.98
通信设备、计算机及其他电子设备制造业	2 516.28	13.10
医药制造业	1 129.58	5.88
专用设备制造业	639.89	3.33
石油加工、炼焦及核燃料加工业	638.01	3.32
电气机械及器材制造业	586.04	3.05
通用设备制造业	524.40	2.73
燃气生产和供应业	459.49	2.39
非金属矿物制品业	458.02	2.38
食品制造业	321.32	1.67
化学原料及化学制品制造业	301.88	1.57
农副食品加工业	278.00	1.45
饮料制造业	268.69	1.40
金属制品业	191.67	1.00
文教体育用品制造业	133.89	0.70
印刷业和记录媒介的复制	128.74	0.67
水的生产和供应业	124.19	0.65
纺织服装、鞋、帽制造业	109.84	0.57
黑色金属冶炼及压延加工业	103.40	0.54
黑色金属矿采选业	89.62	0.47
家具制造业	88.53	0.46
有色金属冶炼及压延加工业	85.22	0.44
造纸及纸制品业	57.84	0.30
纺织业	8.67	0.05
木材加工及木、竹、藤、棕、草制品业	6.26	0.03
皮革、毛皮、羽毛（绒）及其制品业	5.11	0.03
废弃资源和废旧材料回收加工业	4.54	0.02
工业总产值：合计	19 212.91	100.00

服务业方面，现代服务业在经济中的比重大幅提高，有利于平稳此次疫情对全市经济造成的波动。2018 年，住宿餐饮业、文化体育娱乐业、交通运输、仓储邮政业等对疫情弹性较大的行业对经济增长的贡献率合计达到 8.6%，远低于 2002 年 14.5% 的水平，而信息技术服务业、金融业、科学研究和技术服务业等三大现代服务业对经济增长的贡献率合计达到 64.9%，远高于 2002 年 20.0% 的水平，能够为此次疫情引起的经济波动形成一定的缓冲。横向对比看，2018 年北京市金融业、信息技术业增加值占第三产业比重分别高出全国 6.29 个和 9.85 个百分点，而批发与零售业，交通运输、仓储和邮政业分别低于全国 7.84 个和 2.76 个百分点（见表 4）。此外，高端生产性服务业易受益于远程“线上替代”，教育信息化、在线医疗等当年尚未出现的业务模式也会受益于此次疫情引致的相关需求，可望实现更高速的发展，从而在一定程度上降低疫情的负面影响。

需关注的是，受冲击较大影响的批发零售、住宿餐饮等行业，虽然北京市总体行业规模不大，但其中中小微企业数量众多。2013 年①，北京市有经营活动的中小微企业共 42.5 万家，从业人员 568.2 万人，其中批发零售业有 15.3 万家，从业人员 104.0 万人，是企业单位数和从业人员最多的行业。住宿餐饮业企业数量也达到 1.3 万家，从业人员 35.1 万人。较多的企业和从业人员，意味着疫情影响范围较广，可能对市场活力及就业造成冲击。

表 4　　2018 年北京市服务业增加值：按行业划分

行业	北京：增加值（亿元）	北京：占第三产业比重（%）	全国：增加值（亿元）	全国：占第三产业比重（%）
金融业	5 084.6	20.71	70 610.3	14.42
信息传输、计算机服务和软件业	3 859.0	15.72	28 733.5	5.87
科研、技术服务与地质勘查业	3 223.9	13.13	—	—
批发与零售业	2 530.4	10.31	88 903.7	18.15
租赁与商务服务业	2 016.6	8.21	29 468.5	6.02
房地产业	1 748.3	7.12	64 623.0	13.20
教育	1 432.1	5.83	—	—
交通运输、仓储和邮政业	1 346.2	5.48	40 337.2	8.24
公共管理与社会组织	952.7	3.88	—	—
卫生、社会保障和社会福利业	760.5	3.10	—	—

① 最新的公开数据为 2013 年数据。

续表

行业	北京：增加值（亿元）	北京：占第三产业比重（%）	全国：增加值（亿元）	全国：占第三产业比重（%）
文化、体育与娱乐业	645.9	2.63	—	—
住宿和餐饮业	440.8	1.80	16 520.6	3.37
水利、环境和公共设施管理业	235.1	0.96	—	—
居民服务和其他服务业	183.3	0.75	—	—
第三产业累计值	24 553.6	100.00	489 700.8	100.00

2. 需求端：对消费、投资和出口的影响

疫情对消费的影响较为明显。根据北京市统计局的调查，2019 年春节期间，北京市被访消费者的家庭人均消费约为 6 300 元，服务消费、体验消费需求高涨。而 2020 年春节期间，北京多数餐饮门店停业、电影票房颗粒无收、大型文娱活动取消、进出京客流同比下降六成以上。受春节和疫情的物流限制，网络消费未能大幅替代线下消费。若疫情波及清明节甚至五一劳动节，年内可供消费“反弹”的时间不足，可能将拖累全年 GDP。

疫情可能使得投资内部结构分化。工人返城、工厂复工延迟，生产活动无法进行，制造业、房地产等传统投资可能短期停滞。但长期看，在高技术制造业、新一代信息技术、人工智能和新材料产业等高技术制造业和战略性新兴产业以及金融、信息服务、科技服务等优势行业的引领带动下，经济高质量发展稳步前行。北京高新技术产业、创新研发投资可能得到持续快速发展。如办公自动化、人工智能、生命健康、新能源新材料等知识和技术密集型产业，5G、智能网联汽车、量子通信、电子商务、在线医疗、远程教育等产业发展需求的投资有望大幅增加。

疫情对出口的影响可控。世界卫生组织将这次疫情列为“国际关注的突发公共卫生事件”级别，对出口可能有一定影响，但决定出口的主要因素仍是外需状况，包括全球经济增长和中美贸易摩擦将决定出口增长情况。北京出口增速高于全国、高新技术产品出口增速高于平均出口增速。加之中美已经达成第一阶段经贸协议，如果疫情能够在第一季度控制住，预期对北京出口的影响可控。

3. 对就业和通胀的可能影响

结构性失业可能上升。2020 年 1 月 30 日，北京暂停现场招聘、鼓励线上服务，推迟高校毕业生签署就业协议书办理时间，叠加经济增速下行压力、互联网金融等部分行业的调整，2020 年就业形势预期不乐观。同时由于全国各地“封城”、限制人员外出等手段严格，2 月 7 日，北京采取对疫情高发区计划返京人员提前联系告知暂不返京，对已返京人员严格落实居家观察等措施。预期可能出现复工后劳动力市场供给不足的问题，表现出短期的结构性失业特征。

物价短期存在上涨压力。作为劳动人口流入的主要地区，北京可能将面临劳动力减少、服务成本上升的情况。叠加全国其他部分地区道路中断、物流受阻、居民消费品生产不足等影响，短期有较大物价上涨压力。但随着企业复工，政府科学引导和管控，恐慌情绪退散，预计 CPI 不会长期持续较高位上涨。

二、基于情景分析的北京经济影响估计

（一）疫情对全国经济增速影响的经验分析

从目前的疫情形势、内外部环境等因素来看，新冠肺炎疫情对全国经济的影响可能比 SARS 疫情更加深刻。众多机构学者也对中国 2020 年第一季度以及全年经济增长率作出经验分析判断。假设疫情前，经济增速预期为 6%，部分关于疫情对 GDP 的影响估计见表 5。

表 5　部分机构学者对疫情的经济影响判断

机构学者	疫情持续时间	对 GDP 影响的估计
钟正生，财新智库首席	主要集中于第一季度	第一季度 1 ~ 1.5 个百分点，全年 0.3 ~ 0.5 个百分点
张明，平安证券首席	3 月底疫情基本结束	第一季度 1 个百分点，全年 0.2 个百分点
任泽平，恒大集团首席经济学家	情景 1：防控及时得力，对经济的冲击主要局限于第一季度	第一季度 2 个百分点，全年 0.6 个百分点
	情景 2：疫情延续至第二季度，6 月左右结束	第一季度 2 个百分点，全年 0.8 个百分点
	情景 3：疫情持续时间超出预期，比情景 2 更严峻	第一季度 2 个百分点，全年 1 个百分点
世界银行	情景 1：疫情得到控制，政府对经济活动的限制措施在第一季度逐步取消	上半年 1.2 个百分点，全年 0.2 个百分点
	情景 2：疫情在第一季度的影响更加深刻	第一季度 2 个百分点，全年 0.4 个百分点
	情景 3：疫情及相关防控措施持续到第二季度	全年 1 个百分点

可以看出，此次疫情对经济的影响取决于疫情及相关防控措施持续的时间。基于专家的分析，可以将疫情对经济的影响大致分为以下三种情形。

情形1（乐观）：疫情对经济负面冲击主要集中在第一季度，3月底结束。疫情对中国经济第一季度的影响为1～2个百分点，对全年的影响为0.2～0.4个百分点。

情形2（中度）：疫情对经济负面冲击延续至第二季度中期，5月结束。疫情对中国经济上半年的影响为1～1.5个百分点，对全年的影响为0.5～0.7个百分点。

情形3（悲观）：疫情对经济负面冲击延续至整个第二季度，6月底结束。疫情对中国经济上半年的影响为1.5～2个百分点，对全年的影响为0.8～1个百分点。

（二）疫情对北京经济增速影响的实证分析

北京地区新冠肺炎疫情的程度在全国处于中等水平，鉴于北京经济与全国其他地区的普遍联系性，疫情对北京经济增速的影响可以通过其与中国经济增速的关系进行测算。

通过比较北京与全国GDP增速，发现二者在2005年后呈现高度的相关性，相关系数为0.98。因此我们基于2005—2019年经济增长率数据建立如下回归模型：

$$\Delta gdp_{bj,t} = \alpha + \beta_1 \times \Delta gdp_{China,t} + \beta_2 \times \Delta gdp_{bj,t-1} + \varepsilon_t$$

其中，回归系数β_1反映了北京经济增速对全国经济增速的敏感性。回归结果为$\beta_1 = 1.043$，显著性水平为$p = 0.0007$，表明全国GDP增长率每下降1个百分点，北京GDP增长率将下降1.043个百分点。

除了经济联系以外，应兼顾疫情对不同地区影响程度差异。本次疫情发源地武汉，虽然地理位置距离北京较远，但由于其首都和一线大城市的特殊性，有较高的复工人员返流压力。在乐观情形下，考虑到北京多方面的优势因素，可较回归模型适当提高对北京GDP增速的预期；同样，在悲观情形下，若疫情控制不力，北京二次爆发风险是全国最高的地区之一，应更保守地估计悲观情形下北京的GDP增速。

相应地，表6测算了三种情形下疫情对北京GDP增速的影响程度，与全国情况基本一致。乐观情形下（情形1），预计疫情将导致北京第一季度GDP增长率下降0.9～2.0个百分点，全年GDP增长率下降0.19～0.37个百分点；悲观情形下（情形3），预计疫情将导致北京上半年GDP增长率下降1.7～2.2个百分点，全年GDP增长率下降0.92～1.14个百分点；介于乐观和悲观之间的情形下（情形2），预计疫情将导致北京上半年GDP增长率下降1.0～1.6个百分点，全年GDP增长率下降0.52～1.73个百分点。

表 6　　疫情对北京经济影响的粗略估计

情形	全国经济增长率变化	北京经济增长率变化
情形 1 乐观	第一季度 1～2 个百分点 全年 0.2～0.4 个百分点	第一季度 0.9～2.0 个百分点 全年 0.19～0.37 个百分点
情形 2 中度	上半年 1～1.5 个百分点 全年 0.5～0.7 个百分点	上半年 1.0～1.6 个百分点 全年 0.52～0.73 个百分点
情形 3 悲观	上半年 1.5～2 个百分点 全年 0.8～1 个百分点	上半年 1.7～2.2 个百分点 全年 0.92～1.14 个百分点

假设疫情前北京 2020 年预期 GDP 增速为 6%，如果逆周期调控政策的稳健实施更加高效，能进一步对冲疫情影响 0.1 个百分点左右。最终预计结果如下：

若疫情在第一季度结束，北京第一季度、上半年、全年 GDP 增长率分别为 4.6%、5.4%和 5.8%。

若疫情在第二季度中期结束，北京第一季度、上半年、全年 GDP 增长率分别为 4.5%、5.0%和 5.6%。

若疫情在第二季度底结束，北京第一季度、上半年、全年 GDP 增长率分别为 4.2%、4.3%和 5.1%。

考虑到疫情期间或后续宏观调控政策的进一步发力，各情形中最终 GDP 增速的下调幅度也将随着逆周期调控政策实施力度的不断加强而减小。若政策对冲充分有效，则 2020 年全国的 GDP 增速大概率可以达到 5.7%～5.8%，实现预期目标。在乐观情景下，北京的 GDP 增速可以达到 5.8% 以上。

三、政策建议

医疗卫生机构普遍认为，北京仍处于疫情的早期阶段，如果能有效遏制，将不会再出现大规模暴发。且历年春节都是北京人口大幅流出时期，此时北京的消费相对处于低位，大部分制造业企业正常停工。因此，只要控制住人员复工返程风险，预期疫情对北京影响相对全国更小。但若疫情二次暴发以至严重影响复工，服务业持续停滞，对北京的影响严重程度会快速上升。为在恢复生产与控制疫情之间取得平衡，实现疫情后经济稳定增长，我们提出以下政策建议：

一是针对不同行业，合理安排复工进度和方式。北京相对于其他地区，存在一定的复工优势。北京科研、信息服务、金融等行业从业人员多，建议此类有一定居家办公能力的行业推行居家＋轮岗工作机制，在恢复生产与减少人员接触之间取得平衡。对医药、食品、物流、居民服务等重点行业，应在做好一切防疫手段的前提下，适时加大复工力度，提高智能化生产程度。

三是保小微企业，关键在于保住短期流动性。对暂遇困难的小微企业，除了不盲目抽贷、断贷、压贷，降低新增贷款利率以外，可考虑减免利息或延期支付当期利息。此外，通过返还缓缴社会保险费、减免企业当期水电气费等多种手段，稳定员工工资收入、避免企业因负担过重加大裁员的同时，最大限度地缓解企业的短期流动性压力。

三是保障重要物资供给，维护市场稳定。增加农副产品等居民生活消费品有效供给，支持农贸市场、超市等正常营业，保障产品供应和物价稳定，维持社会平稳运行。

四是稳定就业，保护企业劳动关系。受冲击较大的企业，可与职工集体协商，采取协商薪酬、调整工时、轮岗轮休、在岗培训等措施，保留劳动关系。

五是做好“后疫情时期”投资规划。疫情对传统产业模式造成冲击的同时，催生了各产业新兴“线上替代”模式的发展。疫情后，可加大对5G、人工智能及数字经济的投入与发展，为线上服务、远程办公、智能无人服务业等新兴经济提供渠道和政策支持，并创造新的需求及就业岗位。

新冠肺炎疫情对我国经济的影响分析

张毅峰[①]

摘要：2020年初，我国出现新冠肺炎疫情且仍在持续蔓延，节后首个交易日沪、深股市开盘大跌，再次引起社会各界就疫情对中国经济影响的关注。对此，我国应继续合理引导市场预期，采取宽松的货币政策、适当提高财政赤字率、切实减轻企业负担等措施积极应对。本文围绕新冠肺炎疫情对我国经济的影响，提出了对策建议。

关键词：新冠肺炎　疫情　经济　影响　建议

一、近期我国金融市场表现

（一）股市

受新冠肺炎疫情影响，2月3日我国股市大盘整体表现萎靡，市场情绪差，沪指收报2 746.61点，跌7.72%；深成指收报9 779.67点，跌8.45%；创业板指收报1 795.77点，跌6.85%，两市近3 200只个股跌停。上证50指数收跌7%，沪深300指数收跌7.88%，中证500指数收跌8.68%。沪深300指数下跌使股市市值蒸发了约3 580亿美元。Price Futures Group高级市场分析师Phil Flynn表示，我们将看到对冠状病毒的持续担忧，由于主要城市和工厂关闭，市场担忧其对中国经济的影响，会看到一些对资本流出金融市场的担忧。

（二）汇率

2月3日在岸人民币对美元汇率下跌1.1%，至1美元兑7.0149元人民币，突破了1美元兑7元人民币的重要关口。这可能成为自2019年5月中美贸易紧张局势

① 作者简介：张毅峰，现就读于东北农业大学。

急剧升级以来，在岸人民币汇率表现最糟糕的一天。受监管较少的离岸人民币汇率下跌0.2%，至1美元兑7.0121元人民币。人民币兑美元中间价较上日调降373点至6.9249，中间价贬值至2020年1月13日以来最低，降幅创2019年8月6日以来最大。在岸人民币兑美元中间价出现较大跌幅，符合预期，但当日（2月3日）中间价跌幅仍远小于假日期间离岸人民币跌幅，以最新离岸人民币兑美元价6.9877计算，二者价差超过600点。这意味着开盘后，人民币兑美元仍有可能出现继续下跌。突发疫情造成了市场情绪波动，但未形成很强的贬值预期。从境外1年期无本金交割远期交易（NDF）隐含的美元对人民币升值预期看，1月21日至23日平均为0.7%，高于1月初至20日间的均值0.1%，但低于上年8月5日（破“7”当日）至10月11日间的均值1.1%。

（三）金价

新浪财经报道，交易商权衡考量疫情及其可能会对全球经济造成的影响，黄金期货微幅收涨，同时在美联储公布货币政策决定后，金价在随后进行的电子盘交易中进一步走高。数据显示，因新冠肺炎疫情刺激市场避险情绪，2月3日现货黄金早盘一度跳涨，最高触及1 593.30美元/盎司。SIA Wealth Management首席市场策略师Colin Cieszynski称，一段时间内冠状病毒风险将继续占据中心，黄金料将在未来数日的某个时点上行并重测1 600~1 610美元/盎司区域，其曾在1月早些时候的中东危机期间达到高峰，金价在1 500美元/盎司上方仍受到支撑。

（四）大宗商品

与我国经济前景紧密相关的大宗商品的价格出现暴跌，其中铁矿石价格在大连商品交易所下跌8%，铜价在上海期货交易所下跌6.5%。上海在岸原油期货下跌7.3%。

二、对我国经济的影响分析

（一）对宏观经济的影响

这次疫情对我国经济的影响是暂时且有限的，一些不利影响只是暂时的，待疫情缓解后，相关经济活动恢复正常运行，经济会逐步得到恢复。我国经济体量大，有资源有决心来有效应对疫情带来的挑战。加之，全世界都在努力控制疫情，预计这一因素对股市的影响将是暂时的。虽然短期内疫情可能会对我国经济造成影响，但由于我国政府拥有充足的政策空间稳定经济增长和成功遏制疫情，预计在需求反弹和潜在的政策刺激措施下，经济增长可望在未来几个季度反弹。当下全世界都在报道疫情暴发的头条新闻，市场往往会趋于避险，但这些反应会消退，不会造成整个市场持续性的巨大转变。疫情对我国经济的影响是短期的、暂时性的，我国经济长期向好、高质量增长的趋势不会因此改变。我国经济发展中的积极因素仍在增多，经济内在的韧性增强，这些都对经济企稳和金融市场稳定运行形成长期的支撑。新冠肺炎疫情对我国经济的影响属于短期外部冲击，对经济中长期发展趋势影响不大，待冲击平息后，经济社会活动将一切回归正常。有专家预估2020年第一季度GDP增长会出现较大幅度的下降，比如下降30%～50%，这意味着当季GDP增速实际降低大约2～3个百分点。这个下降态势应该会由第二季度的反弹性增长部分地对冲掉。应该说，随着有利于增长恢复的宏观政策调整到位，下半年起，经济增长会有加快的趋势。在目前强有力防疫措施的作用下，疫情在全国范围内的发展能够在2020年2月得到有效控制。基于这样的假设，目前初步估计2020年第一季度GDP增速有可能因为疫情的暴发而降低约1个百分点，但全年GDP增速受影响的幅度则相对有限，大概为0.2个百分点。

少数学者和研究机构认为疫情对中国经济影响较大。FT中文网报道，2020年上半年因疫情影响中国经济回升放缓和金融活跃度下降，市场对流动性需求的增长或有较明显下降，对经济前景信心的影响持续时间或延续半年以上。国际货币基金组织发言人Gerry Rice表示，疫情恰逢中国春节假期，这本是消费旺季，疫情的出现给出行、消费等领域造成一定影响，给经济带来了不确定性。标准普尔初步评估认为，新冠肺炎疫情可能使中国的GDP下降1.2个百分点。澳大利亚国立大学经济系教授沃里克·麦基宾指出，中国经济过去17年显著增长，这意味着疫情对全球经济增长可能造成的破坏会更大，造成的损失可能是SARS的三四倍。法国兴业银行认为，若到3月疫情不能稳定，第一季度中国经济增速可能降至6%以下，此前该行预计第一季度中国经济增长6.1%。西班牙对外银行研究部亚洲首席经济学家董晋越指出，根据三个情境假设来评估武汉新冠肺炎疫情对经济的影响，在基准情境下（60%可能性），疫情会很大程度上和SARS类似在第二季度得到控制，在乐观情境（15%可能性）下，疫情会在第一季度内得到控制，在悲观情境下（25%可能性），疫情会在全年延续。在这三种情境下，2020年全年的经济增长预测都将低于我们之前对2020年GDP增长6%的预测。ING银行大中华经济师彭蔼娆认为，为防治疫情，零售、餐饮、旅游和大众运输会受到严重影响，预期2020年中国经济增长因此下降0.3个百分点，跌至5.6%。花旗中国区首席经济学家刘利刚预测，中国2020年第一季度经济增速将放缓至4.8%，一旦疫情得到控制，经济不太可能迅速反弹。

（二）对中观行业影响

2020 年初以来，疫情对餐饮、旅游、电影、交运、教育培训等行业冲击最大，医药医疗、在线游戏等行业受益。尽管疫情持续时间还不长，但是影响已经充分显现。特别是疫情对小型企业的影响远大于对大中型企业的影响，需求降低、成本上升、供应链紊乱等困难，影响不少小型企业。第三产业大部分为小企业，而疫情对第三产业的打击远大于第一产业与第二产业。疫情对国内消费的负面影响是真实而巨大的，新冠肺炎疫情的暴发使人们不敢出行旅游，零售、交通、娱乐、酒店和旅游业受新冠肺炎疫情打击最大。家庭消费以及相关的服务行业如交通、旅游业和娱乐行业将是受到严重打击的行业。餐饮、酒店、线下消费、线下商业在疫情解除后基本一个季度左右就可以修复；入境游、大型会议等行业，基本上需要 3 个季度左右才能全面修复。以航空公司和酒店为代表的中国旅游业可能遭受损失，而世界旅游市场也将受中国游客的减少而波及。目前预计原本春运票务业务繁忙的中国航空公司将遭受客运量下降的冲击。除了旅游行业，一些国际奢侈品企业也受到疫情的冲击，21 日 LVMH、历峰集团、开云集团等企业股价集体下跌。短期预判来看，此次疫情对楼市市场量价存在下调的压力但仍具韧性，随着疫情得到控制将回归平稳运行态势。此次疫情后，“造血”能力强的房企大概率会胜出，既增收又增利，而靠周期弹性赚账面钱的模式，或面临被动或主动缩表的压力。疫情暴发于 1 ~2 月的传统淡季，房地产需求只会延后不会消失，短期有影响但全年影响有限。

（三）对微观个体的影响

疫情对不同微观个体的冲击程度不一样，从受冲击程度看，民企大于国企，小微企业大于大企业，农民工大于正式职工，需要特别关注的是弹性薪酬制的员工，例如外卖、快递、滴滴以及部分制造业等计件工资的工种，基础保障低、收入波动大，是受疫情冲击最大的人群。从受新冠肺炎疫情影响最大的服务业看，酒店、餐饮、交运等以中低端劳动力居多。而我国制造业中的出口行业，也有不少属于劳动密集型的，如疫情导致的服装鞋帽、玩具等，出口增速下行，也会影响这些行业劳动力的就业问题。《证券日报》报道，中小企业本来对经济的风险抵抗能力弱，在销售下滑，人工成本上升，预期高度不确定情形下，进一步加剧了经营困难。个别企业如果出现疫情，人员隔离，企业停产，企业等于宣布破产。特别是创业型企业，在艰难的融资环境下租金、工资等负担沉重，很多企业处于非盈利状态，非常时期增加了企业的生存压力。

（四）潜在积极影响

2003 年非典催生了阿里巴巴的壮大，相信在这次疫情中，线上服务、线上办公等一些网络技术将得到发展的机会，另外VR非现场营销也会大量产生。疫情肆虐，居民不得不进行自我隔离，企业不得不选择远程办公，这也加速推进了社会互联网化；此次防疫积累了宝贵的防疫数据和疾病防控经验，有利于完善防疫体系，强化应急能力。医疗、生命健康产业得到新的发展空间。健康产业本来就是消费升级的重点领域，通过这次疫情公众对健康意识将进一步提高。在这个领域如卫生防护、医疗保健、运动等发展空间会进一步打开。人们对健康关注会从口罩需求向其他健康领域不断拓展。

三、对策建议

（一）加强政策支持

我国应加大力度帮助国内受疫情影响的中小企业，需要进一步采取降低税费和适度宽松的货币政策。加大货币信贷的支持力度，保持流动性合理充裕，强化对重点医用物品和生活物资生产企业的金融支持。在货币政策上确保市场有充足的流动性，同时避免信贷泛滥。短期内货币政策采取精准干预措施，以防止市场流动性不足和超预期波动等风险。对小微、民营企业，尤其是受疫情影响较为严重的企业，实行定向降息、定向降准、定向再贷款，构建“三定支持”。在财政政策方面可以加大力度，比如对中小企业进行一些特别的税费减免，以应对这一意外的“黑天鹅事件”带来的额外下行压力。建议政府尽早重新调整经济政策、产业政策以及税收政策，做出特殊时期的政策安排，如加大税收减免政策，进一步做好缓交或降低社保缴纳比例，开展重点行业的灾情补贴等。

（二）多部门联合行动

未来几个月，建议及时出台相关政策，兜住底线，强化对实体经济的支持力度。特别是对中小微企业提供专项资金进行资助；降低或缓交社保缴费，督导水、电、气、通信、铁路等相关部门适当降低收费标准，切实减轻企业经营压力。盘古智库认为，应重点关注中小微企业的生存状况，在特定时间窗口提供扶持政策。如果政府能牵头央行和银保监会出台缓解中小微企业银行贷款压力的措施，甚至为部分困难企业的贷款提供临时性贴息，中小微企业或将平稳度过此次危机。考虑到疫情导致的开工延迟等因素，建议在以前社保费率降低的基础上，对2020年中小企业的“五险一金”费率再降低至少1个百分点，同时明确缓交2020上半年的社保费。中国经济网刊文指出，高度重视此次疫情对企业，尤其是中小企业经营和就业的影响，避免“一刀切”式的过度干预，额外增加企业的负担，同时把稳就业放在更加突出的位置。

（三）充分提振市场信心

比恐惧更可怕的是恐惧本身，政府要配合宏观经济政策合理引导公众预期，多方征求民意，管控舆论方向，尽可能维持经济社会的正常稳定，为后续政策发力创造良好的施策环境。当务之急是通过强有力的政策措施恢复人们对经济的信心，形成正确的预期，避免民众对经济的误读，如果本次疫情引发民众对经济发展的恐慌，其杀伤力显然远非疫情本身可以相提并论的。疫情对我国经济的影响是暂时的，经济长期向好、高质量增长的基本面没有变化。要引导市场秉持长期投资、价值投资理念，避免非理性情绪对金融市场形成不必要的影响。

（四）加大基建投资

要加大基建投资、政府投资，现在民间投资严重不足，只有加大政府的基建投资，才能够弥补民间投资的不足，稳定经济增长，经济要转型，产业升级是需要一定的经济增速来做保障的。建议财政政策重点发力新基建和公共服务投资。提前做好基建项目储备，疫情过后大搞基建减税，对于人口流入地区的都市圈城市群可以进行适当超前的基础设施建设，投资需要跟上来，尤其是新基建，老旧小区改造工程等，或提前甚至加大投资力度。

（五）调整企业生产经营方式

对于企业，建议调整生产计划，尽早制定在家办公措施，尽可能降低企业的不利影响。做好疫情后恢复生产、追赶因疫情影响的生产进度。政府救助对于企业都只是杯水车薪，当前企业需要系统思考，积极自救。企业可以通过实行弹性工作制，尽可能恢复生产和销售，利用政策利好、信贷政策渡过资金短缺难关，积极开发应对疫情条件的产品和技术，确有困难应积极向政府申请补贴。

参考文献

［1］央行．新冠肺炎疫情对中国经济的影响是暂时的［Z］．中国经济网，2020－02－19.

［2］姜兆华．新冠肺炎疫情对中国经济影响几何［Z］．金融界，2020－03－02.

［3］中银研究．新冠肺炎疫情对中国经济金融的影响及政策建议［Z］．新浪网，2020－02－27.

新冠肺炎疫情对我国消费增长的影响分析

钱　珍　左慧敏　阳　丽　陈红姣①

2019年底爆发的新冠肺炎疫情迅速波及全国，暴发时点、经营环境、产业结构、消费贡献率等四个方面显示，疫情对消费和经济增长的影响比“非典”更大。整体上，疫情如在1~2个月内得到控制，预计将分别拉低2020年1~2月和全年社会消费品零售总额同比增速3.7个和0.6个百分点至3.8%和6.6%，将拉低2020年消费支出对经济增长贡献率21.9个百分点至41.4%，拉动全年经济增长约2.4个百分点②。

分时间看，疫情短期内影响消费需求，除最基本的“衣、食、住”，以及不得不做的“行”，绝大多数消费需求基本处于冻结状态。疫情中长期将影响消费信心和消费结构，消费信心的恢复约需要一年，比非典时期慢约半年，同时居民在居住、交通通信和医疗保健方面的支出将进一步强化，不利于教育、文娱以及服务消费的升级。

分行业看，旅游业受到双重打击，预计疫情将拉低2020年国内旅游年人均出游率43.54个百分点；住宿和餐饮行业消费损失惨重，预计2020年餐饮业全年营业额损失约1 813.7亿元，损失率为16.9%；交通运输业消费大幅下跌，春节期间铁路日发送旅客同比基本上均下降一半以上；电影行业春节档票房几乎为零，2020年大年初一票房仅181万元。疫情同时也衍生出医疗保险、线上消费、移动办公等新的消费增长点，预计医药制造业主营业务收入增速将高出2019年同期增速3~5个百分点。

建议“疫中”保障居民消费需求，“疫后”增强居民消费信心，尽快恢复消费

---

① 作者简介：钱珍、左慧敏、阳丽、陈红姣，现均供职于中国人民银行营业管理部。

② 按照2003年非典对经济增长的影响程度进行预期，2020年全年经济增长将降至5.8%。

预期；加大财政和金融政策对消费增长的支持作用；创新培育疫情衍生的消费增长点；规范和引导新兴营销方式，整顿市场经济秩序，通过完善机制和稳定秩序提升消费环境。

一、疫情对消费增长以及经济贡献的影响较大

（一）新冠肺炎疫情对消费和经济增长的影响程度较非典更大

一是两次疫情暴发时点不同，本次疫情正处于春节消费旺季，影响程度更大。2019 年春节黄金周除夕至正月初六，全国零售和餐饮企业实现销售额占 1 ~2 月社会消费品零售总额和餐饮收入合计的 13. 7% 。二是两次疫情所处经营环境不同，本次疫情下消费品生产企业尤其是小微、民营企业竞争压力更大，当前经济从高速增长向中速增长转变，房地产市场也面临一定的下行压力。三是两次疫情所处产业结构不同，本次疫情下第三产业占比更高，第三产业复苏需要的时间相对更长。2019 年第三产业占比为 53. 9% ，较 2003 年上升 11. 9 个百分点。四是两次疫情消费对经济增长贡献不同，本次疫情下消费对经济增长的下拉作用更强。2019 年 GDP 同比增速为 6. 1% ，最终消费支出对经济增长的贡献率达 57. 8% ，拉动当年经济增长 3. 5 个百分点，而 2003 年 GDP 同比增速为 10% ，最终消费支出对经济增长的贡献率为 36. 1%①。

（二）疫情如在 1 ~2 个月内得到控制，预计将分别拉低 2020 年 1 ~2 月和全年社会消费品零售总额同比增速 3. 7 个和 0. 6 个百分点

在宏观经济增速回落的背景下，消费继续保持较快的增长势头，消费支出继续稳居经济增长的第一驱动力。2019 年社会消费品零售总额 41. 16 万亿元，同比增长 8. 0% 。最终消费支出对经济增长的贡献率为 57. 8% ，连续六年保持经济增长第一拉动力，高于资本形成总额 26. 6 个百分点。最终消费拉动我国 GDP 增长约 3. 5 个百分点，而资本形成和净出口分别拉动 1. 9 个和 0. 7 个百分点。

如不考虑新冠肺炎疫情的影响，按照历史趋势预计 2020 年 1 ~2 月、第一季度和全年社会消费品零售总额分别为 7. 1 万亿元、10. 52 万亿元和 44. 13 万亿元，同比增长分别为 7. 5% 、7. 6% 和 7. 2%②。在考虑新冠肺炎的影响下，分成三种情况：

① 数据源自国家统计局网站。

② 社会消费品零售总额累计同比增速近五年持续下行，取过去五年年均下降程度 0. 72 个、0. 74 个和 0. 8 个百分点，推算出 2020 年 1 ~2 月，第一季度和全年在没有新冠肺炎影响下增速约为 7. 5% 、7. 6% 和 7. 2% 。

一是疫情在1~2个月内得到控制，预计2020年1~2月、第一季度和全年社会消费品零售总额分别为6.85万亿元、10.27万亿元和43.89万亿元，同比增速分别为3.8%、5.0%和6.6%。二是疫情在3~4个月内得到控制。预计2020年1~2月、第一季度和全年社会消费品零售总额分别为6.80万亿元、10.15万亿元和43.74万亿元，同比增长分别为3.0%、3.8%和6.3%。三是疫情在4个月以上得到控制。预计2020年1~2月、第一季度和全年社会消费品零售总额分别为6.80万亿元、10.10万亿元和43.49万亿元，同比增长分别为3.0%、3.3%和5.6%。

如不考虑新冠肺炎疫情的影响，按照历史趋势预计2020年全年的最终消费支出对经济增长的贡献率为63.3%，拉动经济增长4.29个百分点①，考虑新冠肺炎疫情影响下，按照非典疫情影响程度来推测，本次疫情将拉低2020年消费支出对经济增长贡献率21.9个百分点至41.4%，拉动全年经济增长2.4个百分点②，低于没有疫情影响1.89个百分点。

二、分时间看，疫情短期内影响消费需求，中长期影响消费信心和消费结构

（一）短期看，为防止疫情扩散，除最基本的“衣、食、住”，以及不得不做的“行”，绝大多数消费需求基本处于冻结状态

2003年批发和零售业商品销售额为4.86万亿元，实际造成的影响约40%。其中，粮油、食品、饮料、烟酒类的零售额由于是刚需，同比增速较为平稳，并未造成大的影响。而服装鞋帽针纺织品类和金银珠宝类等进一步提高生活水平的消费商品，由于非典的影响，在4~6月同比下降幅度较大。中西医药品类在4~6月同比分别增长21.1%、15.5%和25.8%，也有小幅的增长（见图1）。就目前状况而言，新冠肺炎疫情对商品零售业的冲击趋同于非典，影响程度与疫情控制速度有较强的关系。就目前新冠肺炎疫情的控制情况进行估计，保守估计只对第一季度的服装鞋帽针纺织品类和金银珠宝类等商品有较大影响，粮油、食品、饮料、烟酒类等刚需商品几乎没有影响。

① 因无明显的下降趋势，该预测值为过去五年的平均值。

② 按照2003年非典对经济增长的影响程度进行预期，2020年全年经济增长将降至5.8%。

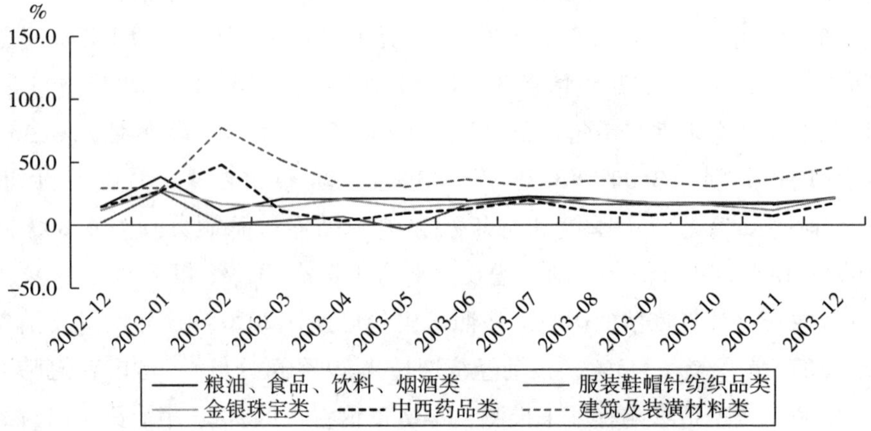

图1 非典时期不同品类零售增速变化情况

（二）中长期看，消费信心恢复约一年时间，居民在居住、交通通信和医疗方面的支出会有所提高

2003 年非典暴发之前，居民消费信心指数连续 38 个月在 110% 以上，2003 年 4 月和 5 月居民消费信心指数从 3 月的 113.9% 锐降至 103.5% 和 100%，两个月消费信心累计下降超一成。随着新增病例为 0 后，疫情开始得以控制，6 月居民消费信心指数恢复至 103.4%，半年左右时间，居民消费信心指数开始恢复到 110% 以上，但仍较疫情前低 3 个百分点左右。疫情过后，随着居民消费信心的逐步恢复，居民的消费结构有所调整，2003 年居民在居住、交通和医疗保健方面的支出占比较 2002 年分别上升 0.4 个、0.7 个和 0.2 个百分点，食品、教育文化娱乐和家用服务支出占比分别下降 0.6 个、0.6 个和 0.1 个百分点。2004 年末，居民在食品和居住方面的支出开始恢复常态，教育文化娱乐以及家用服务支出占比持续下降，交通通信和医疗保健方面支出占比持续上升（见图 2）。

从当前居民消费信心来看，在新冠肺炎疫情暴发前，居民消费信心指数从 2017 年 2 月开始到 2019 年 11 月连续 34 个月高于 110%，与非典情形有较为相似之处。不同的是，当前居民消费信心指数远高于非典暴发前，2019 年 11 月居民消费信心指数为 124.6%，而这次疫情民众影响远超过非典，重灾区均分布在“胡焕庸”线东南侧①，消费信心指数降至非典最低点时，居民消费信心将累计下降近两成，对消费者信心的打击更为严重，恢复需要的时间约一年。当前居民消费结构与非典时

① 根据中科院国情分析小组统计分析，“胡焕庸”线东南侧聚集了全国 93.77% 的人口和全国 95.7% 的 GDP，压倒性地显示出高密度的经济和社会功能。

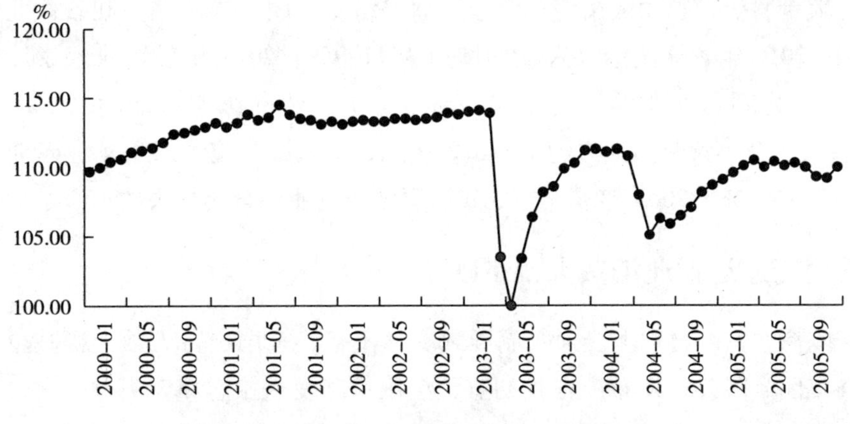

图2　2000—2005年居民消费信心指数

有较大差异，居住和医疗支出在过去五年占比持续上升，2019年末城镇居民居住支出已经占到24.2%，医疗保健支出占8.1%，疫情后将进一步强化这两项支出占比，居住和看病的刚性化将会进一步挤占其他发展和享受型消费。

三、分行业看，提供消费服务的劳动密集型服务业影响较大，同时也衍生出医疗保险、线上消费、移动办公等新的消费增长点

（一）旅游业受到境内外双重打击

春节原本是旅游高峰，但受疫情冲击，许多人被迫取消出行计划，再加上世界卫生组织已将疫情列为国际关注的突发公共卫生事件（PHEIC），导致许多国家和地区取消了来往中国内地的航班。2019年春节假期，全国旅游接待总人数4.15亿人次，实现旅游收入5 139亿元，2020年必然大幅下滑。经预测，在没有新冠肺炎疫情影响下，2020年人均出游率为480.77%，考虑疫情影响下2020年的人均出游率为437.23%，新冠肺炎疫情可能拉低国内旅游年人均出游率43.54个百分点，影响程度高出非典疫情33.54个百分点①。

（二）住宿和餐饮行业消费损失惨重

为避免人群聚集，各地都采取了居家隔离措施，春节各类聚餐和婚宴等几乎全

① 经预测，2003年在没有非典的影响下年均出游率为77.33%，但实际年均出游率为67.32%，非典疫情拉低了国内旅游年均出游率约10个百分点。

部取消，大量酒店、餐厅饭馆停止营业，商场纷纷关闭，导致住宿和餐饮业收入锐减。2010—2019 年餐饮业年收入平均增速为 11.9%，2019 年餐饮收入累计同比达到 9.4%，考虑到餐饮业的蓬勃发展，新冠肺炎疫情的影响可能随之扩大，预计 2020 年餐饮业全年营业额损失约 1 813.7 亿元，新冠肺炎疫情对餐饮业营业额造成的损失率为 16.9%，2003 年非典造成我国餐饮业营业额全年损失约 15%。

（三）交通运输业消费大幅下跌

由于隔离在家，再加上交通管制导致交通不畅，全国出行人数大幅减少。中国国家铁路集团有限公司发布，正月初五，全国铁路发送旅客 293.7 万人次，同比减少 826.7 万人次，下降 73.8%；1 月 30 日，正月初六，全国铁路预计发送旅客 320 万人次，同比减少 74.7%。2 月 3 日（正月初十），全国铁路发送旅客 160 万人次，同比下降 86.1%；2 月 4 日（正月十一），全国铁路预计发送旅客 130 万人次，同比下降 88.5%；截至 2 月 3 日 18 时，全国铁路共有 104 个火车站关闭离开当地通道。

（四）电影行业春节档票房几乎为零

春节档 7 天在全年票房收入中占据重要地位，2019 年春节档票房 58.59 亿元，占全年票房 642.66 亿元的 9%。但是受疫情冲击，观影需求急剧下滑，2020 年 1 月 23 日，7 部春节档主要影片宣布撤档，不少大型院线也均选择暂停营业，2020 年大年初一票房仅 181 万元，而 2019 年同期票房高达 14.58 亿元，电影行业迎来寒冬。

（五）新冠肺炎疫情同时衍生出医疗保险、线上消费、移动办公等新的消费增长点

一是医疗、保险等行业可能会迎来新的增长。参考非典期间对医疗、保险行业的影响，2003 年 4 ~ 6 月的医药制造业主营业务收入同比增速分别为 21.15%、22.03% 和 21.14%，比 2002 年同期高 1.4 个、4.7 个和 4.1 个百分点。同时疫情还提升了人们的风险防范意识，据不完全统计，短短几个月保险机构共推出非典相关的产品 20 多种。本次疫情下，与新冠病毒治疗与预防相关的医疗药品和器材同样受到消费者重视，口罩、消毒液供不应求，各药店和线上平台纷纷出现断货，预计 2020 年医药制造业主营业务收入也将高出 2019 年增速 3 ~ 5 个百分点。二是线下消费线上化进程将深度推进。2003 年我国网购交易额仅为 30 亿元，占社会消费品零售总额的比重仅为 0.06%，非典之后线上消费出现爆发式增长，越来越多的人开始参与网络购物，2005 年网购交易额达到 193.1 亿元，占社会消费品零售总额的比重为 0.3%，两年的年均复合增长率达到 153.7%。经过十几年的发展，2019 年实物

商品网上零售额8.52万亿元，同比增长19.5%，占社会消费品零售总额的比重为20.7%。受新冠肺炎疫情影响，线下消费受阻，线上消费受到的影响要小得多，以游戏、电商、视频等为主的互联网行业将受益于疫情，带动线下消费向线上消费的转移。三是移动办公时代或将到来。由于疫情的大面积暴发，不少人被隔离在家，无法到岗上班，部分开工企业采取了在家在线上班的办法，将刺激在线办公等产品的需求。疫情暴发后，中国移动宣布云视讯业务给客户免费使用，云视频通信龙头ZOOM宣布至疫情防控解除，向全国人民提供不限时长、免费的在线视频会议服务。由于在线办公的便捷性，很可能成为将来的长期习惯。

四、相关建议

（一）“疫中”保障居民消费需求，“疫后”增强居民消费信心，尽快恢复消费预期

一是尽快制定租赁和买卖房屋中介费上限，减少居民居住支出负担，扩大其他消费支出。二是放宽汽车消费市场的购买资格。保证每个家庭不用摇号的情况下至少可以购买一辆车，最多不超过两辆车。三是疫情之后增加景点开放时长，降低景点门票价格，促进旅游消费和夜间消费。四是推动商场开展各类商品“以旧换新”活动，促进消费升级。五是正确预估疫情对消费者重大方向性或者结构性的改变，防止消费拉动力不足。六是重点保障贫困居民和因疫返贫两类群体的居民收入，增强低收入群体的消费能力和信心。

（二）加大财政和金融政策对消费增长的支持作用

财政政策方面：延续旧家电政府置换回收优惠政策；借鉴家电下乡的成功经验，与旧城改造统筹规划，帮助居民提升生活品质；发放指定行业、特定购物中心的消费券。金融政策方面：对受疫情影响较大的餐饮、零售、旅游等企业不抽贷、不断贷；鼓励金融机构向全流程无人参与的现代物流技术行业进行信贷投放；鼓励金融机构创新消费信贷产品和服务，推动专业化消费金融组织发展；鼓励金融机构对居民购买新能源汽车、绿色智能家电、智能家居、节水器具等绿色智能产品提供信贷支持；降低消费贷和信用卡利率。

（三）鼓励发展疫情衍生的消费增长点，线上线下相结合，培育新的消费热点，规范和引导新兴营销方式

一是加强线下实体零售供应链管理，保障市场供应。二是鼓励创新业态模式，

探索基地＋产地仓＋批发＋物配＋新业态＋前置仓的生态圈，促进传统零售业转型升级。三是积极丰富5G技术应用场景，带动5G手机等终端消费，推动增加电子商务、电子政务、网络教育、网络娱乐等方面的消费。四是规范电信、互联网业务的消费环境，促使新兴营销方式健康发展。

（四）继续整顿和规范市场经济秩序，通过完善机制和稳定秩序提升消费环境

一是建立应对市场异常波动的机制，制定应对预案。加强对重点企业的监控跟踪，对重点生活必需品的供需和价格定期分析检测，发现异常及时采取应对措施。二是充分发挥执法部门作用，加大对食品的质量卫生抽检、检测力度，确保消费安全。严厉打击假冒伪劣产品和哄抬物价的违法行为，保证市场繁荣和稳定。

新冠肺炎疫情冲击下县域支付行为的变化特征及影响分析

陈晋波　力　安[①]

摘要：受新冠肺炎疫情防控影响，“非接触”“免接触”“少接触”的生产、生活方式逐渐成为习惯。特别是在支付领域，支付体系和支付方式的高速发展，新型支付工具的多样化、电子化和便捷化，为日常消费提供了更为便利的“非接触”电子化支付手段。本文对甘肃省平凉市泾川县域50家商户和100个群众进行了问卷调查，从群众新冠肺炎疫情前后支付习惯和支付意愿入手，对比分析了县域经济系统下的现金和移动支付工具的市场使用情况，商户和群众的满意度，以及移动支付在县城的发展前景。

关键词：疫情　移动支付　现金

一、问卷的设计、填报情况

本次问卷的设计主要围绕疫情前后居民在日常消费中支付意愿和行为为主，包含了六部分：一是现金和非现金交易的现状；二是从商户层面了解目前县域主要的移动支付工具种类和数量；三是从商户和客户双向了解在新冠肺炎疫情发生前，日常销售和消费中交易习惯和意愿，以及选择的原因；四是双向了解在新冠肺炎疫情发生后，日常消费中交易方式的选择和原因；五是商户和客户预见在新冠肺炎疫情结束后交易习惯和支付方式的选择；六是商户和客户对于目前各种支付工具的偏好以及选择的原因。

本次共向商户发放问卷70份，客户问卷150份。收回有效商户问卷59份，客

---

① 作者简介：陈晋波，力安，现均供职于中国人民银行平凉市中心支行。

户问卷112份，最终随机抽取了50份商户问卷和100份客户问卷统计分析。

二、问卷分析结果

一是现金交易占比下降。据问卷显示，在居民日常消费中现金交易占比已经下降到30.5%，在副食品销售商户中，少数商户有拒收现金的个例。现金交易的客户主要是老年人，商户主要是一些找零比较便利的大中型超市。

二是移动支付APP种类繁多。商户使用的移动支付APP主要有微信、支付宝、云闪付。收款码主要有微信、支付宝、云闪付、翼支付和各商业银行二维码，其中收款码布设占比为：微信100%、支付宝65%、云闪付20%、翼支付15%、商业银行二维码75%。

三是新冠肺炎疫情发生前后，移动支付对现金的替代程度加强。新冠肺炎疫情发生前，36%的客户在日常消费中保留着现金支付的习惯，72%的客户现金和移动支付并用。47%的客户日常消费摒弃了现金。其中保留现金支付习惯的客户主要是50岁以上的老年人，摒弃现金的主要是20岁至40岁之间的青年人。现金和移动支付并用的主要是40岁以上的中年人和在校园内禁止使用手机的学生。2月份新冠肺炎疫情发生后，受新冠肺炎疫情防控政策的硬核影响，35%的商户拒绝现金交易。客户扫码交易的意愿更加强烈，除了日常消费，逐渐拓展到了缴费、充值、公益捐赠等领域。一部分中老年人防疫意识不断增强，开始主动学习各种新型支付工具。据统计，在防疫期间，各种二维码交易占比高达86%，现金被极度边缘化。新冠肺炎疫情期间，泾川县域手机银行的签约率增长了13%，使用率增加了27%。第三方移动支付工具的种类未明显增加。商户和客户共同偏好的第三方工具和占比：微信支付77.5%、支付宝钱包66.7%、云闪付25%、各商业银行收款码46%、其他17%。问及选择非现金交易的原因，55%的商户和65%的客户认为现金不卫生，未经过消毒使用起来不放心，15%的商户和31%的客户认为找零不方便，25%的商户认为二维码收款更加节省人力成本。

四是新冠肺炎疫情结束后，商户对支付交易习惯的预期改变程度不一。56%的商户认为交易习惯的改变会促使现金交易缓慢下降，15%的商户认为现金交易在1~5内年将逐渐消失；37%的客户认为现金交易将缓慢下降，29%的客户认为现金交易低潮是暂时性的，新冠肺炎疫情线束后，将会恢复到疫情发生之前的状态。13%的客户认为现金交易在1~5年内将逐渐消失。

三、支付行为和意愿变化的因素分析

一是新冠肺炎疫情因素加速和放大了移动支付对现金交易的替代程度。近年来，我国网络支付服务支付不断创新和发展，成为支付市场的主体，新型移动支付成为消费领域支付的主要渠道。各类“非触”式交易工具依托电子钱包和二维码收单，集中提供小额、高频次的零售支付服务，交易速度快，交易笔数多，交易效率高的特点被老百姓逐渐接受。

二是移动支付的“免费”效应降低了疫情期间的商户运营成本。目前除信用卡还款（云闪付信用卡免费）、提现外，大多数服务处于免费状态，在成本优先的因素下，一些支付机构的促销活动也促使选择自然倾斜。

三是支付环境的建设为疫情期间移动支付的广泛应用提供了支撑。2018—2019年，人民银行利用各种支付资源，鼓励各银行和支付机构积极践行社会责任，推动银行基础受理环境建设，加快终端改造和新版标识布放；推动云闪付APP等新型支付工具的绑卡用户数量。在一些关键领域的商户端和客户端双向宣传推动移动支付应用和聚合收款码的布放，使移动支付服务更加便捷、便民，深度解决了群众在购物、缴费、医疗、交通等各个领域的基础支撑。

四是监管常态化促使移动支付服务更加规范，支付的安全性得到保障。移动支付通过网络，“非触”式提供，一度成为新型网络诈骗的重灾区。随着人民银行对业务合规化的重视，一些支付新规不断出台，有效杜绝了市场乱象和风险漏洞，在支付机构综合安全性和便捷性的平衡关系下，支付工具不断创新和发展，诸如“刷脸支付”“手机号码支付”“聚合二维码”新产品渐渐进入市场，使“盗刷”“诈骗”更困难。老百姓的钱袋子更安全。

四、发现的问题

一是在防疫期间，个别商户以疫情防控为名拒收现金。在防疫期间，“现金”清洁难的缺点被进一步放大，再加上找零不方便，额外增加人工成本等因素促使商户宁可违法也会拒收现金。一些客户也会因疫情因素拒收找零和携带现金，特别是对于半新的“零钞”会急于使用和不愿持有。

二是恶性竞争一定程度上损害支付机构和支付服务的良性发展。一些支付工具为了抢占市场，开展一些“免单”“打折”拓展营销，引起多数支付公司的竞相效仿，老百姓今天刷微信、明天扫支付宝，中小支付公司不堪重负，发展极其困难，大型支付公司越做越大，在抢占市场后反过来收取手续费。

三是银行的传统支付优势被新型支付机构不断蚕食。收单支付成为各大银行受冲击最严重的业务。双方互相在对方的领域不断渗透，商户面对各种二维码推销不胜其烦，但是面对各种营销活动却又经不住诱惑。一个商铺前面贴了七八个收款码，混乱的竞争使各收单机构利润摊薄，支付产品的研发和创新差距越来越大，势必造成银行的收益和市场份额下滑。

五、相关建议

一是提升现金流通质量，让群众感觉现金“卫生”可用。现金交易是日常生活消费的底线，我们在倡导新生活、新行为的同时也要保障老年人、困难群众、残障人士和未成年人的基本权益。为应对疫情的常态化防控，人民银行应该加大原封新券的投放力度，组织各金融机构对回笼现金进行杀菌消毒。同时应该在日常宣传中突出《中国人民银行法》中“中华人民共和国的法定货币是人民币，以人民币支付中华人民共和国境内的一切公共的和私人的债务，任何单位和个人不得拒收”。

二是引导移动支付市场有序竞争，稳定健康发展。支持中小支付公司良性发展，鼓励各机构百花齐放和支付服务提升，防止形成市场垄断。银行业也要拟订长远的发展规划，发挥自身的品牌优势和综合能力，让群众感觉易用、实惠、安全。

三是持续加强支付市场监管，保障信息安全。信息安全问题是整个移动支付发展的最重要的问题。用户最期望支付工具在保障服务的同时，最大限度地保障客户的信息安全，尤其是个人隐私信息的保护特别重要，人民银行要在支付机构的信息采集、处理、存储、使用等环节，发挥好监管作用。

论后疫情时期更应重视和加大绿色金融支持绿色经济的发展

邓玉琦[①]

2020年是极不寻常的一年，开年突如其来的新冠肺炎疫情对我国乃至全球经济社会带来前所未有的冲击。从全球经济形势看，资本市场出现剧烈震荡，多数国家的股票指数急剧下挫，国际原油价格异常下行，全球因疫情拖累出现较为严重的金融危机。同时，各国出于管控需要，国际航班运营减少，国际投资和国际商品劳务贸易均处于低迷状态，给全球制造业供应链带来前所未有的巨大冲击。从国内经济形势来看，新冠疫情对国际贸易、服务业和制造业及供应链都带来较为明显的负面影响，甚至“停摆”。如进出口大幅度下降，2020年前4个月，我国货物贸易进出口总值9.07万亿元人民币，比去年同期（下同）下降4.9%，降幅比第一季度收窄1.5个百分点。其中，出口4.74万亿元，下降6.4%；进口4.33万亿元，下降3.2%；贸易顺差4 157亿元，减少30.4%。前4个月，我国进出口总值按美元计价1.3万亿美元，下降7.5%。其中，出口6 782.8亿美元，下降9%；进口6 200.5亿美元，下降5.9%；贸易顺差582.3亿美元，减少32.6%。在服务业方面，交通运输、文化旅游、餐饮零售等产业受到较大冲击。在制造业方面，由于国内制造业在疫情期间陷入停滞，产生了相当规模的溢出效应，影响国际相关产业链中上游企业的采购需求和下游企业的产品供给。

一、后疫情时期发展绿色金融的重要意义

当前我国疫情取得决定性和阶段性胜利。在疫情时代背景下，受疫情影响的产业在疫情结束后如何调整恢复和转型发展，以及后疫情时代的经济恢复和转型发展

① 作者简介：邓玉琦，现供职于中国工商银行北京市分行。

中，急需金融业的支持。而建立新的经济平衡，和谐的发展格局需要发展绿色经济。绿色经济，需要绿色金融的支持。绿色金融则是以改善生态环境、应对气候变化、节约自然资源、支持可持续发展为目的，通过金融机构，如银行贷款、债券发行、私募投资等金融工具引导社会资本流入节能环保、清洁能源、绿色建筑、绿色交通等绿色产业的一系列投融资活动。与传统金融不同，绿色金融把环境保护作为基本出发点，在投资决策中重视潜在的环境影响因素，充分衡量决策的环境风险和成本，通过合理优化资源配置以期实现经济效益的最大化和环境效益的最大化。

本次疫情实为危，如何变危为机？我们可将其作为一个非常好的经济调整窗口期，来发展我国健康战略新兴产业集群等绿色经济。疫情之后，绿色产业关联的众多业态迎来升级版的发展使命，把握危中、危后之“机”，以创新和高质量释放潜力和动能，引领经济社会发展，真正彰显“绿色发展——功在当代、利在千秋”的本质特色。由于市场结构被迫洗牌及新生的行业也有待规划，可发展国家健康战略新兴产业集群，这样不仅是应对未来突发重大公共卫生事件的重要基础设施保障，而且与“新基建”领域密切相关，是推动“健康中国”绿色经济建设的重要切入口。它可包括以下几个方面：（1）新冠病毒科技攻关及其产业化；（2）公共医疗与公共卫生器材的研发制造；（3）新兴医疗人才培养及健康教育；（4）新兴智能医疗产业链；（5）新兴医学康复与康养产业集群；（6）新兴“无接触经济”的各种线上化服务；（7）以5G技术、大数据、云计算、人工智能、工业物联网为核心业态等；（8）新兴体育文化产业集群等。可考虑在未来5～10年重点支持发展，通过新基建，新动能的展开，补齐国家健康体系基础设施建设的短板，推动国家健康新兴产业集群的原始创新，努力营造创新、绿色的可持续发展道路，使之成为引领我国中长期经济发展的一个重要增长源。

绿色金融作为经济发展的利器，是推动我国经济绿色化转型和增长的重要支撑力量。近年来，我国绿色金融的发展取得了长足进步，发展的框架体系基本建立，市场参与主体逐渐扩大，产品和服务创新不断深化。但就整体而言，我国绿色金融仍处于发展的初级阶段，存在政府引导机制不健全、市场运作体系不成熟、社会参与程度普遍不高等一系列问题，而这一切问题归根结底是机制问题。现阶段，要实现绿色金融的健康发展，需要我们进一步厘清并平衡好政府、市场和社会三者的关系，坚持两手抓，既要借助政府这只手完善政策激励机制，有效引导金融资本投向绿色产业，又要利用市场这只手引入市场化机制，构建多层次、多元化的绿色金融市场。同时，还要发动全社会力量广泛参与，让全社会的参与成为政府引导和市场运作之外的有力补充。

加大发展绿色金融的重大意义及现实作用总结起来主要体现在以下三个方面：

第一，发展绿色金融是实现绿色增长和绿色治理双轮驱动的强大引擎。

绿色发展需要绿色增长和绿色治理并举展开、双轮驱动，其中绿色增长是对经济增量形成的绿色要求，绿色治理是对经济存量绿色优化的必要选择。绿色发展过程中，无论是绿色增长，还是绿色治理都离不开绿色金融的支持和驱动。现阶段要实现我国经济绿色化转型需要大量资金支持。据多项研究测算，我国“十三五”期间的绿色产业投资需求在 2 万亿元以上，但政府财政出资只能满足 10% ~15% 的规模，其余大量的绿色投资只能依赖机构和社会资本。

第二，发展绿色金融是推动供给侧结构性改革的中坚力量。

经济发展既有周期性、总量性问题，同时还有结构性问题，但说到底最重要的还是结构性问题。在现阶段供需矛盾中，主要也集中在供给侧方面。因此，供给侧结构性改革的主攻方向是扩大有效供给，同时减少无效供给，增强供给侧对需求侧的适应性和灵活性，以提高全要素的生产率。从目标角度分析，绿色金融和供给侧结构性改革实质相通。绿色金融是以环境保护、可持续发展为出发点，强调引导资金流向资源节约型和环境友好型产业，推动经济结构调整和发展方式转变，促进传统产业绿色化转型升级，加速市场对重污染落后产能的淘汰。同时，绿色金融通过加强对节能环保、清洁能源、低碳经济等绿色产业优化资源配置，提高了金融市场中要素和产品的供给质量和供给效率，使得绿色产业成为新的经济增长点，纾缓当前我国不断加大的经济下行压力，有力地推动了我国的供给侧结构性改革。

第三，发展绿色金融是加快新旧动能转换的有力抓手。

当前，我国正处于经济“新常态”转换之中，经济运行表现出以下特征：增长速度由高速向中高速转换是经济新常态的基本规律；经济结构由失衡向优化再平衡转换是经济新常态的基本特征；经济增长动力由要素和投资驱动向创新驱动转换是经济新常态的基本内涵。从产业结构看，国家虽然在 2013 年再次实现了第三产业结构性转化，使第三产业占比逐年增长，由于历史原因，多年来传统产业占工业比重、重工业占传统产业比重仍然偏高，经济发展多年来积累的结构性问题错综复杂、根深蒂固。在此特殊背景下，从 2017 年以来，我国启动了新旧动能转换工程，力求在转方式调结构、加快新旧动能转换、促进经济转型升级提质增效上有所突破。在新旧动能转换实施过程中，绿色金融可以通过积极发挥资金杠杆和资源配置作用，纾缓过剩产能，淘汰落后产能，并通过有效绿色投资，引导错配资源重置，以此加快绿色产业等新兴产业的发展，帮助传统产业绿色改造升级，促进经济的良性循环和可持续发展。另外，绿色金融还可以通过“补资金短板”和发挥信息优势等手段，助力形成区域规模经济，对新动能的快速传导和全面提升发挥积极的推动效应。

总之，早期由于改革和发展的需要，长时期的粗放，单一的发展模式积累了诸如经济结构不合理、部分行业产能过剩、环境资源破坏等一系列深层次的问题和矛盾。尤其近年来，经济快速增长的同时，雾霾、水污染等环境问题突出且不断恶化。随着新常态时期我国经济下行的压力不断加大，发展绿色经济成为破解我国当前资源环境瓶颈制约的必然选择，也是推动我国经济结构转型升级、加快新旧动能转换、实现可持续发展的内在需求。这其中，绿色金融的职责和使命重大。绿色金融作为绿色经济的催化剂，是推动绿色经济发展不可或缺的金融制度安排。发展绿色金融可以培育激发我国经济发展的新动能，对实现“转方式、调结构、增效益”发挥重大作用，是金融层面推进供给侧结构性改革、促进金融服务实体经济的发展要求。

二、当前我国绿色金融发展的现状分析

由于我国绿色金融起步较晚，前期发展迟缓。近年来，随着国家有关绿色金融政策制度的不断完善，我国绿色金融发展全面提速，市场机构建设步伐加快，金融产品种类日益丰富，绿色金融的市场参与主体和服务种类呈现多元化，发展成果初步显现。

从 1995 年中国人民银行发布《关于贯彻信贷政策和加强环境保护工作有关问题的通知》，到 2016 年中国人民银行等七部委联合发布《构建绿色金融体系的指导意见》。二十余年间，在国家相关政策指引和推动下，国内金融机构积极开展绿色金融业务。基于我国以银行业为主导的金融结构体系，商业银行在绿色金融领域的发展最为突飞猛进。据统计，2019 年六大国有银行共投放绿色贷款突破五万亿元，共计 5.03 万亿元，同比增长 13.31%。从投放数量来看，工商银行绿色贷款投放最多，高达 1.35 万亿元，规模大于中国银行、交通银行和邮储银行投放总和。农业银行、建设银行分别位列第二位、第三位。工商银行无疑是绿色金融领域的“老大哥”。该行早在 2017 年率先提出“绿色信贷”发展理念并大力推进其建设，随后进一步明晰了发展目标并完善体系建设，树立了国有大行的典范。除银行业金融机构外，证券公司、保险公司等非银行金融机构也积极涉足绿色金融业务，不断创新绿色金融产品和服务。随着绿色金融市场参与主体的不断扩大和多元化，绿色信贷、绿色债券、绿色保险、绿色基金、碳金融等绿色金融产品种类逐渐丰富，我国绿色金融的发展呈现出参与主体的多元化和业务产品的多样化等特征。

在绿色信贷方面：通过多年的发展，政策指引和评价体系均已趋于成熟，我国也已经成为全球仅有的开展正式绿色信贷统计的三个国家之一。近几年，国内六大行及全国性股份制商业银行的绿色信贷余额约占各项贷款的 10%，其绿色投资项目的不良率仅为 0.41%，低于各项贷款不良率 1.4 个百分点。绿色信贷为我国绿色、

循环、低碳经济的发展提供了强大的资金支持，成为我国经济结构调整和产业结构转型升级的强大引擎和重要支撑。

在绿色债券方面，从2015年底中国人民银行发布公告启动中国绿色债券市场，到2016年初我国境内首批绿色债券成功发行，绿色债券市场短时间内在我国实现了从制度框架到产品发行的实质性突破。2016年以来，我国绿色债券市场势如破竹、发展迅猛，发行债券的项目涵盖节能、污染防治、清洁能源、清洁交通、资源节约与循环利用、生态环保和适应气候变化共计六大类30多个小类，发行量呈现爆发式增长，约占全球总发行量的一半，也使我国跃升成为世界上最大的绿色债券市场。

在绿色保险方面，我国的绿色保险通常指的是环境污染责任保险（以下简称“环责险”），是以企业造成的污染事故对第三者的损害依法应承担的赔偿和治理责任为标的。我国早在2007年就曾推行环责险试点，但因缺乏法律层面的支持，赔付率较低，企业投保积极性不高，发展较为缓慢。2013年，环保部曾联合保监会开始选择部分省市进行强制性环责险试点，虽然投保量上升明显，但总量依然偏小。

与此同时，绿色基金、绿色股票、碳金融等业务近年来迅速崛起，成为绿色金融领域的新生力量。但由于起步较晚、制度建设滞后、发展经验欠缺，我国新兴绿色金融业务市场发育尚不成熟。以碳金融为例，我国作为全球最大的碳排放资源国，供应全球市场大约三分之一的减碳排量。尽管随着全球碳交易市场的兴起，我国碳金融业务也随之展开，已推出碳基金、碳债券、碳配额抵押贷款、碳配额回购融资等业务，但在业务创新方面明显不足，与国际碳金融市场存在较大差距，未来具有广阔的发展空间。

三、我国绿色金融发展面临的现实障碍及发展路径

近年来，我国绿色金融的发展虽然已经取得了长足进步，发展的框架体系基本建立，市场参与主体逐渐扩大，产品和服务创新不断深化。但就整体而言，我国绿色金融仍处于发展的初级阶段，在政府行政、市场及社会层面存在着一些障碍或问题。

从政府行政管理层面分析，主要反映在：一是法律政策体系不够完善，约束激励机制不太健全；二是信用体系建设滞后，信息不对称，沟通机制不畅；三是利益各方博弈失衡，内生增长动力不足。

从市场层面看，主要反映在：一是金融机构“绿化率”仍偏低，中介服务体系发展滞后；二是绿色金融产品创新不足，市场暗藏风险，伪绿色金融存在着非法套利问题。

从社会方面分析，主要反映在：一是绿色发展观念淡薄，绿色消费行为欠缺；二是绿色金融人才匮乏，智力支撑体系亟待构建。

综合上述情况和存在的问题，笔者建议：

第一，建立新形势下我国绿色金融支持发展战略性新兴产业的长效机制。在新常态的后疫情形势下，要通过综合分析我国绿色金融发展存在的问题，研究我国绿色金融发展的机制性问题。目前，在我国发展绿色金融，既不能过多依赖政府行政力量的强制推动，也不能完全依靠市场机制的自发调节，更不可能寄希望于社会力量的自觉参与。要实现绿色金融健康发展，我们须厘清并平衡好政府、市场和社会三者的关系，研究好综合性的解决路经，从机制推动，制度安排上加以考虑，形成发展的长效机制。

第二，建议成立政策性绿色银行和绿色发展基金，建立健全绿色担保机制。我们可以学习借鉴国外经验，筹建政策性绿色银行，设立国家及地方绿色发展引导基金，通过专业化管理和市场化运作，以“政府领投、社会跟投”的方式盘活吸纳社会资本。同时，要建立健全绿色担保机制，在加强与一般性担保机构合作的同时，尽快建立专业化的绿色担保机构；同时建议政府设立绿色项目风险补偿基金，以风险共担的方式来支持绿色担保机构的运作。

第三，建议将中国金融学会绿色金融专业委员会升格纳入人民银行下设机构，专门负责绿色金融的组织、指导和协调工作。强化信息沟通机制，完善监管考核制度和推动对绿色金融的传播和创新。绿色金融专业委员会，由金融、环保领域的知名专家，项目评估专家组构成，作为相对独立的机构，针对绿色金融行业的规则、条例及指引，开展对绿色金融项目和投资的筛选工作。建立金融监管机构、环保部门、财税部门、中介机构等部门间的信息互通机制和长效联动机制，实现金融信息和企业环保信息在不同部门之间的传递畅通和资源共享，通过信息交流反馈和及时沟通，加强各部门之间的业务协同，形成绿色金融发展的驱动合力。逐步建立加强对绿色金融参与企业和金融机构的监管考核，对上市公司和发债企业要实行环境信息强制披露制度，同时要求金融机构定期进行环境风险压力测试，根据测试后发布的可持续发展报告，实施环境风险和信用风险的综合评估，进而参照考评结果由委员会建议实行差别化的存款准备金率和再贷款、再贴现工具，倒逼金融机构和企业绿色化转型。

第四，建议建立绿色发展业绩评价机制，加快绿色金融发展步伐。一是要建立绿色发展业绩评价机制，加快绿色 GDP 核算体系的构建和地方自然资源资产负债表的编制，将“环境表现”列为地方政府业绩评价的重要指标，并不断加大约束性环境指标在地方政府绩效考核中的权重，促使地方各级政府牢牢树立绿色执政观和绿色发展观；二是要充分调动地方政府和地方金融机构开展绿色金融的积极性，给予必要的政策指导和财政支持，加大绿色金融地方推广的力度，扩大绿色金融的覆盖范围，尽快创造一批可复制、可推广的地方绿色金融发展样板。

四、鼓励金融机构综合运用各类手段服务、支持绿色经济

（一）提高金融机构绿化度，加快培育中介服务市场

一是要鼓励我国更多的金融机构加入“赤道银行”俱乐部，成立专门的绿色金融事业部，按照“赤道原则”进行业务调整和规范，从组织结构、流程设计、能力建设、信息披露等方面提升开展绿色金融业务的能力和专业化水平；二是要在鼓励现有中介服务机构践行绿色金融理念的同时，加快培育和发展绿色信用评级机构、绿色金融产品认证机构、环境风险评估机构等专业性中介服务机构，为绿色金融的发展提供更多技术支持。

（二）提高绿色金融产品创新水平，完善绿色金融市场体系

一是通过创新抵押担保模式的方法推动绿色信贷产品的创新，不断完善商业银行的绿色信贷机制，鼓励商业银行积极开展绿色汽车贷款、绿色住房贷款等环境友好型绿色信贷业务。二是大力发展绿色债券、绿色股票、绿色基金、碳金融等绿色资本市场，鼓励绿色企业利用主板、新三板等多层次股权市场进行直接融资，支持有条件的金融机构或者企业发行绿色集合债、绿色项目收益债等多种绿色债券，不断加大碳交易和碳金融市场的发展力度。三是着力推广强制性环境污染责任保险制度，尽快建立以环责险为主体、多门类创新险种并存的绿色保险体系。四是适当降低绿色金融领域的准入门槛，鼓励非银行性金融机构以及其他非金融机构积极参与绿色金融的发展，不断扩大绿色金融市场的参与主体，加快绿色金融产品和服务的创新步伐，构建平衡发展的绿色金融市场体系。

（三）实施借鉴国际准则，加强国际交流与合作

一是鼓励我国金融机构与国际接轨，积极借鉴国际绿色金融领域的一系列原则和标准，通过国际准则和国际经验的引入，尽快提升我国在绿色金融领域的业务能力和风险管理水平；二是积极利用“一带一路”战略的合作机制，推动绿色金融的区域性国际合作，同时充分利用双边和多边合作机制，引导国际资金投资我国绿色

金融资产，进而加快我国金融机构对外绿色投资的步伐，以期在实现推动绿色金融全球化发展的同时积极传播绿色金融领域的中国强音。

（四）启动绿色金融人才培养和创新工程，加快绿色金融专业人才队伍建设

一是尽快启动绿色金融人才创新工程，致力于绿色金融研究与人才培养。绿色金融的人才包括熟悉政策制定的智库人才，绿色金融产品设计及运营的运作型人才，对绿色金融产品和成效进行评估的人才。我们要加大实践去探讨和研究。还鼓励金融机构与高校合作办学，开设绿色金融相关专业，强化绿色金融的基础性教育，为发展绿色金融培养并储备专业人才。二是加强绿色金融领域人才的国际交流与合作，建议采取“走出去，请进来”的方法尽快填补我国绿色金融专业人才缺口，培养造就一支适应绿色金融发展的复合型专业化人才队伍。

风险与监管

金融市场风险传染分析

——基于中美贸易摩擦前后

郑　珩　张　岩　郑　齐　王　晖[①]

摘要： 中美贸易摩擦以来，人民币兑美元汇率发生大幅波动，股票市场也出现不同程度的震荡，研究不同市场间的风险传染显得尤为重要。本研究基于2015年以来的重要内外部冲击，重点分析中美贸易摩擦前后，股票、债券、银行间、外汇市场之间的风险传染。通过运用GARCH及其扩展模型对5个序列构建边缘分布，并结合非线性Copula函数获得各市场间的相依结构。研究表明：(1) 贸易摩擦前后外汇市场与其他市场的关联性均较弱；(2) 贸易摩擦后股票市场与银行间债券市场发生了安全投资转移；(3) 银行间拆借市场与股票市场的联动性较弱。通过对实证结论原因的探讨，本文最后对金融市场的未来发展提出了政策建议。

关键词： 贸易摩擦　风险传染　非线性　Copula　GARCH

引　言

随着金融市场化的加快，各金融市场间的联系正在不断增强，一些深层次结构性矛盾和问题在外部冲击下加速暴露，金融市场的大幅波动、相互传染共振的风险日益突出。金融传染效应，使得金融市场间不再相互独立，而是呈现出复杂多变的关联关系，致使风险的防范和隔离变得困难，对金融市场的安全与稳定带来严峻挑战，金融监管难度大大增加。

世界银行在广义、严格意义下对金融传染效应进行了定义，广义的金融传染效应是指某金融市场波动引起其他市场波动的行为，也称为波动溢出效应。严格的金融传染效应是指金融市场价格波动向其他市场传递，甚至跨越国界的相关性超过了

---

① 作者简介：郑珩、张岩、郑齐、王晖，现均供职于中国人民银行营业管理部。

国家之间其他基本面的关联性或者正常时期的关联性。

2015 年 6 月 12 日，上证指数创出 5 178.19 高点，但在随后 7 个多月的交易时间里，上证指数累计最大跌幅接近 50%。2018 年 3 月 23 日，美国总统特朗普签署对华贸易备忘录，贸易摩擦升级。受此影响，国内投资者信心受到明显影响，金融市场价格出现一定波动。贸易摩擦至今，已一年有余，虽然未来仍存在不确定性，但市场各方预期已处于相对稳定阶段。因此本研究选取中美贸易摩擦前后时点数据，研究各市场之间的风险传染关系，是在新的经济金融环境下对中国金融市场传染效应的一次检验，对于防范金融风险、制定风险控制策略和相应的金融经济政策、维护金融市场稳定，具有重要的借鉴意义，也为金融市场未来发展与金融开放提供一定启示。

本研究聚焦于股票、债券、银行间、外汇四个市场，基本涵盖国内主要金融市场。在研究方法上，利用多元 Copula 模型研究几个市场在中美贸易战前后的相依结构，在拟合各市场边缘分布时，尝试多种模型如 ARFIMA - FIAPARCH - SKS、GARCH、EGARCH、PARCH 等，通过比较系数显著性、Akaike information criterion（AIC）等确定最优模型。

本研究的创新之处在于：一是聚焦于中美贸易摩擦敏感时点，研究各市场相依结构的变化。二是区别于广泛运用的线性模型，本课题采用非线性 Copula 函数，能够更好地刻画金融市场之间的非线性关系，并能对相依结构进行定量测度，而不仅仅局限于风险传染是否存在。三是在已有研究中大多基于两两市场组合，本研究基本涵盖了国内主要金融市场，能够同时探究多市场之间的联系。

一、文献综述

（一）国外相关文献综述

国外学者对于不同金融市场之间的风险传导关系研究开始较早，并取得较多的研究成果，主要研究对象为资本市场较为发达的经济体，研究集中于股市—债市或股市—汇市等两两市场之间的风险传导关系。

1. 股市—债市关系。Peter 和 Wessel（2002）、Stivers 和 Sun（2002）运用 GARCH 模型研究美国股票与债券市场的关联关系，结果表明股票与债券市场收益之间的关联关系随着时间发生显著变化。特别地，Stivers 和 Sun（2002）研究结果显示当股票市场不确定性较低时，两个市场的价格呈现出较强的一致性；当股票市场具有较大不确定时，两市场之间只有很弱的正相关关系甚至出现负相关关系。Tai

（2007）基于动态资本资产定价模型和一元 GARCH 模型，研究了亚洲主要新兴国家股票市场和债券市场价格指数的协同变化关系，结果表明选取不同样本时期，不同国家股票市场和债券市场的协同变化趋势是不一致的。Dean 等（2010）使用双变量 GARCH 模型分析了 1992—2006 年期间澳大利亚股票和债券市场收益率的波动溢出效应，结果表明债券市场对于股票市场的坏消息较为敏感，反之则不存在显著影响。Jammazi 等（2015）利用动态 DCC - GARCH - Copula 模型研究过去二十年来十多个发达国家股票收益与长期政府债券收益之间的依赖关系，结果表明大部分国家的股票市场收益率和 10 年期政府债券收益率表现出较强时变性特点。

2. 股市—汇市关系。对于股市—汇市研究主要基于因果关系。Pan 等（2007）对东亚七个主要经济体 1988—1998 年股市与汇市的关系进行研究，结果表明亚洲金融危机发生前，日本、马来西亚和泰国 3 国汇率到股票价格的因果关系是单向的，但中国香港的因果关系是双向的，而韩国和新加坡显现出股市到汇市的单向因果关系。Aydemir 和 Demirhan（2009）、Singh（2015）的研究结果分别表明，土耳其股市与汇市、印度的股市与汇市均存在双向因果关系。Alagidede 等（2011）发现汇率对股票价格的影响在加拿大和英国较为明显，股票价格对汇率的影响在日本表现较为明显。Daelemans 等（2018）使用 GARCH 模型分析了北美自由贸易区体制下三个主要经济体货币间汇率以及主要股票市场指数之间的关系，结果表明墨西哥比索对美元和加元汇率更容易受到股票市场的影响。

（二）国内相关文献综述

1. 股市—债市关系。王璐和庞皓（2008）在构建股市和债市 DVAR 模型的基础上，利用 Wald 和 LR 进行检验发现两市场存在波动溢出效应，但整体溢出效应较低。王茵田和文志瑛（2010）利用 VAR 模型研究了股票市场和债券市场流动性的领先滞后关系，结果表明股票市场和债券市场流动性之间存在显著领先滞后关系并互为因果。胡秋灵和马丽（2011）运用 BEKK - MGARCH 模型分析股票市场和债券市场的溢出效应，结果表明股票市场和债券市场在不同行情下，波动溢出效应具有明显不同的特征。当股票市场处于牛市或熊市行情时，只存在股票市场向债券市场的单向溢出效应；当股票市场处于反弹情形时，两市场不存在波动溢出效应；当股票市场处于震荡行情时，两市场之间存在双向波动溢出效应。

2. 股市—汇市关系。熊正德等（2015）采用小波多分辨分析与多元 BEKK - GARCH（1，1）模型相结合方式研究了国内汇市与股市之间的波动溢出关系，结果表明短期来看股市向汇市有单向传递效应且汇市向股市波动溢出效应更为显著。长期来看，两个市场之间的风险传递效应并不显著，仅在股市向汇市波动传递过程中有小幅溢出效应。贾凯威（2015）使用VAR（1）－MGARCH（1，1）－BEKK模型对2005年以来中国股市与汇市间的关联性进行实证研究，结果表明我国股市与汇市间的股市对外汇市场外溢效应在金融危机前后发生了显著的变化：金融危机前支持流量导向理论模型（Flow－Oriented Model），而金融危机后支持股票导向理论模型（Stock－Oriented Model）。

3. 债市—银行间市场关系。巴凯（2015）利用2008年1月2日到2013年11月30日的股票价格指数和Shibor数据，研究银行间同业拆借市场与股票市场的相关性，结果表明银行间同业拆借市场与股票市场存在双向的波动溢出效应和显著的动态相关性。

4. 股市—债市—汇市—银行间市场关系。周先平等（2019）运用方向性波动溢出模型对离岸人民币外汇市场、离岸同业拆借市场、离岸债券市场以及离岸股票市场之间风险传递的方向和规模进行研究，结果表明离岸金融市场之间风险的关联度逐渐增强，离岸人民币外汇市场在离岸市场的风险传递网络中处于关键位置，同业拆借市场对其他离岸市场的风险溢出正在增强，各个离岸金融市场风险传递的方向和规模相当程度上受到在岸相应金融市场稳定性的影响。张岩和胡迪（2017）采用改进后的溢出指数方法考察股市、债市和汇市的联动性及其风险传导，结果表明三个市场之间存在风险交互溢出效应，股市、债市和汇市在金融危机和两次股灾期间的互相溢出效应明显增强。陈创练等（2017）采用时变参数向量自回归模型以汇改后月度数据为基础检验中国股市、债市与汇市的时变动态关系，结果表明，一是汇率冲击在短期内对股市有正效应，对债市有负效应，且对股市的影响相对较大，二是股市冲击对汇市和股市的长期效应为零，但短期效应在不同时期具有不确定性。

二、研究方法

目前，基于数理统计方法对金融风险传染的实证研究主要分为两类，一是基于线性关系的研究方法，如线性相关系数、Grange因果检验、VAR、VEC、DCC－MGARCH模型等，如Engle（2002），Joyo和Lefen（2019）。这些方法对金融风险传染展开了有益的探讨，但这些方法大部分只能刻画金融市场之间的线性关系，而不能够对金融市场之间的非线性关系进行测度，且研究方法大多局限于风险传染是否存在，忽略了对风险传染程度的定量测度。实际上，金融市场是一个复杂的非线性系统，金融风险传染也是以非线性方式进行。因此第二类方法——近几年兴起的非线性Copula函数在金融风险测度中得到了有效的应用，如Patton（2006）、Chiang等（2007）。

Copula 函数在金融资产收益率之间的相依性分析以及金融风险、金融风险管理等方面得到了广泛的应用。其优点是：第一，它是一种研究相依性测度的方法，在不能决定传统的线性相关系数能否正确度量变量之间的相关关系时，Copula 函数对变量之间的相依性刻画更趋完善；第二，实际应用中往往发现常用的多元正态或多元 t 分布等很难描述金融收益率变量的分布，而 Copula 函数可以灵活构造多元分布，具有更广泛的适用性，且能够简化复杂联合分布随机变量的计算。

Copula 函数中一个重要因素是各变量的边缘分布，然而金融市场收益率序列通常存在自相关性、尖峰厚尾、异方差、杠杆效应等典型波动特征，使得金融市场表现出更加复杂的风险特征，从而影响到风险传染测度研究的有效性。因此需要剔除收益率序列中的典型波动特征，从而获得能够反映市场本质特征的标准收益率序列，再利用标准收益率序列的分布作为边缘分布，并结合 Copula 函数研究变量的相关性。计量经济模型中经常使用 GARCH 及其扩展模型来描述序列的典型波动特征，包括 ARMA - GARCH、ARMA - EGARCH、ARFIMA - FIAPARCH 等。

三、四个市场金融传染分析

本部分采用 GARCH 及其扩展模型对金融市场收益率序列进行建模，提取收益率序列中存在的典型波动特征，获得能够反映金融市场运行本质特征的标准收益率序列。在此基础上，将分析不同市场之间的风险传染，并定量测度风险传染的强度。在已有的研究文献中，学者大多把金融市场划分为两两组合，研究两个市场之间的风险传染，但在现实背景下金融市场之间的联系并非是两两金融市场之间的，而是多个金融市场同时保持复杂联系。因此本研究将在四个金融市场背景下，运用多元 Copula 函数来分析金融市场间的关联性。最后比较贸易摩擦前后市场之间关联性的变化。

（一）样本选取与数据处理

本研究选取沪深 300 指数、美元兑人民币中间价、上海银行间同业拆放利率（Shibor）隔夜数据分别作为沪深市场整体走势、外汇市场、银行间同业市场流动性的指标代表。由于中国的债券市场主要分为银行间市场和交易所市场，研究表明两个市场在投资主体、债券品种、交易机制等方面均存在差异，呈现出不均衡发展的态势和一定程度的分割状态［郑良海和侯英（2012）、王茵田和文志瑛，（2012）］，同时为避免信息重复，本研究选取债券市场中两个相关性较弱的指标分别代表债券的两个交易场所——中债银行间债券总指数和上证信用 100 指数。选取的指标数据频度均为“日”度，为排除“8·11”汇改对汇率市场造成的短期波动影响，选取的时间段为2015年9月11日至2019年6月14日，其中以2018年3月23日为贸易摩擦节点，分为贸易摩擦前后两个阶段。本研究使用原始数据的对数收益率代表金融市场收益率，剔除非交易日后，共有4 570（914×5）个数据，其中第一阶段3 090（618×5）个，第二阶段1 480（296×5）个（见图1）。

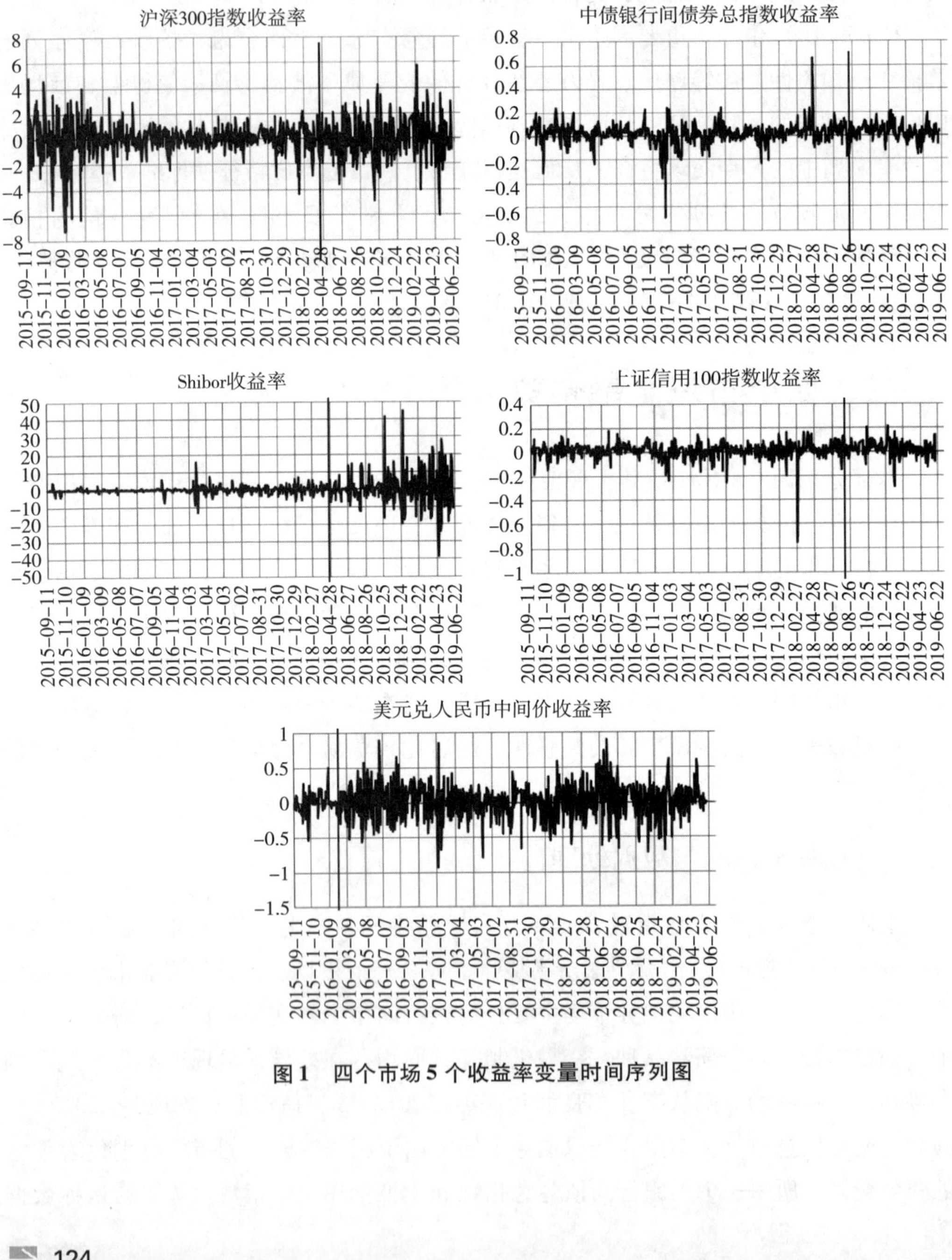

图1　四个市场5个收益率变量时间序列图

（二）基于多元 Copula 模型的风险传染分析

以下分别用 csi300、shibor、zzbank、sz100、rate 分别表示沪深 300 指数收益率、Shibor 收益率、中债银行间债券总指数收益率、上证信用 100 指数收益率、美元兑人民币中间价收益率。

1. 第一阶段：贸易摩擦前（2015 年 9 月 11 日至 2018 年 3 月 22 日）。

首先对 5 个收益率序列进行简单的描述性统计分析。结果表明：一是 shibor 的收益率均值最大，标准差最大；二是除去 shibor 外的 4 个变量偏度均为负值，表明存在左偏特征，即四个变量发生损失的概率更大；三是 5 个变量的峰度值均大于 3，表明其余正态分布的“峰部”相比更加尖锐，存在显著的尖峰特征；四是 Jarque – Bera 检验结果表明 5 个序列均不服从正态分布。此外，通过结合 Q 检验和 LM 检验表明均存在异方差特征（见表 1）。

表 1　收益序列描述性统计结果

变量	均值	标准差	偏度	峰度	J – B 统计量	Q 统计量	LM 统计量
csi300	0.0234	1.2109	–1.2835	11.2217	1 910.2870 ***	76.9328 ***	1.8546
shibor	0.0473	1.7161	0.3121	22.5852	9 887.2430 ***	49.5295 ***	104.9794 ***
zzbank	0.0111	0.0773	–1.6807	15.8824	4 564.3334 ***	227.0238 ***	5.9097 **
sz100	0.0079	0.0601	–3.7058	45.1467	47 155.4561 ***	66.4419 ***	0.0017
rate	–0.0015	0.2119	–0.0991	4.6347	69.8259 ***	24.7773	15.0798 ***

注：J – B 代表 Jarque – Bera；Q 代表 Ljung – Box；*、**、***分别表示在 10%、5%、1% 的显著性水平下显著。

本研究运用 GARCH 模型及其扩展模型对 5 个序列进行建模拟合。首先选择能够同时刻画异方差性、波动聚集性、长记忆性以及杠杆效应的 ARFIMA – FIAPARCH – SKST 模型进行拟合，并运用软件 OxMetrics6 实现，但拟合效果和参数显著性并不理想。因此再尝试运用 GARCH、TARCH、EGARCH、PARCH 拟合方差方程、ARMA 模型估计均值方程、误差的条件分布尝试用 Gaussian、t、Ged 分布拟合，最终得到 5 个序列的最优拟合模型和参数估计（见表 2）。

表 2　GARCH 及其扩展模型的参数估计结果

方法	csi300	shibor	zzbank	sz100	rate
均值方程	ARMA(3,3) AR(3) = –0.6760 *** MA(3) = 0.7055 ***	AR(2) AR(1) = 0.4933 *** AR(2) = –0.1448 ***	ARMA(1,2) AR(1) = 0.9763 *** MA(1) = –0.5251 *** MA(2) = –0.3646 ***	ARMA(1,1) AR(1) = 0.9137 *** MA(1) = –0.8104 ***	ARMA(2,2) AR(2) = –0.7832 ** MA(2) = 0.7551 **

续表

方法	csi300	shibor	zzbank	sz100	rate
方差方程	GARCH(1,1) C = 0.0167 ** α_1 = 0.0505 *** β_1 = 0.9306 ***	EGARCH C = −0.3387 *** α_1 = 0.6240 *** κ_1 = 0.1996 *** β_1 = 0.8859 ***	EGARCH C = −0.7093 *** α_1 = 0.3434 *** κ_1 = −0.0844 * β_1 = 0.9136 ***	EGARCH C = −3.4503 *** α_1 = −0.2865 *** κ_1 = −0.2121 *** β_1 = 0.3598 ***	GARCH(1,2) C = 0.0004 * α_1 = 0.1924 *** α_2 = −0.1668 *** β_1 = 0.9675 ***
残差的条件分布	t(4.0450)	Gaussian	t(3.6405)	Gaussian	Gaussian

注：*、**、***分别表示在10%、5%、1%的显著性水平下显著。

对边缘分布模型参数的估计，可以看出四个市场金融存在典型的波动特征，而这些特征将会对金融市场风险传染特征产生显著的影响。在测度金融市场之间的风险传染之前，需要首先剔除这些波动特征对风险传染的影响，才能够准确度量金融市场风险传染强度。

通过对剔除典型波动特征的残差序列进行累计概率变换，本研究将运用两类多元 Copula 函数（多元正态 Copula 函数和多元 t－Copula 函数）刻画金融市场之间的高维相关结构，其中 Copula 的参数估计运用 MATLAB 软件实现。

从表3和表4的估计结果来看，多元 t－Copula 和多元正态 Copula 函数得到的相关系数相近，这也说明实证结果能够较为准确地反映多个金融市场条件下的相依结构。分析表明，中美贸易摩擦前，shibor 和 zzbank 存在一定负相关，相关程度在 −0.14 至 −0.15。zzbank 和 sz100 存在较强的正相关，度量在0.25左右，即债券的两个市场容易发生风险传染。此外，还能通过 Copula 非线性度量指标 Kendall 秩相关和 Spearman 秩相关系数来分析不同市场之间的非线性相关强度。总体看来，表5与表6结果与表3较为一致，但 Kendall 秩相关相对弱一些。

表3　　贸易摩擦前多元正态 Copula 相关系数矩阵的估计结果

变量	csi300	shibor	zzbank	sz100	rate
csi300	1				
shibir	−0.0207	1			
zzbank	0.0275	−0.1417	1		
sz100	0.0472	−0.0386	0.2431	1	
rate	0.0246	0.0619	−0.0628	−0.0570	1

注：相关系数矩阵是对称矩阵，下同。

表4　　贸易摩擦前多元 t - Copula 相关系数矩阵的估计结果

变量	csi300	shibor	zzbank	sz100	rate
csi300	1				
shibir	-0.0163	1			
zzbank	0.0221	-0.1485	1		
sz100	0.0519	-0.043	0.2563	1	
rate	0.0309	0.0639	-0.0699	-0.0633	1

注：t - copula 函数自由度估计值为 37.6357。

表5　　贸易摩擦前四个市场 Kendall 秩相关系数

变量	csi300	shibor	zzbank	sz100	rate
csi300	1.0000				
shibir	-0.0132	1.0000			
zzbank	0.0175	-0.0905	1.0000		
sz100	0.0300	-0.0246	0.1563	1.0000	
rate	0.0157	0.0394	-0.0400	-0.0363	1.0000

表6　　贸易摩擦前四个市场 Spearman 秩相关系数

变量	csi300	shibor	zzbank	sz100	rate
csi300	1.0000				
shibir	-0.0198	1.0000			
zzbank	0.0263	-0.1355	1.0000		
sz100	0.0450	-0.0368	0.2327	1.0000	
rate	0.0235	0.0591	-0.0600	-0.0544	1.0000

2. 第二阶段：贸易摩擦后（2018 年 3 月 22 日至 2019 年 6 月 14 日）。

类似地，对此阶段的 5 个时间序列进行建模，仍运用上述几种 GARCH 及其扩展模型进行拟合。再对标准化残差进行多元 Copula 建模。由于多元 t - Copula 的估计结果与正态 Copula 结果近似，且 t - Copula 自由度估计值为 272.2186，因此下面基于多元正态 Copula 的估计结果进行分析（见表 7）。

表7　　贸易摩擦后多元正态 Copula 相关系数矩阵的估计结果

变量	csi300	shibor	zzbank	sz100	rate
csi300	1				
shibir	0.0881	1			
zzbank	-0.3352	-0.1079	1		
sz100	-0.0539	-0.0846	0.1098	1	
rate	-0.0680	0.0309	-0.0302	-0.0002	1

从估计结果来看，zzbank 与 csi300 和 shibor 均存在负相关，且 zzbank 和 shibor 之间的负相关程度较高。此外，zzbank 和 sz100 存在一定风险传染，但相对贸易摩擦前，相依强度大幅减弱。

（三）实证分析结果

一是中美贸易摩擦前后外汇市场与其他市场的关联性均较弱。从相关性分析结果来看，贸易摩擦前后，人民币兑美元汇率收益率与其他四个指标的相关性均较弱，最高的相关系数也维持在 ±0.07。因此，中美贸易摩擦之后，外汇市场中汇率的波动不是造成其他市场波动的主要原因。

二是中美贸易摩擦前后，股票市场与银行间债券市场的相关性发生了结构性变化。中美贸易摩擦前，股票市场与其他市场基本不存在显著相关性（相关系数为0.02），可以看出 2015 年“股灾”可能更多的是股票市场内部因素引发的，包括股票价格泡沫、清理场外配资、上市公司高管减持等。而在中美贸易摩擦的重大外部冲击下，股票市场与债券市场发生显著负相关（相关系数为 -0.34），即两个市场呈现出相反的波动方向，发生了风险偏好转移。

三是银行间拆借市场与股票市场的联动性较弱。中美贸易摩擦前银行间拆借市场之间与股票市场之间基本不存在相关性（相关系数为 -0.02），中美贸易摩擦后，两个市场之间的相关性依然较弱（相关系数为 0.09）。此外正相关系数表明货币市场的收益率下降（资金充裕）时，股票市场的收益率也同向变动。

四、结果讨论

（一）外汇市场以实需为基础以及资本市场中外资占比较低的双重因素导致外汇市场与其他市场的联动性较弱

从实证分析来看，外汇市场与其他资本市场之间不存在显著的关联性。一方面，外汇市场主要以满足实际需求为基础，而非资本投机渠道。人民银行通过灵活运用一系列宏观调控管理措施，避免了汇率无序调整对金融市场的负面溢出效应和主要货币的竞争性贬值，人民币兑美元汇率波动性也远低于其他主要货币，因此其他资本市场的波动对汇率影响较低。另一方面，境内资本市场的外资持有量相对较低。从 2019 年 6 月末数据来看，境外资本持有的境内债券量[①]仅为 1.95 万亿元，相当于

① 含上海清算所和中央结算公司的数据。

境内债券市场总量的2%，远低于发达国家的债券市场外资持有比例[①]。而外资进入股票市场主要途径（QFII、陆股通）也存在一定限制，因此汇率的波动对资本市场的影响也较弱。

（二）重大冲击下，股票市场和债券市场发生了明显的风险偏好转移

中美贸易摩擦之后，银行间债券市场和股票市场相关性明显增强，而且呈现显著的负相关，即两个市场之间出现了“安全投资转移”[②]。一方面，从股票市场来看，中美贸易摩擦以来，部分进出口企业利润受到关税因素影响叠加经济下行周期影响，导致投资者对企业盈利预期降低、对市场信心严重不足造成市场大幅波动。而债券市场更多反映的是企业的信用风险，债券市场中国债与高资质债券占比较高，导致债券市场成为了投资者的避险选择。另一方面，中美贸易摩擦之后，资本跨境流动能力减弱，导致境内资本市场间关联性增强。中美贸易摩擦前，境内资本可以通过由贸易投资等转向海外的方式实现境内境外两个市场之间的资本避险，导致境内股票市场与债券市场之间未形成明显的风险对冲关系。中美贸易摩擦后，短期国际资本净流出[③]由月均5 381.44亿元[④]下降至2018年3月的402.25亿元，降幅达92.53%，之后虽有一定回升，但是仍较贸易摩擦前下降约40%。资本国际流通受阻导致国内市场资本——股市和债市之间开始形成较强的风险偏好转移。

需要注意的是，实证分析显示股票市场和债券市场之间的显著风险偏好转移仅体现在沪深300指数和银行间债券总指数之间，而沪深300指数和上证信用债100指数之间仍不存在显著相关。一方面可能由于交易所债市、银行间债市之间的差异，使它们与股市间的动态风险传导关系存在不同；另一方面债券市场与股票市场发生安全投资转移最可能的品种是国债、可转债等非信用债，即贸易摩擦后，投资者出于安全资产转移的考虑，会将资产转向稳定性更高的国债导致国债指数收益率升高，部分信用债受市场影响频频出现违约，银行间中债总指数与上证信用100指数之间的正相关性减弱也侧面验证了这一点。

（三）宽货币向资本市场传导仍不畅

货币政策从2018年4月定向降准开始，从重提“扩大内需”到集中对中小微

---

① 美国债券市场和澳大利亚债券市场外资持有比例分别约为30%和66%。

② Barsky（1989）研究债券和股票的关联性时发现，当投资者对股市感到恐惧时会减少风险资产，并增加投资组合中的安全资产，这种转变被称为安全投资转移。

③ 短期国际资本流动＝当期外汇占款增量－当期国际货物顺差－当期实际使用FDI。

④ 根据2016年7月至2017年7月301调查开始前（不含每年春节月）的数据计算。

企业“定向降准”和“深化金融服务”，再到出台包括窗口指导银行增配中低等级产业债、加大信贷投放、调整 MPA 结构性参数等“宽信用”系列政策，这些政策为市场提供了合理充裕的流动性，并推动银行间同业拆放利率下行，但流动性主要在银行间市场堆积，向资本市场传导并不顺畅，shibor 与股票市场未能出现显著的相关，尤其在中美贸易摩擦后，两个市场甚至出现了较弱的正相关，即两个市场之间出现微弱的同向联动，反映出流动性释放对资本市场的促进作用效果尚不明显。

（四）“股债双杀”更多反映的是微观层面的风险传染效应

2018 年底，债券市场频频暴雷，而随着股票价格大幅下跌，大股东股票质押平仓风险爆发，市场上出现了所谓的“股债双杀”现象。但实证分析结果显示，中美贸易摩擦后，总体上，股票市场和债券市场却发生了安全投资转移，因此“股债双杀”更多反映的是个体风险传染，当上市公司债券发生违约后，投资者预期下降，恐慌抛售持有的公司股票，反之同理。为防范个体风险上升至宏观层面的风险传染，应加强投资者预期引导，防止非理性预期对市场的冲击。

五、政策建议

（一）提升防范化解跨境资金流动风险能力，扩大外汇市场双向开放

进一步完善 QFII 等制度、丰富交易工具、拓宽交易主体等方式优化外汇管理服务，促进贸易投资自由化、便利化。健全跨境资本流动管理框架，提高外汇市场的市场化逆周期调节能力，形成对资本市场风险的有效对冲。

（二）进一步优化债券市场环境，扩大债券市场对外开放

中国债券市场外资持有比例不高也隐含着境外投资人对债券市场的担忧，中国债券市场在流动性、投资风险的可对冲性、债券评级的可靠性以及政策透明度和稳定性等方面仍存在一些问题。可通过引导评级机构逐步引用全球评级序列、丰富对冲工具、完善资金退出机制等方面优化债券投资环境。

（三）疏通货币政策传导机制

当前的金融市场中，“宽货币”和“紧信用”并存，流动性在银行间市场（尤其是大中型银行）中堆积，流动性宽松无法有效恢复金融机构的风险偏好和资本市

场的融资能力，流动性分层现象明显。可通过加大对头部非银机构（如券商）的流动性释放，构造货币市场向资本市场的有效传导路径。

参考文献

[1] 巴凯. 银行间同业拆借市场与股票市场相关性研究 [J]. 现代商贸工业，2015，36（16）：115-116.

[2] 陈创练，张年华，黄楚光. 外汇市场、债券市场与股票市场动态关系研究 [J]. 国际金融研究，2017（12）：83-93.

[3] 贾凯威. 基于收益与波动外溢的股市与汇市关联性研究——来自 VAR（1）-MGARCH（1，1）-BEKK 的证据 [N]. 暨南学报（哲学社会科学版），2015，37（7）：143-154.

[4] 胡秋灵，马丽. 我国股票市场和债券市场波动溢出效应分析 [J]. 金融研究，2011（10）：198-206.

[5] 王璐，庞皓. 中国股市和债市波动的溢出效应——基于交易所和银行间市场的实证研究 [J]. 金融论坛，2008（4）：9-13.

[6] 王茵田，文志瑛. 股票市场和债券市场的流动性溢出效应研究 [J]. 金融研究，2010（3）：155-166.

[7] 王茵田，文志瑛. 银行间和交易所债券市场信息溢出效应研究 [J]. 财经问题研究，2012（1）：60-67.

[8] 熊正德，文慧，熊一鹏. 我国外汇市场与股票市场间波动溢出效应实证研究——基于小波多分辨的多元 BEKK-GARCH（1，1）模型分析 [J]. 中国管理科学，2015，23（4）：30-38.

[9] 张岩，胡迪. 中国金融市场风险交互溢出效应分析——来自股灾期间的新证据 [J]. 金融论坛，2017，22（11）：41-55.

[10] 郑良海，侯英. 银行间债券市场和交易所债券市场动态关系研究——基于 DCC-MGARCH 模型的分析 [J]. 统计与信息论坛，2012，27（1）：54-59.

[11] 周先平，向古月，皮永娟. 不同类型人民币离岸金融市场之间风险传递路径研究 [J]. 金融理论探索，2019（2）：24-33.

[12] Alagidede P，Panagiotidis T，Zhang X，et al. Causal Relationship between Stock Prices and Exchange Rates [J]. Journal of International Trade & Economic Development，2011，20（1）：67-86.

[13] Aydemir O，Demirhan，E. The relationship between stock prices and exchange rates evidence from turkey [J]. International Research Journal of Finance and Econom-

ics, 2009, 1, 207 -215.

[14] Baillie R T, Bollerslev T, Mikkelsen H O, et al. Fractionally integrated generalized autoregressive conditional heteroskedasticity [J]. Journal of Econometrics, 1996, 74 (1): 3 -30.

[15] Chiang T C, Jeon B N, Li H. Dynamic correlation analysis of financial contagion: evidence from Asian markets [J]. Journal of International Money and Finance, 2007, 26 (7): 1206 -1228.

[16] Daelemans B, Daniels J P, Nourzad F. Free Trade Agreements and Volatility of Stock Returns and Exchange Rates: Evidence from NAFTA [J]. Open Economies Review, 2018, 29 (1): 141 -163.

[17] Dean W G, Faff R W, Loudon G, et al. Asymmetry in return and volatility spillover between equity and bond markets in Australia [J]. Pacific - basin Finance Journal, 2010, 18 (3): 272 -289.

[18] De Goeij P, Marquering W. Modeling the Conditional Covariance Between Stock and Bond Returns: A Multivariate GARCH Approach [J]. Journal of Financial Econometrics, 2004, 2, 531 -564.

[19] Engle R F, Grange C W J. Co - Integration and Error Correction: Representation, Estimation and Testing [J]. Econimetrica, 1987, 55: 251 -276.

[20] Engle R F. Dynamic conditional correlation [J]. Journal of Business and Economic statistics, 2002 (20): 339 -350.

[21] Jammazi R, Tiwari A K, Ferrer R, et al. Time - varying dependence between stock and government bond returns: International evidence with dynamic copulas [J]. The North American Journal of Economics and Finance, 2015: 74 -93.

[22] Joyo A S, Lefen L. Stock Market Integration of Pakistan with Its Trading Partners: A Multivariate DCC - GARCH Model Approach [J]. Sustainability, 2019, 11 (2).

[23] Nelsen R B. An Introduction to copulas [M]. Spinger Verlag, 1999.

[24] Pan M, Fok R C, Liu Y A, et al. Dynamic linkages between exchange rates and stock prices: Evidence from East Asian markets [J]. International Review of Economics & Finance, 2007, 16 (4): 503 -520.

[25] Patton A J. Modelling asymmetric exchange rate dependence [J]. International Economic Review, 2006, 47 (2): 527 -556.

[26] Stivers C, Sun, L. Stock market uncertainty and the relation between stock and

bond returns [D]. FRB Atlanta Working Paper, Federal Reserve Bank of Atlanta, 2002.

[27] Singh G. Relationship between Exchange Rate and Stock Price in India: An Empirical Study [J]. The IUP Journal of Financial Risk Management, 2015, XII (2): 18-29.

[28] Tai C. Market integration and contagion: Evidence from Asian emerging stock and foreign exchange markets [J]. Emerging Markets Review, 2007, 8 (4): 264-283.

金融风险视角下农村金融消费者权益保护路径探讨研究[①]

杨小玲　杨建荣[②]

摘要：农村金融消费者权益保护不足容易导致金融风险爆发。本文系统剖析金融消费者权益保护不足可能造成流动性风险、声誉风险，以致影响金融安全，强调农村金融消费者权益保护的重要性。从涉及农村金融消费者权益保护的三方出发，即农村金融消费者、农村金融机构和农村金融监督机构，探讨目前农村金融消费者权益保护中存在的困境及导致的原因。最后提出构建“三位一体”的农村金融消费者权益保护体系，做好防范金融风险的安全网。

关键词：农村金融消费者　金融消费者权益　金融风险

一、引言

如何有效防控金融风险一直是中央重点关注的问题，围绕金融业务、政策、制度等方面，学术界和实业部门都进行过深入探讨。对处于弱势地位的金融消费群体进行有效的保护，也是防范金融风险的重要手段。特别是2008年美国次贷危机发生后，普遍认为金融消费者权益保护不充分是导致此次危机发生的重要诱因（孙天琦，2012）。之后，各国金融监管都强调对金融消费者权益的保护，并建立相应的部门。如美国建立金融消费者权益保护署，英国专门成立了金融行为局，全面开展消费者金融教育工作。有效保护金融消费者权益，不仅是维护消费者个人权利的需

① 本文得到以下项目资助：国家社会科学基金重大招标项目：《金融服务养老的理论框架、国际经验、中国路径研究》（项目批准号：17ZDA072）；教育部人文社会科学研究青年基金项目：《我国农村金融风险的审计监督与免疫体系研究》（编号：16YJCZH132）；南京审计大学校级项目《供给侧结构性改革下商业银行信贷风险机理及审计监督研究》（编号：18QNPY005）。

② 作者简介：杨小玲，南京审计大学经济学博士；杨建荣，江西外语外贸职业学院硕士。

要，也是防范金融风险和维护金融稳定的需要，能在一定程度上防止金融市场出现恐慌、违约现象，从而出现系统性金融风险。

关于农村金融消费者权益保护，国内学者进行过大量研究。李明贤、唐文婷（2019）系统探讨了农村资金互助社运营过程中社员的共益权、自益权和救济权的内容，也有部分学者从金融素养的角度探讨农村居民的金融素养（张欢欢、熊学萍，2017）。2015 年国务院办公厅出台的《关于加强金融消费者权益保护工作的指导意见》，强调加强金融消费者权益保护工作，是防范和化解金融风险的重要内容。2019 年中国人民银行召开的金融消费权益保护工作会议中，重申要深入开展金融消费权益保护调查研究，更好发挥金融消费权益保护在服务实体经济、防控金融风险、深化金融改革中的作用。同年，金融监管机构直接接收办理银行业、保险业消费者投诉事项 3. 13 万件，同比增长 69%①。但在目前“一委一行两会”的金融监管体系框架下，我国金融监管制度整体上仍然偏重于保障金融机构和金融体系的安全，“重机构”“轻个人”的现象并没有得到有效缓解。农村金融消费者群体众多，且其行为特点具有一定的特殊性，但其保护受到制约。在普惠金融、防控金融风险背景下，本文通过探讨金融消费者权益保护不足导致金融风险的路径，进而分析目前农村金融消费者权益保护的困境及破解途径。

二、金融消费者权益保护不足导致金融风险

（一）金融消费者保护不足容易导致流动性风险

流动性风险对于银行而言是最致命的风险，对整个金融体系甚至实体经济具有较强大的破坏冲击力。流动性风险主要的表现行为是挤兑，银行类金融机构存在内在不稳定性，一旦发生挤兑就会是全局挤兑。挤兑可能单纯因为信心因素而产生，金融消费者在信息不完备或信息不对称情况下会产生“羊群行为”。由于存在信息成本，金融消费者的行为建立在有限的信息基础上，其行为存在极大的不确定性（Stiglitz and Weiss，1981）。他们各有其信息优势，且对市场上各种信息（包括谣言）的敏感度极高，任何信号的出现都可能改变他们的预期。因为每个金融消费者都拥有一些私人信息而且知道其他消费者也拥有私人信息，那么在不能有效地分享他人信息的情况下，观察模仿他人的行动便可以获得有“价值的信息”，从而使得

① 银行保险业服务实体能力进一步提升，防范化解金融风险［N］. 中国企业报，2020 - 01 - 15，http：//finance. ifeng. com/c/7tFTyUqgRb1.

模仿他人的行为成为一种理性的行为（杨宏斌，2011）①。存款人提款是个体理性选择，导致的最终结果是集体的非均衡。而金融消费者对银行的高度信心是银行部门稳定的源泉，公众的信任是银行稳定的基础。金融消费者权益保护不足，容易导致消费者面对突发事件，对银行失去信心，产生恐慌，产生挤兑现象。如果个别银行的挤兑使大多数存款者都认为这是个信号——其他银行也处于危机之中，这时，单个银行挤兑就变成银行业恐慌，银行业危机也由此产生。

（二）金融消费者保护不足容易导致声誉风险

信息不充分导致声誉约束机制大打折扣。复杂的产品设计导致消费者无法识别产品的性质和优劣，进而无法通过产品的质量来判断金融机构的质量。对于金融机构的声誉，消费者的认识也是滞后的，需要根据新的信息来调整对金融机构的认识。这种认识上的滞后时间持续越久，金融机构就越容易通过提高产品的复杂程度来向金融消费者出售低质量产品，提高自身收益，侵害消费者的利益。因此，市场的声誉机制也只有在信息充分的前提下才能发挥作用，金融机构能够通过增加产品复杂程度等方式来提高信息不对称程度，化解市场对金融消费者的保护作用。

（三）金融消费者权益保护不足容易导致聚众游行（社会）风险

金融机构作为社会公众企业，其业务面涉及广，一旦发生危机影响也较严重，有巨大的传递效应。若金融消费者权益保护不足，一旦有事件发件，在本金都受到严重影响的情况下，金融消费者的负外部性有可能发生。这种负外部性主要体现为一家银行失败所引起的社会成本要大于银行自身的成本，银行风险传染性极强。除了银行自身亏损之外，储户甚至有可能产生聚众游行行为，从而危害社会稳定。

三、农村金融消费者权益保护存在的困境

由上述分析可知，金融消费者权益保护对其防范金融风险、维护金融稳定极其重要，其存在不足的现象应该引起极大的重视。《中国金融稳定报告（2019）》强调，针对不同风险分类施策，及时“精准拆弹”。针对由于农村金融消费者权益保护不足可能导致的风险，围绕农村金融消费者权益保护涉及的三方出发，即农村金融消费者、农村金融机构和农村金融监督机构，探讨目前农村金融消费者权益保护

① 杨宏斌．基于金融脆弱性的银行危机传染研究［M］．成都：四川大学出版社，2011.

中存在的困境及导致的原因，具体见图1。

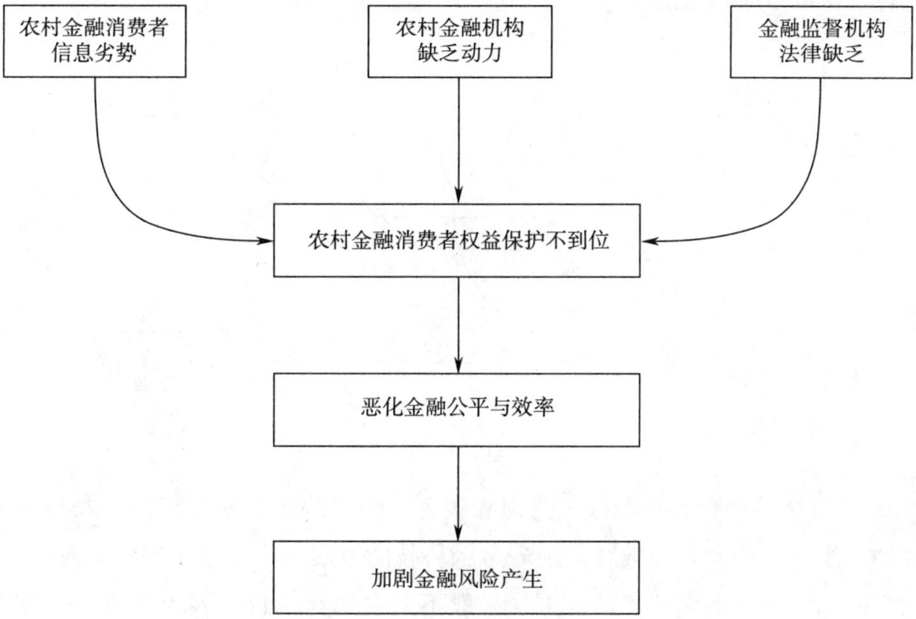

图1　农村金融消费者权益保护

（一）农村金融消费者处于信息劣势方

1. 缺乏金融知识，容易导致认知能力风险。中国人民银行发布的《2019年消费者金融素养调查简要报告》显示，在选择金融产品或服务时，14.23%的农村消费者选择了“根本不读”；对相关金融产品或服务的对账单使用情况时，仅有34.2%的农村消费者会仔细阅读对账单并能清晰理解。由此可知，农村金融消费者普遍缺乏金融专业知识（孙天琦，2012），绝大多数居民家庭对贷款产品不了解，金融素养普遍较低（吴卫星等，2018），这主要体现在金融知识、技能、态度和行为各方面（李明贤、吴琦，2018）。总体而言，农村金融消费者处于信息劣势地位，无法有效判断金融产品的风险程度。

根据信息经济学，信息编码将信息抽象化，降低了信息的复杂性，有助于信息的传播。然而，这种抽象化的信息能否被受众所接受以及接受的程度如何直接依赖于受众对它的认知能力（何德旭、张军洲等，2012）。当受众的认知水平达不到要求时，必将受制于他人或者产生信息误解，道德风险和逆向选择等问题也就不可避免，甚至有可能更加严重，从而发生金融风险。如结构化理财产品的出现，让农村金融消费者摸不着头脑，增加认知风险。与此同时，信息编码复杂程度的提高还对金融监管机构的监管能力与水平提出挑战，如果金融机构无法认知信息编码，将很难实施有效监管，同时也会增加金融机构采用过度风险行为的可能性，从而增加金融风险发生的概率（见图2）。

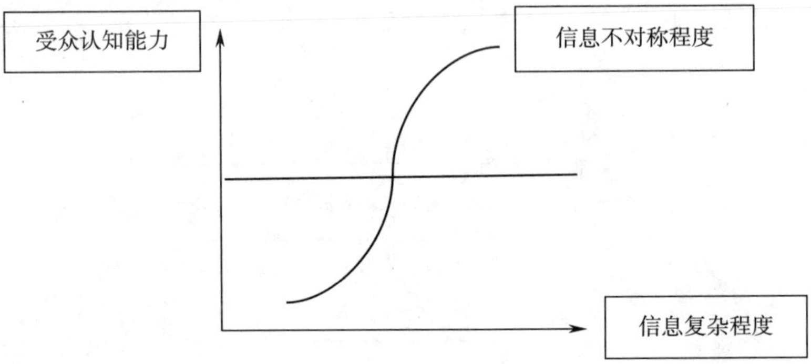

图2　认知能力风险机理

2. 农村金融消费者缺乏维权意识和教育。除了缺乏金融知识外，农村金融消费者还缺乏维权意识和相关教育。随着金融科技的发展，市场上出现许多跨行业竞争，农村金融消费者在遇到侵权情况下，一般不太会选择维权。因为消费者一方面没有养成维权意识，另一方面可能认为维权成本过高。这不但导致自身权利无法维护，还会纵容金融机构的侵权行为。就算有部分金融消费者愿意维权，但与银行交涉过程中可能存在不知投诉渠道、投诉电话无人接听、投诉后对银行答复不满意或不认同等情形，即使解决不了问题也不愿意继续投诉。如由于金融机构对金融政策的宣传力度不够，农村金融消费者缺乏利率政策、计息规定、结息规定、贷款罚息政策等相关金融知识，发生纠纷时，投诉无门。

（二）金融机构执行农村金融消费者权益保护动力不足

1. 农村金融机构缺乏执行动力。金融机构一般很少有动力帮助消费者纠正行为偏差，相反，很多情况下，金融机构的产品设计、销售过程却往往有意无意地加剧了消费者行为偏差，结果导致消费者个人利益受损而金融机构短期获利丰厚，这甚至已经成为了行业性的问题（Bar - Gill，2012），美国次贷危机前的抵押贷款经纪人就是典型代表。在利润目标约束和同行竞争激烈情况下，农村金融机构更多的精力是放在如何有效吸收储蓄、发放贷款等业务上面。在存款流失严重情况下，更多金融机构将自己的理财产品包装成存款，以期把金融产品更多地推销出去，忽视风险。

2. 金融产品信息披露欠缺。金融机构普遍缺乏信息披露的动力。信息披露是解决信息不对称问题的另一个有效途径。但是，由于金融消费者与金融机构在很多利益关系中处于对立的位置，金融机构天然缺乏披露信息的动力，尤其是在金融产品风险较高时，金融机构往往会刻意隐匿产品特质、潜在风险、后果责任等重要信息。部分金融机构为了谋求自身利益的最大化，可能还会发布虚假信息，误导金融消费者。

按照2015年的《关于加强金融消费者权益保护工作的指导意见》，金融机构有义务和责任对金融产品进行信息披露和风险提示。金融机构应当以通俗易懂的语言，及时、真实、准确、全面地向金融消费者披露可能影响其决策的信息，充分提示风险，不得发布夸大产品收益、掩饰产品风险等欺诈信息，不得作虚假或引人误解的宣传。但在现实生活中，金融消费产品价格不够公开，信息披露不够。

3. 农村金融服务效率低。与城镇金融服务的科技化相比，农村金融服务效率整体较低，且缺乏公正性。这主要表现在：一是部分农村金融机构从业人员素质相对低，窗口过少，办事效率差。客户在办理业务时排长队、常排队的现象时有发生，少则一个小时，多则半天时间，致使客户浪费大量时间（谢欣，2011）。二是信贷管理政策调整之后，贷款权限上收，农村金融机构的贷款审批时间过长、环节过多，致使农村金融消费者贷款难度加大，错过投资或生产的最佳时机。如农村商业银行一般集中在一段时间发放生产性贷款，而此阶段过后贷款审批困难。三是贷款的附加条件不合理。农村金融机构个别信贷人员在审批贷款时存在向贷款申请人私自索取回扣、接受贷款申请人财物或宴请等问题。四是农村金融服务水平低，弱势农民难以有效享受到现代的金融服务。如农村金融支付结算服务体系建设落后，金融产品缺乏，金融宣传不到位，农民对现代金融知识和投资理财产品掌握较少。

（三）金融监管者执行效力低

金融监管者缺乏有效的监管依据，执行效力低，主要表现在：

1. 法律体系不够健全。尽管2015年国务院办公厅印发的《关于加强金融消费者权益保护工作的指导意见》将金融消费者纳入了法律保护范围，但是2016年人民银行颁布的《金融消费者权益保护实施办法》和2020年银保监会出台的《银行业保险业消费投诉处理管理办法》都缺乏对农村金融消费者保护细化的规则。同时农村金融和农户有自身特点，目前还没有针对农村金融消费者权益保护的规范性立法，也没有统一专门的综合性金融消费者维权机构。

2. 监管机构体系薄弱。在金融监管机构中，目前金融消费者维权机构主要是中国人民银行的金融消费者权益保护局、银保监会的银行业消费者权益保护局和保险消费者权益保护局、证监会的投资者权益保护局，这些维权机构制定部门规定的出发点是维护金融机构的效益和安全。但在实施过程中，没有哪家监管机构将消费者权益保护明确列为其法定职责并设立专门部门处理相关事务，造成处理消费者投诉和解决纠纷的机制相对缺乏。监管层多数是通过投诉热线等方式来处理金融消费者权益保护问题，其覆盖面、效率和效力均比较低，很难起到实质性的保护作用。同时涉及交叉性金融业务时，缺乏统一的协调机制，对农村金融消费者权益保护内容缺乏系统性规定，容易助长农村金融发展中的风险集聚。

3. 缺乏有效的投诉和纠纷解决机制，诉讼存在“瓶颈”。

（1）缺乏有效的投诉处理机制。高效畅通的投诉处理机制是保护金融消费者合法权益、维护消费者对金融市场信心的重要途径。在目前“一委一行两会”的监管组织模式下，对金融消费者的保护容易产生监管范围和职权划分不明确、监管协调困难以及职权效力不足等问题。如人民银行和银保监会均有金融消费权益保护的职责，在受理具体的投诉事项时，则往往将投诉事项责成金融机构自行处理，仅停留在有投诉就化解的层面上，未对投诉和纠纷产生的根源进行深究，对金融机构在农村金融消费权益保护方面的业务指导和管控力度还不够。

（2）缺乏有效的纠纷解决机制。尽管《消费者权益保护法》规定了多种消费者纠纷解决机制，虽然手段较多，但在实践中并未有效解决纠纷，经常是协商破裂、调解没有结果、申诉久拖不决、仲裁缺乏依据、起诉耗时费力，最终使消费者权益的落实遇到重重障碍。即使规定了公益诉讼制度，但对这一规定还缺乏配套措施，导致这一制度无法落地实施。此外，针对农村金融消费者纠纷的解决途径，我国也未设置特殊的司法程序，而常规的司法救济途径普遍具有成本高、周期长、见效难等问题。因此，当农村金融消费者面对纠纷问题时，极易出现维权困难，甚至容易出现聚众风险。

四、构建“三位一体”的农村金融消费者权益保护体系

农村金融消费者权益保护并不是单一主体需要重点关注的问题，而是一个系统性问题，涉及参与的全体，为此需构建“三位一体”的农村金融消费者权益保护体系。

（一）农村金融消费者应当增强自我教育与维权意识

通常而言，教育水平能够增强消费者对金融领域相关概念的理解能力，帮助消费者正确地理解、使用金融产品和服务（刘国强，2018）。对于农村金融消费者而言，虽然在金融市场上处于弱势地位，需要国家的监管、金融机构自身的道德建设

才能保护自我，但是加强自我教育也是不可或缺的，应该加强自身的金融教育水平。金融教育很重要，它赋予农民一种能力，尤其是对那些无法获得银行服务或获得有限服务的农民来说（唐文婷、李明贤，2018），可以用有限的金钱做更多的事情。这样在挑选、购买金融产品时具有一定的认识，具有一定的风险管理能力，不会因盲目轻信别人的推销而购买产品，避免陷入投资高利贷、非法集资等行为。

农村金融消费者应有权、有渠道与金融纠纷仲裁机构或其他解决争议机构取得联系，并有权利对其遭受不当行为的损害要求补救和赔偿。尽管目前金融纠纷维权存在一定难度，但作为金融消费者必须培养维权意识，这样不但有利于维护自身利益，也有利于遏制金融机构侵权现象的发生。这在某种程度上也需要农村金融消费者除了学习金融知识外，还要加强法律知识的学习。

（二）金融机构应当加强自身规范，加强金融教育宣传工作

金融机构作为金融市场主体，拥有海量数据和专业知识，相对金融消费者而言处于垄断优势，但不代表其可以对金融消费者虚假陈述、误导金融消费者。反之，金融机构更应该加强自身制度建设，防范系统性金融风险。具体来说，一是要求金融机构人员做好各自工作，树立保护金融消费者的意识。二是金融机构内部应建立健全消费者保护机制，比如完善客户投诉处理机制，对问题产品服务要及时介入和及时解决，及时纠正业务产品缺陷不足，对客户诉求给予积极回应，避免矛盾升级。三是各金融机构应加强与当地人民银行和银保监会分支机构的沟通交流，做到保护消费者的信息共享。此外，金融机构也应更多地开展金融产品宣传活动，如“金融产品知识进乡村活动”“金融知识普及月”等，集中开展金融知识普及，从而增进消费者自身的金融知识。

此外，相对于金融机构来说，金融消费者处于弱势地位，但不能过度保护金融消费者，而是应该加强自身金融知识的学习与教育，增强金融风险判断能力。

（三）完善金融消费者权益保护的法律体系，转变监管方式，实行有限保护

金融监管的目标不仅是为了金融机构的安全稳健，更需要维护金融消费者的正当权益，实行有限保护。从长远看，金融机构的发展离不开金融消费者的依赖和信任，杀鸡取卵式发展最终会祸及金融业本身。鉴于金融产品和服务的复杂性以及投资者易受误导、操纵、欺诈等不良行为的影响（王晓明，2018），金融消费者能采取行动的能力有限，必须加强对消费者权益的立法保护，通过严格监管执法来保护消费者。2019 年 11 月出台的《关于银行保险机构加强消费者权益保护工作体制机

制建设的指导意见》（银保监发〔2019〕194 号）明确要求监管机构将机构的消费者权益保护工作体制机制建设情况纳入消费者保护考核评价，从而作为综合监管评级等监管导向的重要参考。

金融监管部门着力推进解决此前金融消费者保护中存在的问题、加强金融消费者保护力度，也是落实解决十九大报告所指出我国社会当前主要矛盾的重要举措。作为监管者，应开展金融消费权益保护专项检查和治理工作。进行金融消费权益保护监督检查和金融机构营业场所销售行为现场检查，治理违法违规金融广告、误导销售金融产品等问题。聚焦银行信贷、理财、代销、收费和互联网保险等领域开展消费者权益保护专项检查，严厉查处损害消费者权益的行为，从而做到及时发现、治理侵害农村金融消费者权益的行为。

参考文献

［1］孙天琦．金融消费者保护：市场失灵、政府介入与道德风险的防范［J］．经济社会体制比较，2012（2）：203－211.

［2］杨宏斌．基于金融脆弱性的银行危机传染研究［M］．成都：四川大学出版社，2011：5.

［3］吴卫星，吴锟等．金融素养与家庭负债——基于中国居民家庭微观调查数据的分析［J］．经济研究，2018（1）：97－109.

［4］李明贤，吴琦．我国农村居民金融能力评价指标体系及其影响因素研究［J］．金融理论与实践，2018（3）：45－50.

［5］何德旭，张军洲等．创新、风险、保障：中国金融发展安全观［M］．北京：社会科学文献出版社，2012.

［6］谢欣．农村金融消费者权益保护的缺失与重构［J］．银行家，2011（9）：118－120.

［7］刘国强．我国消费者金融素养现状研究——基于2017 年消费者金融素养问卷调查［J］．金融研究，2018（3）：1－20.

［8］唐文婷，李明贤．普惠金融的政府行为与农村金融消费者权益保护［J］．财经科学，2018（11）：3－14.

［9］王晓明．金融规制中的消费者权益保护［J］．金融时报，2018－04－23.

［10］李明贤，唐文婷．农村资金互助社运营中的金融消费者权益保护分析［J］．农业经济问题，2019（12）：99－107.

［11］张欢欢，熊学萍．农村居民金融素养测评与影响因素研究——基于湖北、河南两省的调查数据［J］．中国农村观察，2017（3）：131－144.

[12] Bar - Gill, O., and O. Ben - Shahar. Regulatory techniques in consumer protection: a critique of the common European sales law. Working Paper, 2012.

[13] Stiglitz, J. E. and Weiss, A. (1981) "Credit Rationing in Markets with Imperfect Information". American Economic Review, 17, 393 - 410.

金融科技对金融监管机构的影响及应对措施

单建军[①]

摘要：近年来，金融科技快速发展，有效促进了金融服务业的发展，也给金融监管机构造成一定的影响。如何实现金融与科技的协调发展，寻求金融安全与金融效率的适度平衡，成为各国金融监管机构亟待解决的首要任务。本文主要分析了金融科技对金融监管机构造成的影响，总结了发达国家在金融监管科技行业方面的监管经验，并就加强金融科技监管、参与金融科技生态系统评估，开展金融科技创新，推动金融科技行业发展提出可供参考的建议。

关键词：金融科技　金融监管机构　风险评估　政策建议

一、引言

科技创新对金融发展起到了巨大的推进作用，极大地改变了金融服务形式，深刻改变了现有的金融业态，影响了金融市场结构和金融监管效能，也对金融稳定形成潜在风险，因此需要及时评估应对新型的金融科技风险，制定有效的金融科技风险防范措施，从而推动金融科技持续健康发展。

巴塞尔银行监管委员会和金融稳定委员会统一对金融科技进行工作定义，即“技术上的金融创新，有能力导致新的商业模式、应用程序、流程或产品出现，对金融市场和机构以及金融服务条款具有实际影响”。金融科技的定义非常重要，因为它关系到金融监管机构将对它如何监管。巴塞尔银行监管委员会对727位金融科技提供者的调查显示，支付、清算和结算服务的金融创新占比为41%，市场支持类

① 作者简介：单建军，现供职于中国人民银行襄阳市中心支行。

服务占比为27%，信用、存款和融资产品或服务占比为18%，投资管理类服务占比为9%，其他服务占比为5%。

金融科技不仅可以通过提供更具针对性的产品和服务来提高金融服务的效率，也可能带来新的金融风险。因此，作为金融监管机构，不仅应该审慎地平衡风险与利益之间的关系，更应该在金融高速发展与金融稳定中寻求最佳的平衡点，在充分发挥金融科技积极作用的同时，运用合适的方式来降低金融科技可能会带来的风险。

二、文献综述

关于金融科技监管问题，目前的研究重点是监管规则，采用“监管沙盒”模式等，但是我国当前的金融监管体制无法适应金融科技行业的快速发展，也难以推行“监管沙盒模式”。对于金融科技监管问题，普遍认为“监管沙盒”是理想并有成效的模式。魏雅隽（2019）认为，英美和新加坡等国先后制订金融科技创新计划，成立相关组织机构，推动金融科技发展，同时加强金融科技监督。王策（2019）认为，欧美发达国家对金融科技发展采取了相对友好包容的态度，监管沙盒制度是友好型金融监管策略的探索。

关于金融科技的风险，主要集中在影响金融稳定与安全上。陈华和杨聪（2018）认为，金融科技改变了传统金融业态，形成了高创新、高科技的现行金融业态，传统金融的相关规则已不能完全适用于现行金融。因此，必须在原有的风险体系中融入新型的金融科技风险，针对新型风险寻找特定的风险防范政策与方法。杨东（2018）认为，金融与科技的融合发展既使金融市场的广度和深度得到拓展，也使金融领域的技术风险和操作风险变得更加复杂，甚至可能诱发系统性风险，金融监管当局必须给予高度关注。邱兆祥和刘永元（2019）认为，金融科技的快速发展需要及时改进风险监测框架，同时，金融活动的自动化和交易匿名性也给风险监测工作带来新挑战。

关于金融科技监管问题，主要集中在金融监管如何适应金融科技发展。道格拉斯·阿纳等（2017）认为，金融科技发展与监管演变从根本上改变了金融市场机构、金融服务能力与金融机构的性质，但是没有改变金融稳定、金融安全、消费者保护和市场稳定等监管目标，现有监管方式方法难以适应金融科技发展。孙国峰（2018）认为，监管科技和金融科技没有直接关系，只是科技分别与金融监管、传统金融相互融合的产物；监管科技是用于监管包括传统金融和金融科技在内的整个金融行业。刘卫平等（2018）认为，金融科技蓬勃发展，各国监管机构面临如何寻求防范风险和鼓励创新之间的平衡。岳晨晨和蒋宁（2018）认为，金融科技与监管科技的深度融合，必须坚持不危害金融稳定和消费者权益的前提。邱兆祥和刘永元

（2018）认为，金融科技创新会对金融体系产生潜在负面的系统性影响，危害国家金融稳定。

关于金融科技监管与现有金融监管模式的关系，主要是改革金融监管体制，防控金融风险。李敏（2018）认为，需要更新功能监管理念，实行实时监管，加强行业自律监管和国际合作，才能有效控制金融科技的风险。郭新明（2018）认为，应从完善法律法规和体制机制等方面入手，支持创新试点，运用监管科技等举措规范引导金融科技健康有序发展。王维全（2018）认为，发达国家坚持适度监管、鼓励创新的态度对待金融科技监管，采取主动型监管，重点保护消费者利益。傅强（2018）认为，我国应借鉴国外先进金融监管经验，不断完善金融监管体制，及时评估金融科技的风险，建立动态的金融风险预警系统，助推金融科技发展。张婉莹（2019）认为，我国当前的金融行业的分业监管模式难以适应金融科技发展的需要，监管当局应根据国际形势和我国金融发展的实际情况不断调整和完善金融监管模式。

本文主要评估当前金融科技行业发展现状，从金融科技发展对金融业及金融监管机构造成的影响与挑战等方面进行分析，总结发达国家在监管金融科技行业方面的成熟经验，并就在防范金融科技风险的前提下，提出支持金融科技发展的监管政策建议。

三、当前我国金融科技现状

近年来，中国金融业积极探索运用新一代信息技术优化升级金融产品、经营模式和业务流程，支付服务可得性有效提升，金融产品竞争力逐步提高，基础设施支撑能力显著增强，金融便民利企力度持续加大，为世界贡献了“中国智慧”。

（一）金融科技公司与传统金融机构间的融合与竞争

金融科技公司与传统金融机构总体是互补、合作的关系。金融科技公司一般缺乏低成本资金来源和大量客户基础，对传统金融机构并不构成实质性竞争威胁。合作可使金融科技公司依靠传统金融机构的客户基础进行小规模运营，并规避相关金融监管，传统金融机构也可从创新性技术中获益，提高竞争力。金融科技公司通常会发掘全新的细分市场（如P2P借贷平台、众筹平台和跨境支付平台），以及在传统金融体系下未获得充足金融服务的客户群，这将给传统金融机构带来竞争压力，促使其简化贷款程序、采用新的数据处理技术。就目前情况而言，金融科技信贷市场发展速度较快，规模较小，但传统银行业及金融机构未来可能会受其影响。

（二）科技巨头进入金融服务市场改变了行业格局

科技巨头带来的影响可能超过普通金融科技公司。科技巨头拥有庞大和稳定的客户网络以及较高的认可度和信誉度，从而可以利用其强大的金融优势地位和低成本融资，在金融服务领域快速扩张，尤其是在网络效应逐步显现的领域（如支付结算、借贷、保险）。科技巨头的参与可能不会带来更多竞争，但会改变金融服务市场的集中度和组成结构。有些科技巨头与传统金融机构合作，作为其支付服务、贷款和保险产品的分销商，有些则依靠其自身的大量客户数据直接提供信贷服务。科技巨头在移动支付领域发展较快，主要通过接入现有的支付基础设施提供支付服务，中国的科技巨头拥有独立的支付基础设施。中国的科技巨头（阿里巴巴、百度和腾讯）在金融服务领域尤其活跃，其中支付宝（Alipay）和财付通（Tenpay）两个产品就占据了中国整个移动支付市场94%的份额。

（三）金融机构接受第三方科技公司在云计算等领域的服务日益广泛

目前，金融机构核心业务中依靠第三方供应商（如数据提供、云存储和分析、物理连接）的程度并不高，但这种依赖可能会进一步提升。若对第三方供应商的依赖达到更高程度，则单家公司的操作失灵、网络事件或倒闭将扰乱金融市场活动，从而给金融体系带来风险和挑战。据调查，目前金融数据分析的市场规模大约为每年1 000亿元，这个市场高度集中，两家机构控制着超过一半的市场份额，而且在过去8年中，该行业的市场比例情况大致保持不变，当前我国金融科技公司提供金融服务情况见表1。

表1　　科技巨头提供金融服务情况

公司	支付业务	短期信贷业务	活期存款业务	资产管理业务	保险业务
阿里巴巴	支付宝（中国最大的移动支付平台）	网商银行（为农村地区中小企业和商户提供融资）	通过网商银行提供	余额宝（全球最大的网上货币市场基金）	持有国泰产险60%股份，成立众安保险公司
腾讯	财付通（中国第二大移动支付平台）	微众银行（个人小微贷款）	通过微众银行提供	持有发行共同基金的牌照	可以提供网上寿险、产险业务
百度	百度钱包（与支付宝合作）	百信银行（金融产品和小额贷款）	通过百信银行提供	—	与安联保险集团、高瓴资本成立了保险合资企业
京东	京东支付	京东白条		京东小金库，与基金公司合作	与国内外知名保险公司提供保险产品

（四）制定金融科技发展规划与监管规则助推金融科技发展

我国坚持规划先行，加强金融科技顶层设计，推动实现金融与科技深度融合、协调发展；坚持问题导向，强化金融创新管理，为创新产品划定刚性法规底线、设置柔性管理边界、预留充足发展空间；坚持科技赋能，构建风险联防联控机制，提升金融监管专业性、统一性和穿透性；坚持守正创新，把好安全关口、系牢合规准绳、卡紧应用标尺，推动金融科技行稳致远。不断完善我国金融监管体系，促进金融监管框架的持续调整，加强审慎监管、行为监管和混业监管有利于维护金融稳定、保护消费者合法权益、填补监管空白和避免监管套利。根据金融科技公司新推出的产品和商业模式，对金融科技的不同业态实行统一监管规则和风险防控标准，利用科技手段促进监管机构与金融科技机构合作，既要推进金融科技发展，又要激发金融科技发展主体的创新活力，为我国金融科技创新发展、健康发展提供有力保障。

四、国际经验

巴塞尔银行监管委员会、国际证监会组织和国际保险监督官协会三大国际组织均密切关注金融科技发展，时刻关注金融科技发展最新动态。美国、英国、欧盟、日本、新加坡等国家和地区纷纷采取不同的监管措施，鼓励支持金融科技行业发展。世界金融科技发达国家在支持金融科技发展的同时，也陆续出台了相应的监管政策以维护金融科技产业健康发展及社会金融秩序的稳定。

（一）美国“行政许可”+智能监管

美国主要通过设立专门的监管机构并搭建一个更适于金融创新监管的体系框架，对现有法规进行改革或制定新的法规，以便为新进入者和新活动提供更合适的监管。美国目前采取特别许可和智能监管，以满足监管科技的发展，适应风险管理认知体系的演变。美国的监管部门之间较为复杂且权限分工界限明显，当前无法在国家层面上出台统一的监管法律、法规，只能依靠各州的金融监管部门不断实践与创新，主要采取功能性监管模式。美国采用的针对金融行为的混业监管，按照金融创新业务的功能纳入相关的金融监管体系，灵活执行监管政策，有效避免了分业监管产生的监管空白。

（二）英国“监管沙盒”

英国政府为了保证本国金融科技发展的创新力与竞争力，可以源源不断地出台监管政策，对金融科技产业进行规范发展，主要采取适度性监管模式。英国大力发展监管科技，推出“沙箱监管”创新机制，不仅保护了消费者权益，还在降低金融科技风险的情况下，最大化促进了创新发展。监管沙盒的理念来源于科技产业软件的测试并被运用到金融领域当中。试点时会采取统一准入标准，参与试点的企业具有较大的自由进行创新，同时被监管部门惩治的风险也很小。因为规模和范围有限，其风险完全是人为可控的。监管沙盒的主要做法是进行小规模小范围试点，试点成功后再在全国推广开来。

（三）欧盟国家“创新中心”

大多数欧盟成员国国家都建立了创新中心，作为企业就金融科技相关问题向当局提出询问的专门联络点。欧盟国家十分重视金融科技创新与监管，所有的金融创新都不允许存在欺骗消费者的行为。2015 年欧盟委员会宣布启动单一资本市场机制“资本市场联盟”，旨在破除商业融资瓶颈，促进欧盟整体经济增长；2016 年生效的《支付服务法令 II》赋予后来的金融从业机构获得银行账户接入权限，帮助其进入一个更加规范、标准的金融体系；2018 年生效的《通用数据保护条例》将适用于所有涉及在线或线下存储个人资料信息的行为，为金融科技的发展提供了有益的政策支持与监管框架构建，为欧盟国家金融科技的健康发展提供了政策支撑与行为规范。

（四）日本“鼓励包容”

日本政府高度重视金融科技的发展，承认数字货币的合法地位，将其作为法定的电子财产加以保护，出台法律保护持有比特币的消费者相关权益。日本金融监管部门每年就金融产业的发展做出宏观性的规划。日本首先推出了类似基于区块链技术的数字货币，通过对发行虚拟货币的商业银行授权，进行准入限制，控制发行总量。日本在支持金融科技发展方面，不仅具有相对完善的法律法规，而且也设置专门机构进行业务监管，通过增设配套政策性金融机构，与日本民间金融科技资本一起，搭建相对宽松的投资环境、多层次的资本市场、较为完善的担保体系，共同营造支持日本金融科技发展的环境。

（五）新加坡“创新框架”

新加坡金融管理局为实现“激发金融创新活力”与“维护金融体系安全”的双重目标，对金融科技采取了一系列富有创新性的监管举措，试图建立一个兼顾“创新”与“安全”的金融科技生态体系，以促进本国金融科技的良性发展。新加坡的金融科技监管创新框架主要分为六大部分：专门机构、身份识别、支付结算、数据治理、应用研究与创新以及合作与创新平台。新加坡金融监管局对不同技术采用不同的监管侧重点方式，比如数字货币重点关注身份认证问题，P2P 网络借贷重点关注网络欺诈，云计算主要关注网络安全风险等，同时也推出了“监管沙盒”机制，为金融科技创新方案提供真实的测试环境。

五、政策建议

金融科技的快速演进和发展极大地改变着金融服务业的面貌，并有望提高金融服务交付能力和效率，也对全球决策者提出了挑战，迫使其制定监管对策，在推动创新、维护金融体系弹性和保护消费者之间取得平衡。此外，大数据和人工智能的爆发式发展加深了人们对数据隐私和网络安全的担忧。为支持金融科技发展，进而更好地服务消费者、企业及投资者，减少对金融业的冲击与影响，提高金融业监管效率，提出相关建议。

（一）通过推动金融科技行业参与者、金融机构和金融监管机构之间的对话，支持开发和采用负责、安全、可靠的金融科技产品和服务

随着技术发展步伐加速，金融监管机构必须定期与金融科技公司、金融机构开展跨部门对话，以便更清楚地了解行业内新产品、新技术的开发进展与发展趋势等情况。金融监管机构还要同创新企业和老牌金融机构之间建立合作和对话，以增进其了解相关监管要求和监管环境。此外，在创新速度快的领域，如针对零售交易与投资的自动分析和算法，金融监管机构应走在前列，主动了解和评估相关技术以及促成交易和建议的算法。

金融监管机构还应采取多种措施去了解掌握新型金融科技及其对现有政策的意义，比如，设立专门的金融科技办公室、联络点和中心；设立“监管沙盒”，允许企业在拥有一定监管灵活度的环境下测试产品；设立实验室，成立加速器项目，探索某些新技术是否有助于金融监管机构自身更好地实现监管目标。此外，还要加强对投资者的教育，提高其金融素养，以应对越来越多的金融科技产品和服务正被非专业投资者所用。

（二）加强与金融从业者合作探索监管技术解决方案，创建更高效、更有效的监督管理和报告机制

监管技术应提供可配置、可靠且具有成本效益的监管方案。随着监管技术改进，越来越多的合规领域将受益，比如，从金融服务公司收集数据，制作资金和流动性

报告；为压力测试和压力管理而进行计算机建模和预测；制定“了解你的客户”流程；对反洗钱措施和制裁进行系统性、全局性检查。监管技术的提高将使得大批量复杂数据的存储和分析成为可能，而且可以整合、简化合规监测活动。

金融监管机构之间开展协作和对话，将充分发挥监管技术解决方案的优势。各金融监管机构应借鉴同行在使用新技术访问和处理日益增多的可用数据方面的经验，推动实现投资者保护、市场公平、金融稳定等监管目标。金融监管机构应开发新的合规软件和监控工具，专门用来监测可疑交易。金融监管机构要与创新企业和咨询公司等金融科技公司紧密合作，在实践中检验改进新型监管技术解决方案。

（三）制定能适当平衡创新、安全和消费者保护三者关系的监管政策

金融监管机构应出台原则性指导方针，让金融科技企业在开发新型或改良型产品或者服务、满足客户需求的同时，推动实现保护投资者、维护市场公平公正、保持金融稳定等监管目标。监管措施要保持足够弹性，不要过于严苛，一刀切式决策不利于技术创新，因此要坚持“监管风险，不管实体”的重要原则。金融监管机构应根据活动的风险高低开展监管，而不应依据开展活动的实体类型开展监管。

无论是金融科技企业还是传统企业，只要开展相同活动，就必须按统一标准予以监管，但监管措施可以根据具体活动及其给消费者和金融体系带来的风险而有所差异。同时，金融监管要保证足够的透明度，使业内企业和消费者知晓监管预期和要求。监管原则应该是技术中立的，即政策内容应该针对具体的活动而不是技术，以免限制现有技术的发展以及现有技术新用途的开发。

（四）确保统一的监管标准适用于所有市场参与者

金融监管机构应该发挥作用，保证老牌企业和新进企业之间能够平等竞争。老牌企业与新进企业都需要一定的空间来探索和尝试新的理念。如果一个产品、服务、平台或者供应商触及消费者利益，或者对金融体系构成了威胁，那么不管是老牌企业还是新进企业，受到的监管标准也应该是一致的。

“了解你的客户”和“反洗钱”是监管规则应平等对待老牌企业与新进企业的基准，隐私和安全也是需要公平监管的领域。这些都是金融系统稳健运行所必需的。

（五）加强金融监管机构之间的跨境合作，采取先进做法，签订互认协议，并统一法律和监管要求

金融科技无国界，加强监管机构之间的跨境合作尤为重要。各国金融监管机构应该分享优秀做法，相互学习，签订互认协议，方便金融科技公司更好地开展跨境

业务。例如，新加坡金管局和英国金融市场行为监管局之间，以及澳大利亚和新加坡之间都分别签订了互认协议。金融监管机构既可以利用现有的跨境合作渠道，也可以建立新的、正式的合作方式。金融监管机构需要继续签署谅解备忘录，以便共享监管措施的影响和技术发展情况等信息。

此外，各国应尽量统筹协调与金融科技创新相关的新政策，最大限度地减少监管套利和监管规则不一致的风险，防止限制金融科技创新产品或服务的发展。

参考文献

［1］台湾“金融研究发展基金管理委员会”．各国监理机关发展金融科技业之措施研究［R］．2017.

［2］零壹财经，华中新金融研究院．2016年全球金融科技发展指数报告［R］．2017.

［3］伊志峰，林旻，蔡文德，沈婧畅．金融科技发展及监管的国际经验借鉴［J］．福建金融，2018（6）：34－38.

［4］魏雅隽．金融科技发展探析［J］．金融经济，2019（4）：112－114.

［5］张婉莹．我国金融科技监管模式的选择［J］．现代商业，2019（5）：165－166.

［6］王策．论科技金融给金融监管带来的法律风险与应对［J］．河北企业，2019（3）：149－150.

［7］陈华，杨聪．金融科技风险及其防范化解对策研究［J］．上海企业，2019（3）：38－36.

［8］傅强．监管科技理论与实践发展研究［J］．金融监管研究，2018（11）：32－49.

［9］道格拉斯·阿纳，亚诺什·巴伯斯，罗斯·伯克利．金融科技、监管科技及对金融监管的重新定义［J］．国际金融，2018（8）：61－67.

［10］刘卫平，任兆麟，薛高，夏汶钰．金融科技监管机制研究及建议［J］．西部金融，2018（7）：55－58.

［11］岳晨晨，蒋宁．金融科技、监管沙盒与风险防控模式创新［J］．商场现代化，2019（3）：120－121.

［12］李敏．金融科技的系统性风险：监管挑战及应对［J］．证券市场导报，2019（2）：69－78.

［13］邱兆祥，刘永元．金融科技发展对金融稳定的影响及对策研究［J］．教学与研究，2019（2）：5－15.

［14］郭新明．监管科技发展的实践探索与思考［J］．金融纵横，2019（1）：3-9.

［15］王维全．国际金融科技发展和监管趋势及对我国的启示［J］．安徽科技，2018（12）：32-34.

［16］孙国峰，赵大伟．监管科技的挑战与破局［J］．中国金融，2018（21）：19-20.

新时期经常项目穿透式监管方法探索

陈　杨[①]

摘要：近年来，贸易全球化不断发展，跨境资金活动更加活跃和复杂。随着金融创新的推进，本外币跨境金融业务呈现更加专业化、复杂化的趋势，这提高了新时期经常项目资金监管的难度。穿透式监管模式主张从交易源头入手，还原交易本质，将业务、资金、主体穿透连接，判断业务内核的合规性。本文梳理了现行的经常项目货物贸易监管框架以及穿透式监管的国内外经验，从案例出发，讨论经常项目穿透式监管方法的应用和难点，并提出相关政策建议。

关键词：穿透式监管　经常项目管理　贸易融资

2012 年 6 月，国家外汇管理局发布公告，简化企业主体和银行办理贸易收付汇业务的流程，进一步促进了贸易收支的便利化程度，提高了货物贸易的外汇管理水平，将货物贸易外汇管理推向新的高度。实施以来，新的货物贸易外汇管理制度取得了极大的成效，但在日常监管中，新管理制度体现了一定的局限性，本文将结合当前形势，探索构建经常项目穿透式方法。

一、现行管理框架及局限性

（一）动态监测、总量核查和分类管理的介绍

自实施货物贸易外汇管理制度改革以来，外汇局不再采用收付汇业务逐笔核销的管理方法，而是采取非现场方法对企业主体的进出口和收付汇数据进行“总量核查”，用“总量差额”数据对企业货物流和资金流的匹配程度进行判断，如货物流和资金流数据偏差较大，则对其进行非现场核查，对企业主体贸易融资和贸易信贷

① 作者简介：陈杨，现供职于中国人民银行营业管理部。

数据进行分析。对于核查中发现的可疑企业，外汇局将通过现场核查后进行分类管理。按照目前的管理办法，将企业分为A、B、C三类，根据定期监测结果，企业分类也将随之调整。对于风险级别较低的A类企业，在办理贸易收支业务时给予更多的便利；风险级别较高的B、C类企业则需额外审查，享受的便利化程度有限。

（二）现行管理方式的局限性

数据口径存在差异，难以判断整体全貌。现行的管理办法在进行宏观层面及中观层面（行业、地区等）分析时，资金流采用企业国际收支申报数据，货物流采用海关数据，受部分货物贸易（主要指保税监管区域企业）数据在监测系统中尚未完全采集到位的影响，两组数据存在口径差异，无法达到完整、充分的判断。

企业主体情况各异，仅用总量差额数据难以判断异常。一是总量监测采用将进出口、收付汇轧差计算，个别企业可利用反向对冲操作，掩盖其真实交易。二是对不同企业采取同一个异常指标阈值，特大型企业容易由于基数过大而掩盖其多收、少收、多付及少付的客观情况。三是对于部分数据天然属性不匹配的业务，对其进行特殊标识管理，如来料加工企业、对外承包工程企业等。由于无法通过货物、资金数据对其业务进行合理性分析，目前对于特殊标识企业的监测颇为掣肘，很难发现业务风险点并进行管理。

二、国内外穿透式监管的经验借鉴

（一）穿透式监管在国内资管业务监管中的应用

资管业务中断“穿透式监管”主要是指明确最终投资者和最终获得资金的业务。目前的主要管理重点是识别底层资产是否符合特定资产管理的监管规定以及实际投资人资质和数量是否符合相关监管规定。对此，银行业监督管理部门不断完善相关管理办法，2009年，银监会发文杜绝理财资金投资未上市的公司或非公开发行的股份。2016年，为防范风险，银监会叫停部分城商行和股份制银行新发行的分级型理财业务，防止资产类别的错配，有效抑制金融风险的发生。

（二）穿透式监管在国外反洗钱监管中的应用

2017年，欧盟各国纷纷修订“反洗钱”法规，通过细化真实性调查要求、追踪实际受益人情况、加强跨部门及跨地区合作等方式，对跨境资金流动实施穿透式监管。一是细化交易真实性调查要求，为落实穿透式监管提供全面的信息支持。英国在《反洗钱条例》(2017) 中首次对"客户尽职调查"作出了12个方面的要求。二是提高企业实际受益人的信息透明度,为有效追踪资金最终去向提供调查方向。德国的《反洗钱法》(2017) 明确建立电子透明登记簿机制,所有企业实际受益人的信息必须及时登记、储存和更新。三是推进全方位跨部门、跨地区监管合作,提升双边金融执法合作。2017年,英国金融行为监管局与我国香港金融管理局达成双边信息交换协议,在多个领域开展互利合作。

三、经常项目管理中穿透式监管方法的应用

(一) 案例一:疑似利用虚假贸易背景进行贸易融资业务

1. 案例描述

北京E公司从事偏光膜的离岸转手买卖业务,并向银行申请贸易融资,该业务采用电放/记名提单①,与常规离岸转手买卖业务不同。通过对提单的追踪查询,发现该笔货物在合肥报关进口,且报关金额远低于融资金额,疑似利用虚假贸易进行融资。

2. 穿透式监管在该业务中的实践

一是业务穿透。一般而言,贸易融资以贸易收汇资金为资金来源,银行应向下穿透,采集业务提单信息并进行追踪。二是主体穿透。打破身份标签,追踪产品最终购买人与受益人,明确两者之间的真实关系,厘清是否存在假借贸易背景虚增融资金额的可能性。案例一中转口贸易提单显示到货港为中国境内,可识别转口业务后连接一般贸易进口业务,进一步追索进口业务凭证,跟进贸易收汇时间,穿透识别融资贸易背景的真实性。经查,整个销售链条使用提单相同,Q公司提供其上游客户信息、采购商品信息及草拟采购合同,E公司凭借虚假贸易合同进行融资(见图1)。

(二) 案例二:疑似关联公司利用虚假贸易实现资金流出

1. 案例描述

北京H公司借助离岸转手买卖业务"先支后收"方式进行化工产品交易,收支间隔超20个月,且提单无法追索,与常规化工产品转口逻辑不符。经查,上游及下

① 电放提单的属性决定提货人可不凭提单提货,记名提单的属性决定了提单记载的收货人以外的持有人不拥有货权。

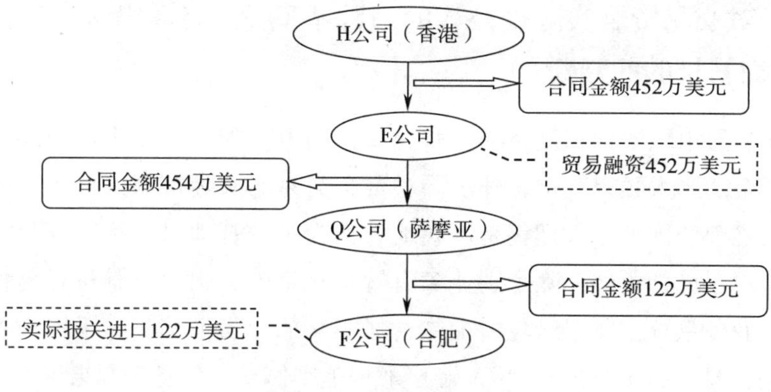

图1　虚假贸易流程图

游买家均为其关联公司，疑似通过虚假贸易实现跨境资金转移。

2. 穿透式监管在该业务中的实践

一是业务穿透。该业务发生在“8·11”汇改后跨境资金流出压力增大的时期，经调取该公司以往业务资料，转口业务多为“先收后支”，此几笔业务结算方式临时调整为“先支后收”，总计4 000万美元的资金超20个月未发生收款。结合业务发生时间，存在借助离岸转手买卖收支时间差融资供境外公司周转的嫌疑。二是主体穿透。上下游交易对手与境内中间商存在实际控制人关联关系，监管中可立足离岸金融中心寻求更多信息交换，对转口中涉及离岸金融中心交易对手的业务风险做到预防和化解。

四、实施穿透式监管的难点

（一）交易行为的真实性信息留痕不完整，不利于穿透式监管信息的完整收集

实施穿透式监管，首先需要跟踪市场主体的交易情况，包括市场主体在行业准入、商业交易、公司管理、物流管理、税务管理等多个环节的信息。但由于外汇管理主要负责资金的汇兑监管，在整个交易监管体系中处于下游环节，仅能收集到资金流方面的数据，对于资金交易背后真正的控制主体及其交易活动的信息，则难以全面掌握。特别是近年来外贸新型业态不断创新发展，外贸交易链条拉长，各环节分工细化，外贸经营的参与主体种类增多，导致外汇管理部门对资金流以外的交易信息（如代理服务信息、物流信息等）的完整收集更加困难。

（二）对交易资金实际受益人的追踪不彻底，不利于穿透式监管下对资金真实交易目的的判断

在企业多层组织架构和复杂的关联交易控制下，随着企业集团内部资金跨国交易增多，资金所属人频繁变化，外汇局对资金交易的实际控制人和受益人的追踪越来越困难。当前我国外汇管理仍是以属地管辖为主，管理对象绝大部分是在境内注册的主体，对于境外主体，除个别业务有管理规定外，很少对其进行延伸管理。相应地，外汇业务系统主要记录境内主体（居民）的交易情况，对于境外主体（非居民）的交易信息，目前仅通过NRA账户采集基本信息，信息来源渠道较单一，难以有效跟踪资金流动背后的实质情况。

（三）资金跨地区流动数据共享不充分，不利于穿透式监管的全程跟踪

实施穿透式监管需要对资金流、物流、金融产品、交易背景等进行全流程跟踪，但实际业务中很多重要环节均发生在境外，存在无法获取境外交易链信息的情况。但目前基层外汇监管部门缺少境内外合作机制，难以掌握上述交易的全流程信息。

五、政策建议

（一）让政府监管平台建设“动起来”

不少发达国家是通过建立相对独立的信息收集平台，与各相关政府监管部门以信息共享协议的形式来统一管理市场主体的交易信息资源；同时，通过监管平台的信息备案管理、金融机构的资金交易信息记录、行业协会的信息收集等方式，多渠道详尽记录市场主体的经营情况，以完善市场主体交易行为的电子数据记录。借鉴上述经验，我国也应加快推动政府监管信息平台的建设，将金融机构、涉外交易经营主体、重要的行业机构等纳入电子化信息管理，综合运用各部门的信息资源，让政府监管平台建设“动起来”。

（二）让跨境、跨区监管资源“多起来”

首先，可考虑先与中国香港、中国澳门等地区开展合作，整合两地监管信息资源，将在两地注册、上市的中资背景企业的情况纳入政府大数据信息平台，以便掌握企业在大陆境内与港澳之间的资金交易情况。其次，可考虑拓宽NRA账户使用范

围，进一步便利非居民通过 NRA 账户开展资金交易业务，吸引有中资背景的境外机构利用 NRA 账户开展业务。在此基础上，完善银行对 NRA 账户的信息申报管理，进一步掌握我国居民与非居民（多数情况是关联企业或母子公司）的交易信息，开展对企业实际受益人的有效调查。最后，要加强对“长臂管理”原则的应用，从反洗钱、反恐怖融资、反避税等角度，建立与各国的信息互换制度，以有效提升穿透式监管的效果。

金融与法律

金融消费公益诉讼原告主体资格探讨

赵　锋[①]

摘要：金融消费公益诉讼，是指众多且不特定金融消费者的权益受到损害时，无直接利害关系的主体为保护金融消费者权益提起的诉讼。当前，金融消费公益诉讼面临着对社会组织的原告主体资格限制过严、检察机关提起公益诉讼的范围过窄、“法律规定的机关”不够明确等问题。因此建议：明确“法律规定的机关”，赋予金融监管部门原告主体资格；扩大社会组织公益诉讼主体范围；拓展检察机关公益诉讼案件范围到金融消费领域；构建不同原告主体之间的协调机制。

关键词：金融消费者　公益诉讼　原告资格

党的十九届四中全会通过的《中共中央关于坚持和完善中国特色社会主义制度 推进国家治理体系和治理能力现代化若干重大问题的决定》（以下简称《决定》）提出要拓展公益诉讼案件范围。如何将《决定》提出的拓展公益诉讼案件范围落实到金融消费领域，具有重要的理论意义和实践意义，是一个需要深入思考的问题。

一、公益诉讼的概念与立法现状

（一）公益诉讼的概念

金融消费者是指购买、使用金融机构提供的金融产品和服务的自然人。消费公益诉讼，是指众多且不特定消费者的权益受到损害时，无直接利害关系的主体为保护消费者权益提起的诉讼。与普通消费诉讼相比，消费公益诉讼的本质特征是，原告在案件中无直接的个人利益，而是为了众多且不特定的消费者的权益提起诉讼。

---

① 作者简介：赵锋，现供职于中国人民银行嘉峪关市中心支行。

一般来说，根据起诉对象的不同，消费公益诉讼分为民事消费公益诉讼和行政消费公益诉讼。民事消费公益诉讼的起诉对象是损害消费者权益的经营者等民事主体；行政消费公益诉讼的起诉对象是未履行法定职责或者作出损害消费者权益行政行为的行政机关。从国内外实践来看，消费领域的公益诉讼主要是民事公益诉讼，行政公益诉讼主要适用于环境保护领域。金融消费者也是消费者，具有一般消费者的基本特征，可以通过消费公益诉讼予以保护。本文主要就金融消费民事公益诉讼中的原告主体资格问题展开探讨。

（二）公益诉讼的立法现状

除2019年修订后的《证券法》第九十五条第三款规定“投资者保护机构受五十名以上投资者委托，可以作为代表人参加诉讼”外，《中国人民银行法》《商业银行法》《银行业监督管理法》《保险法》等金融法律并没有对金融消费者保护机构赋予诉权。有关公益诉讼的法律条文主要体现在《民事诉讼法》《消费者权益保护法》两部法律以及《最高人民法院关于适用〈中华人民共和国民事诉讼法〉的解释》（以下简称《民诉法解释》）《最高人民法院关于审理消费民事公益诉讼案件适用法律若干问题的解释》（以下简称《消费公益诉讼解释》）两个司法解释中。

《民事诉讼法》第五十五条规定：“对污染环境、侵害众多消费者合法权益等损害社会公共利益的行为，法律规定的机关和有关组织可以向人民法院提起诉讼。

人民检察院在履行职责中发现破坏生态环境和资源保护、食品药品安全领域侵害众多消费者合法权益等损害社会公共利益的行为，在没有前款规定的机关和组织或者前款规定的机关和组织不提起诉讼的情况下，可以向人民法院提起诉讼。前款规定的机关或者组织提起诉讼的，人民检察院可以支持起诉。”

《消费者权益保护法》第四十七条规定：“对侵害众多消费者合法权益的行为，中国消费者协会以及在省、自治区、直辖市设立的消费者协会，可以向人民法院提起诉讼。”

就法律层面而言，2012年修订后《民事诉讼法》第五十五条创设了具有中国特色的公益诉讼制度；2013年修订后的《消费者权益保护法》第四十七条增加了消费民事公益诉讼制度的规定。但上述法律规定均体现为一个条文，未明确消费民事公益诉讼制度内涵及适用规则。2015年2月4日起施行的《〈中华人民共和国民事诉讼法〉司法解释》对公益诉讼制度加以细化和展开，作出了明确司法解释。2016年5月1日起施行的《消费公益诉讼解释》专门对消费民事公益诉讼制度作出了具体规定。

在公益诉讼问题上，《民事诉讼法》第五十五条突破我国传统的“直接利害关系规则”理论，规定“法律规定的机关和有关组织”可以提起公益诉讼，赋予不具有直接利害关系的机关和社会组织以提起公益诉讼的权利。通常认为，该条规定实质为概括性、指引性条款，将公益诉讼的原告范围指向其他法律，因此我国民事公益诉讼采取的是“基本法 + 单行法”立法模式。这里的“基本法”指的是《民事诉讼法》，“单行法”则包括多个领域的具体法条，消费领域为《消费者权益保护法》第四十七条，环保生态领域为《环境保护法》第五十八条，海洋生态领域为《海洋环境保护法》第八十九条，英烈保护领域为《英烈保护法》第二十五条。

二、存在的问题

（一）对社会组织的原告主体资格限制过严

《消费者权益保护法》第四十七条确立的消费公益诉讼制度，具有重要的理论意义和实践意义。《消费公益诉讼解释》对消费公益诉讼制度做出了进一步规定和细化，使之更具操作性。同时，《消费公益诉讼解释》遵循《消费者权益保护法》的立法宗旨，保持原告主体资格的适度开放性。《消费公益诉讼解释》第一条第二款规定，除中国消费者协会以及在省、自治区、直辖市设立的消费者协会外，法律规定或者全国人大及其常委会授权的机关和社会组织也具有起诉主体资格。也就是说，除了《消费者权益保护法》第四十七条规定的省级以上消费者协会可以成为消费民事公益诉讼的原告主体，其他法律规定或者全国人大及其常委会授权的机关和社会组织也具备消费民事公益诉讼的原告主体资格。

应该说，《消费者权益保护法》第四十七条确立的消费公益诉讼制度以及《消费公益诉讼解释》保持消费公益诉讼原告主体资格的适度开放性，为检察机关和行政机关提起消费民事公益诉讼留下了余地和空间，具有一定的进步意义。但是，仍对社会组织的原告资格限制过于严格。首先，《消费者权益保护法》第四十七条仅仅将消费公益诉讼的原告资格赋予省级以上消费者协会组织，广大的地市级、县级消费者协会组织不具备原告资格；其次，虽然《消费公益诉讼解释》保持原告主体资格的适度开放性，但“其他法律规定或者全国人大及其常委会授权的机关和社会组织也具备消费民事公益诉讼的原告主体资格”仅停留在条文上，保持原告主体资格的适度开放的立法愿望还没有成为现实。

（二）检察机关提起公益诉讼的范围过窄

2015 年 7 月 1 日检察机关提起公益诉讼在北京等 13 个省区进行试点。2017 年 6

月，我国行政诉讼法和民事诉讼法修改后，检察公益诉讼得以正式确立。根据《民事诉讼法》第五十五条，《行政诉讼法》第二十五条规定，公益诉讼的案件范围包括生态环境和资源保护、食品药品安全、国有财产保护、国有土地使用权出让等领域。2018 年 5 月 1 日，《英烈保护法》正式实施，赋予检察机关可以对侵害英烈姓名、肖像、名誉、荣誉，损害社会公共利益的行为提起民事公益诉讼的职权，将公益诉讼范围从物质领域拓展到精神层面和意识形态领域，奠定了当前检察公益诉讼范围“4 +1”的格局。可以发现，《行政诉讼法》和《民事诉讼法》在确定 4 个范围的时候都使用了“等”字，这为各地区、各部门对“4 +1”范围外的案件进行探索提供了法律依据。党的十九届四中全会通过的《决定》全文两处提到公益诉讼，这为今后检察机关积极履行保护公益诉讼的职责、拓展公益诉讼案件的范围提供了坚实的政策依据和法律依据。

但是，目前检察机关提起公益诉讼的范围仅限于“生态环境和资源保护、食品药品安全、国有财产保护、国有土地使用权出让和英烈保护”这种“4 +1”的格局，并没有扩大到金融消费领域，提起公益诉讼的范围过窄。

（三）“法律规定的机关”不够明确

如前所述，我国民事公益诉讼采取“基本法（民事诉讼法） +单行法”的制度模式。《消费者权益保护法》第四十七条赋予了省级以上消费者协会这种社会组织在消费公益诉讼中的原告主体资格。《环境保护法》第五十八条赋予了符合条件的社会组织在环境公益诉讼中的原告主体资格。《英烈保护法》第二十五条赋予了检察机关提起英烈保护公益诉讼的原告主体资格。就行政机关提起公益诉讼的原告资格而言，仅有《海洋环境保护法》第八十九条规定，海洋环保行政机关有权提起环境公益诉讼。《海洋环境保护法》第八十九条第二款规定，对破坏海洋生态、海洋水产资源、海洋保护区，给国家造成重大损失的，由依照本法规定行使海洋环境监督管理权的部门代表国家对责任者提出损害赔偿要求。这是在单行法中赋予行政机关在民事公益诉讼中原告主体资格的立法规定。

反观《中国人民银行法》《商业银行法》《银行业监督管理法》《保险法》等金融法律对金融消费公益诉讼并没有作出直接规定，金融消费者保护机构在金融消费公益诉讼中并不具备原告主体资格。值得关注的是，2019 年修订的《证券法》第九十五条第三款赋予了投资者保护机构以诉讼代表人身份参加证券民事赔偿诉讼的权利，标志着中国特色证券集体诉讼制度的建立。代表人诉讼虽然不等于公益诉讼，但两者判决的效力都具有扩张性。《证券法》赋予投资者保护机构以诉讼代表人身份参与证券民事赔偿诉讼的权利这一做法，无疑对相关金融立法赋予金融消费者保护机构在金融消费民事公益诉讼案件中的原告主体资格，具有政策示范和立法借鉴意义。

三、对策建议

（一）明确专门法“法律规定的机关”，赋予金融监管部门原告主体资格

为什么要赋予金融监管部门在金融消费权益诉讼中原告主体资格？首先，从理论层面看，一般而言，对于行政机关，行政法有“法无授权即禁止”，因此，应严格约束行政机关的权限。但是，设计金融消费公益诉讼制度主要是基于经济法的视角实施的。正如张卫平所言，作为原告主体，行政机关发起的金融消费公益诉讼是对经济秩序调控方面国家要求的反映。其次，从实践层面看，金融消费者保护机构负有维护金融消费者权益的职责，专业队伍、监管资源、证据信息等方面具有优势，使诉讼更具可行性。况且，金融行政执法只有处罚金融机构的权力，并不具有强制要求金融机构对消费者进行损害赔偿的权力，而公益诉讼则能够通过判决使消费者得到物质赔偿。因此，借助金融消费公益诉讼可以对行政执法能力的欠缺予以弥补。最后，从法律层面看，《民事诉讼法》第五十五条“法律规定的机关”，具体来讲可包括行政机关和检察机关，可视为对行政机关提起公益诉讼做了概括性的授权。同时，《消费公益诉讼解释》保持原告主体资格的适度开放性，为赋予金融监管部门在金融消费权益诉讼中原告主体资格留有空间和余地。

赋予金融监管部门原告主体资格的具体立法路径，可参照借鉴《证券法》的做法和经验，在单行法中对金融消费者保护进行专章规定，并且明确赋予金融消费者保护机构在金融消费民事公益诉讼中的原告主体资格。

（二）扩大社会组织公益诉讼主体范围

扩大社会组织公益诉讼主体范围的主要思路是：纵向上，将社会组织公益诉讼主体范围由“省级以上消协”扩大到“地市级以上消协”；横向上，将社会组织公益诉讼主体范围由“消协”扩大到“其他符合条件的民间组织”。一方面，赋予地级以上消费者协会的原告主体资格。在2013年对《消费者权益保护法》修订中，出于对我国消费者组织实际情况、增强消费公益诉讼的可操作性、防止滥诉以及与现行司法制度和行政管理制度相协调等因素的考虑，立法者将消费公益诉讼的原告主体资格限定为省级以上消费者协会。从长远来看，随着金融消费纠纷的日益突出，建议将消费公益诉讼的原告主体资格赋予地级以上消费者协会。另一方面，从消费

者协会扩大到民间金融消费者组织。除了消费者协会这种半官方性质的社会组织外，可借鉴域外消费者团体可以提起金融消费公益诉讼的做法和经验，尝试将符合一定条件的民间金融消费者组织赋予金融消费公益诉讼的原告主体资格。

（三）拓展检察机关公益诉讼案件范围到金融消费领域

拓展检察机关公益诉讼案件范围到金融消费领域应遵循“先试点、再推开”的思路，贯彻“积极性、谦抑性”原则。首先，从检察机关的性质来看，检察机关是为维护公共利益和国家利益而设置的，由检察机关提起金融消费公益诉讼，与其自身的检察监督权是一致的，检察机关的定位和属性决定了它可以作为维护金融消费公益的最佳代表。其次，检察机关在调查取证、诉讼举证、专业鉴别方面具有天然优势，同时，它所行使的法律监督权和法院的审判权同属司法权，具有共同的价值取向，容易引起共鸣，可以保障金融消费公益诉讼案件的胜诉率。最后，赋予检察机关金融消费公益诉讼的原告主体资格，与十九届四中全会强调的“拓展公益诉讼案件范围”的要求是一致的。

不容忽视的一个重要方面是，由检察机关提起金融消费民事公益诉讼，不可避免会存在着与金融行政执法的潜在角色冲突的风险，检察机关公益诉权的过于强势可能会冲击行政权维护公共利益的主导、优先地位。因此，要遵循“先试点、再推开”的思路、贯彻“积极性、谦抑性”原则，明确行政权和检察权的运行边界和对接机制，有效避免、化解公益诉权与行政权之间的冲突问题。必须明确，金融监管部门的行政权在维护金融秩序中的优先性，检察权起到的仅是监督、促进和补充作用。

（四）构建不同原告主体之间的协调机制

在金融监管机关、社会组织、检察机关均具备金融消费公益诉讼的原告主体资格后，构建不同类型原告主体之间的协调机制至关重要。针对不同类型主体都具备起诉资格的情况，可以按照金融监管部门提起金融消费公益诉讼最先，社会组织提起金融消费公益诉讼次之，检察机关提起金融消费公益诉讼最后的原则来处理。金融监管部门处于第一顺位是因为法律规定的行政机关有优先提起公益诉讼的权利和地位，这也是行政机关履行其法定职责的必然要求。必须明确，金融监管机关只有其在切实履行了监督管理职责、采取了行政措施、尚不足以保护众多金融消费者利益的前提下，才能够作为原告提起金融消费公益诉讼。即只有在行政性救济措施不足以救济众多金融消费者利益时，金融监管机关才具备提起消费公益诉讼的条件。将检察机关放在最后一位是由于其谦抑性原则决定的，必须穷尽所有救济途径方可使用。赋予检察机关提起金融消费民事公益诉讼的权利，其价值在于“立而不用”，即通过检察公益诉讼的威慑性，让肆意侵犯金融消费者的行为收敛起来。

参考文献

[1] 田凯．拓展检察公益诉讼范围的思考［N］．检察日报，2019－12－17.

[2] 程新文，冯小光，关丽，李琪．我国消费民事公益诉讼制度的新发展——《最高人民法院关于审理消费民事公益诉讼案件适用法律若干问题的解释》的理解与适用［J］．法律适用，2016（7）：15－21.

[3] 李适时主编．中华人民共和国消费者权益保护法释义［M］．北京：法律出版社，2013.

[4] 王鹤颖．金融消费者公益诉讼原告主体资格研究［D］．辽宁大学2018年硕士论文．

[5] 张韶华，刘潇天．我国金融消费者公益诉讼制度研究［J］．金融与经济，2014（8）：71－76.

在法治央行建设实践中更加尊重和体现法治思维

李　永[①]

摘要：在新时代背景下，法治央行建设是学习践行习近平新时代中国特色社会主义思想的具体实践，是落实全面推进依法治国基本方略的基本要求，是全面深化金融业改革开放的迫切需要，更是人民银行加强自身建设和发展的必由之路。本文在客观分析法治央行建设面临的主要问题的基础上，提出法治央行建设的重点工作：一是坚守法治央行建设的政治方向，充分发挥党对法治央行建设的领导核心作用；二是压实法治央行建设责任，扎实开展法治央行建设评估；三是严格规范行政行为，不断提高依法行政水平；四是不断强化金融法治宣传，持续提升全员法治素养。

关键词：依法治国　法治央行　法治思维

法治思维是将法治的诸种要求运用于认识、分析、处理问题的思维方式，是一种以法律规范为基准的逻辑化的理性思考方式。法治思维是将法律作为判断是非和处理事务的准绳，它要求崇尚法治、尊重法律，善于运用法律手段解决问题和推进工作。在新时代背景下，法治央行建设是学习践行习近平新时代中国特色社会主义思想的具体实践，是落实全面推进依法治国基本方略的基本要求，是全面深化金融业改革开放的迫切需要，更是人民银行加强自身建设和发展的必由之路。人民银行分支行作为中央银行的派出机构，必须以习近平新时代中国特色社会主义思想为科学指南和根本遵循，自觉增强法治观念，牢固树立法治思维，不断提高依法行政能力，确保在法治轨道上高效履行人民银行基层行的职责，全面推进基层法治央行建设。

---

① 作者简介：李永，现供职于中国人民银行嘉峪关市中心支行。

一、深刻认识法治央行建设的重大意义

（一）法治央行建设是学习践行习近平新时代中国特色社会主义思想的具体实践

党的十八大以来，以习近平同志为核心的党中央在坚持和发展中国特色社会主义的探索中，形成和发展了习近平新时代中国特色社会主义思想。其中关于法治方面的论述内涵丰富、博大精深，包含了法治的性质、主体、体系、方式、目标等多个要素，是对法治规律的正确认识、深刻揭示和准确把握，其理论性、系统性、完整性，不仅在我们党的历史上是空前的，在国际共运史上也是空前的，是马克思主义中国化的最新成果。习近平新时代中国特色社会主义思想，为全面依法治国奠定了非常重要的理论基础，是新形势下全面推进依法治国，建设中国特色社会主义法治体系、建设社会主义法治国家的科学指南和根本遵循。思想是行动的先导，理论是实践的指南。推进法治央行建设，是人民银行学习践行习近平新时代中国特色社会主义思想的具体工作实践。因此，推进法治央行建设，要以习近平新时代中国特色社会主义思想作为科学指南和根本遵循。

（二）法治央行建设是落实全面推进依法治国基本方略的基本要求

当前，我国正处于全面建成小康社会的决胜阶段，经济进入新常态，改革驶向深水区，依法治国在党和国家工作全局中的地位更加突出、作用更加重要。党的十八大以来，党中央从坚持和发展中国特色社会主义全局出发，将全面依法治国纳入“四个全面”战略布局和中国特色社会主义的“十四个坚持”基本方略。习近平总书记指出，法律是治国之重器，法治是国家治理体系和治理能力的重要依托。要坚持依法治国、依法执政、依法行政共同推进，坚持法治国家、法治政府、法治社会一体建设，着力推进科学立法、严格执法、公正司法、全民守法。党的十九大对法治建设的重点任务进行了重点部署，强调要“建设法治政府，推进依法行政，严格规范公正文明执法”。人民银行作为政府的组成部门之一，依法履行制定执行货币政策、维护金融稳定、提供金融服务等职责。因此，推进法治央行建设，既是落实全面推进依法治国基本方略的基本要求，也是建设法治政府的一个重要方面。

（三）法治央行建设是全面深化金融业改革开放的迫切需要

“改革和法治是两个轮子”“不能让一些过时的法律条款成为改革的‘绊马

索'"，习近平总书记用"双轮驱动"诠释了改革和法治要同步推进的深刻逻辑。金融改革是全面深化改革进程中备受关注的一环，金融改革发展离不开强大的法治保障。从法学角度来说，金融体系首先表现为一整套的法律制度体系。因此，对金融领域改革作出的战略性安排都要在法治的框架内积极贯彻落实。例如，完善人民币汇率市场化形成机制、加快推进利率市场化、推动资本市场双向开放、有序提高跨境资本和金融交易可兑换程度、建立健全宏观审慎管理框架下的外债和资本流动管理体系、加快实现人民币资本项目可兑换，以及加强对金融控股公司监管等，均需相关立法或管理制度的配套支持。人民银行作为重要的宏观调控和金融管理部门，是推动金融业深化改革开放的中坚力量，更是推动金融法治建设的重要主体。因此，全面推进法治央行建设是全面深化金融业改革开放的迫切需要。

（四）法治央行建设是人民银行加强自身建设和发展的必由之路

自1948年成立至今，人民银行的机构设置、职能定位屡经变迁。1995年的《中国人民银行法》首次以国家立法形式确立了其中央银行的地位。2003年《中国人民银行法（修正案）》突出了人民银行的宏观调控职能。近年来，中央银行金融监管的新职责对金融法治建设赋予了新任务。2017年，全国金融工作会议决定设立国务院金融稳定发展委员会（简称金融委），金融委办公室设在人民银行。2018年初，国务院将拟订银行业、保险业重要法律法规草案和审慎监管基本制度的职责划入人民银行。2019年初，人民银行"三定"方案公布，进一步强化了人民银行金融监管牵头抓总的职责定位，明确了拟订金融业重大法律法规和其他有关法律法规草案、制定审慎监管基本制度等职能。金融体系是一种严密的制度安排，相关金融法律法规的起草和修订是一项系统性和专业性极高的工作，对人民银行提出了更高更严的工作要求。因此，在新的形势下，全面推进法治央行建设，是人民银行加强自身建设和发展的必由之路。

二、客观分析法治央行建设面临的主要问题

全面依法治国是习近平新时代中国特色社会主义思想的重要内容，是"四个全面"战略布局的重要组成部分。人民银行是国务院组成部门，在全面推进依法治国的进程中，特别是在推进依法行政、建设法治政府的过程中，承担着重要使命。同时，人民银行作为推动金融法治体系建设的重要力量，推进法治央行建设对于整个金融部门落实依法治国基本方略具有重要的引领和带动作用。近年来，人民银行基层行认真贯彻落实总行法治央行建设实施方案，建机制、严执法、优服务、防风险、

常普法，做了大量的工作，取得了一定的成效，但从人民银行基层行推进法治央行建设的实践来看，仍面临着一些问题：

组织领导层面：对法治央行建设的重视程度还不够，没有把法治央行建设纳入党委重要议事日程，对如何做好法治央行建设“一把手”工程缺乏深入思考和谋篇布局，领导干部运用法治思维开展工作、破解难题的能力还比较欠缺。

队伍建设层面：对金融法治队伍建设缺乏长远规划，缺少高素质的专职金融法治人才，对新兴金融业务研究得不深不透，也有对金融法律法规掌握得不全面的问题，法律部门履职法律风险防控功能发挥还不够充分。

普法宣传层面：抓法治和业务工作“两张皮”，对外法治宣传教育力度不够、形式单一、针对性不强，对内主动学法、全员学法的自觉性还没有养成，法治央行建设事不关己的思想仍然存在。

依法行政层面：不同程度存在行政执法内部流程不规范、“双随机”不到位、执法检查工作力度减弱、行政处罚力度偏向保守，在自由裁量权限内偏向从轻处罚，行政处罚委员会发挥作用不充分，造成执法不严等问题。

履职环境层面：随着“放管服”改革的深入推进，人民银行减少或取消了一批行政许可事项，这对如何高效地依法行政提出了更高更严的要求。广大民众、被监管对象的法律意识、维权意识显著增强，人民银行面临的法律风险形势更趋复杂。

三、准确把握法治央行建设的重点工作

（一）坚守法治央行建设的政治方向，充分发挥党对法治央行建设的领导核心作用

习近平总书记指出：“坚持党的领导是社会主义法治的根本要求，是中国特色社会主义法治之魂，是党和国家的根本所在、命脉所在，是全国各族人民的利益所系、幸福所系，是全面推进依法治国的题中应有之义”。党的领导也是《关于全面推进依法治国若干重大问题的决定》中确立的首要原则。党的领导和依法治国具有内在的一致性和逻辑上的合理性，两者是高度统一的。社会主义法治必须坚持党的领导，党的领导也必须依靠社会主义法治。中央银行作为金融领域法治建设的重要参与者、推动者、实践者，我们一定要深刻理解习近平总书记关于坚持党对全面依法治国领导的系列论述，牢牢把握法治最根本的性质、最大的特色就是党的领导，始终坚守法治央行建设的政治方向，充分发挥党委（党组）对法治央行建设的领导核心作用，切实把法治央行建设摆在全局工作的突出位置，与业务工作同部署、同

推进、同督促、同考核，确保法治央行建设工作任务落地见效。

（二）压实法治央行建设责任，扎实开展法治央行建设评估

要切实提高政治站位，坚持以法治央行建设为主线，认真学习贯彻党中央、国务院下发的《党政主要负责人履行推进法治建设第一责任人职责规定》和《法治政府建设与责任落实督察工作规定》精神，持续加强对法治央行建设工作的组织领导和落实督察，树牢法治思维，增强运用法治思维开展工作、破解难题的能力，带头做学法、守法、用法的模范。主要负责人要切实履行第一责任人职责，将法治央行建设和责任落实督察摆在工作全局的重要位置，与业务工作同部署、同推进、同督促、同考核、同奖惩，坚持重要工作亲自部署、重大问题亲自过问、重点环节亲自协调、重要任务亲自督办，确保法治央行建设工作顺利推进。要充分发挥法律部门的统筹作用和其他部门的主体作用，严格对标法治央行建设任务，全面开展自查自评，准确掌握评估指标的落实情况，针对薄弱环节，明确工作任务，压实主体责任，强化工作措施，及时整改落实。

（三）严格规范行政行为，不断提高依法行政水平

一要健全依法决策机制，树立“合法是决策第一要件”的思想，重大行政决策未经合法性审查或经审查不合法的，不得提交行领导班子讨论决定，确保重大决策事项符合法律规定与法治原则。二要加强金融规范性文件管理，建立规范性文件备案制度，按时开展规范性文件清理，对不符合上位法规定的规范性文件则及时修订、废止并予以公布。三要严格规范行政执法行为，推行行政权力清单制度，坚持“法定职责必须为”“法无授权不可为”，使各项行政执法行为均有法可依、于法有据。完善行政执法程序，规范行使自由裁量权。四要规范实施行政许可，不断探索和创新管理方式，适应由事前监督向事中、事后监管的转变，提高行政效率。五要加强对依法行政的监督，充分发挥内部监督部门的监督作用，完善法律顾问制度，防范化解人民银行履职中的法律风险。六要全面推进政务公开，认真做好职责权限、管理措施、监督方式等事项的公开工作，推行行政执法公示制度。

（四）不断强化金融法治宣传，持续提升全员法治素养

一是要牢牢抓住领导干部这个“关键少数”。习近平总书记深刻指出：“每个领导干部都要牢固树立宪法法律至上、法律面前人人平等、权由法定、权依法使等基本法治观念。”要积极探索建立领导班子定期学法制度，探索利用党委中心组学习、行领导党课辅导，把提升法治素养和执法能力作为重要的政治责任，大力弘扬法治

精神，不断提高运用法治思维和法治方式解决问题的能力和水平。二是加强对本行干部职工的法治宣传教育。学是做的前提，只有将法律法规学深悟透，才能保证执法行为合法合规。要进一步完善学法制度，拓宽学法内容，创新学法方式，进一步强化干部职工的法治意识，增强严格规范公正文明执法的能力。三要积极向社会公众宣传金融法律知识。良好的法治氛围是高效推进法治央行建设的重要前提。人民银行履行中央银行法定职责，需要良好的金融法治土壤，需要社会公众加强对金融法治知识的学习掌握。要创新宣传方式，提高宣传实效，普及金融法律知识，不断提高社会公众法律意识和法治素养，共同营造良好的金融法治环境。

参考文献

［1］沈德咏．在全面依法治国中更加尊重和体现法治规律——学习习近平总书记关于全面依法治国的重要思想［N］．人民法院报，2015-6-3（5）．

［2］吴国培．牢固树立金融法治思维，全面推进法治央行建设［J］．福建金融，2015（1）：5-8.

［3］罗玉冰．积极适应新常态，全面推进基层法治央行建设［J］．甘肃金融，2015（1）：6-9.

［4］李寿龙．运用法治思维深入推进基层央行依法行政——学习贯彻十八届四中全会精神的几点体会［J］．甘肃金融，2015（3）：18-21.

特色金融

中部地区绿色金融支持绿色环保产业的探索

——以湖北省孝感市为例

冯全民　闫　琦[①]

摘要：绿色发展是构建高质量现代化经济体系的必然要求，重视绿色金融对绿色环保产业的支持将为我国供给侧结构性改革提供原动力。但在实践中，由于绿色环保意识淡薄，相关法律法规建设不配套，资金来源与投资选择缺乏有效的激励等，绿色金融工作的开展仍有待改善。应从培育绿色金融的有效需求入手，构建并不断完善绿色金融的激励机制，推动相关配套措施的实施，进而促进绿色金融更好地支持绿色产业的发展。

关键词：绿色金融　绿色经济　环保产业　中部地区

近年来，绿色金融备受各国政府和国际组织的重视，相继出台了一系列政策和措施，如2002年国际金融公司与荷兰银行联合提出了“赤道原则”，强调发放信贷时应对项目环境和社会影响进行评估等。在中国，2016年3月全国人大通过的《“十三五”规划纲要》明确提出“建立绿色金融体系，发展绿色信贷、绿色债券，设立绿色发展基金”；2016年8月，中国人民银行、财政部等七部委联合发布《关于构建绿色金融体系的指导意见》，明确了我国发展绿色金融的政策框架；党的十九大更是强调“必须坚定不移贯彻创新、协调、绿色、开放、共享的发展理念”。这说明，构建绿色金融体系已上升到国家战略层面。可以预见，当前以及今后相当长的一段时期，我国对绿色环保产业会越来越重视，绿色金融发展空间巨大。本文基于孝感市的实践，就金融支持绿色环保产业进行了探索。

① 作者简介：冯全民、闫琦，现均供职于中国人民银行安陆市支行。

一、文献综述

目前，中外学者对绿色金融的理解尚存在差异。对绿色金融支持绿色环保产业的研究大体沿着两条主线展开，即绿色金融对市场微观主体的影响和绿色金融对宏观经济的影响。

就绿色金融对市场微观主体的影响而言，涉及金融机构和企业。

在绿色金融对金融机构的影响研究方面，Chami 等（2002）认为发展绿色金融有利于提高行业声誉，增强风险管控和优化长远发展战略的制定；2002 年 10 月，世界银行下属的国际金融公司和荷兰银行提出了“赤道原则”，即金融机构在项目融资中有关环境与社会风险的指南，其后的研究及金融机构在绿色金融上的实践均受此原则影响；Jeucken（2006）将发展绿色金融视作实现金融机构可持续发展的客观要求；Scholtens 等（2006）则选取 51 家实行“赤道原则”和 56 家未实行“赤道原则”的金融机构进行对比研究，发现前者具有更强的社会声誉和社会责任感；Anderson J（2016）认为绿色金融作为衡量标准，可以更好地决策金融活动。国内的研究多集中在具体业务方面，何德旭、张雪兰（2007）指出，推行绿色信贷应制定相应的政策，对信贷项目实施环境及社会风险管理，并构建激励机制；张秀生、李子明（2009）认为环保信息传导、环境监管及地方官员政绩考核体系影响绿色信贷执行的效率；殷剑峰、王增武（2016）强调绿色金融既包括节能环保的金融业务和产品，也包括为绿色产业提供的金融服务。

在绿色金融对企业的影响方面，Brennan、Schwartz（1985）对资源环境条件下的企业价值评估进行了探索；Graham 等（2001）对环境风险下的企业债券信用评级进行了研究，结果显示两者呈负相关关系；Tang、Chiara 和 Taylor（2012）提出将碳收入债券作为可再生能源企业的重要融资工具。国内研究方面，叶勇飞（2008）认为商业银行缺乏专业人员、机构和制度支撑，加上部分高污染企业通过非正规融资，从而弱化绿色信贷对企业的制约能力；杨熠等（2011）利用 2006—2008 年国内 502 家重污染行业上市公司数据构建环境信息披露指数，研究结果表明公司治理因素与企业环境信息披露水平有显著正向影响；胡春生等（2013）通过金融机构与企业之间的博弈分析显示，公司可通过绿色产业转型，实现自然生态环境的帕累托改进。

在绿色金融对宏观经济的影响方面，Levine 等（1997）认为金融发展与经济增长之间存在显著的互动关系；Panayotou（2003）认为碳排放量与经济增长在长期呈倒“U”形关系；Simon Dietz 和 W Neil Adger（2003）的研究表明经济增长和生物多样性符合环境库兹涅茨曲线；VanBerkel 和 Rene Fujita（2009）则探讨了政府引导的环境保护和实现经济可持续发展的创新模式。国内研究方面，陈植雄等（2007）的研究表明我国绿色金融投资额与经济增长之间存在显著的线性关系；任辉（2009）分析了金融与环境保护、可持续发展的关系，提出了构建绿色金融体系的基本思路；国晓丽（2011）认为发展绿色金融可优化信贷结构和转变经济发展方式，从而促进产业结构优化；李晓西、夏光（2014）认为绿色金融是经济可持续发展的重要融资途径，中国金融业应树立服务绿色经济的发展理念，支持绿色产业发展；宁伟等（2014）基于绿色金融发展与宏观经济增长间的实证研究，提出了推进绿色金融体制改革的建议；王遥（2016）、冯文芳（2017）、龙云安、陈国庆（2018）和钱水土等（2019）的研究都表明绿色金融在产业结构、环境信息披露等方面具有良好的优化功能。

综上所述，现有文献对绿色金融支持绿色环保产业的研究多侧重于基础性理论层面，可借鉴的实操性案例不多。本文基于孝感市具体实践的分析，展示了绿色金融实践的全貌，希望对我国绿色金融的推进和深化具有一定的借鉴作用。

二、孝感市绿色环保产业及绿色金融的发展

孝感市绿色金融业务自 2010 年起步从建立“绿色信贷”保障机制入手，在人行、环保、工商、银监和商业银行之间形成整体联动，至 2015 年达到小高潮，2018 年又呈现转型升级之势。孝感市经济发展水平及绿色金融业务，在湖北省以及中部地区具有一定普遍性，因此，梳理孝感市绿色环保产业及绿色金融的发展，具有一定的指导意义和借鉴作用。

（一）孝感市绿色产业的金融需求

孝感市政府 2018 年工作报告对本市绿色环保工作提出“建机制、重治理、严惩处”的基本方针，对绿色经济、低碳经济、循环经济等节能环保项目，以及环境安全违法违规企业和项目提出了具体要求。依据这些要求，经相关专家测算，未来 5 年，孝感市绿色信贷需求在 450 亿元以上。这些绿色信贷需求大致体现在六个方面：一是绿色农林开发和自然生态治理与保护项目，如孝感市老澴河 14.68 平方公里综合治理项目及棚户区改造项目；二是城镇污水与生活垃圾处理，采取与政府职能部门及城投公司合作，优选项目，及时介入；三是集资源节约、废物管理、资源化利用等于一体的循环经济和再制造服务领域，如孝感市静脉产业园项目；四是能源结构调整和重点工程项目，如大悟太阳能及大悟风能等相关项目；五是农旅结合、农

旅融合项目；六是对“两高一剩”行业贷款的严格控制，包括对拟关停淘汰的落后、过剩产能，做好信贷压缩、退出和资产保全工作，对国家和省发展改革委或其他有关部门已列入落后产能名单的企业和项目贷款，采取合理有效措施，及时调整、压缩和收回与落后产能有关的授信。

（二）孝感市绿色金融推进的实践

1. 稳步推进“绿色信贷”平台的构建，以促进环保产业的发展

目前，我国相继出台了《绿色信贷指引》《绿色信贷统计制度》《绿色信贷实施情况关键评价指标》《中国银行业绿色银行评价实施方案》，人民银行《绿色信贷专项统计制度》等，逐步构建了较完善的绿色信贷政策体系，这些有针对性的制度和政策，是“绿色信贷”平台构建的基础。

为推进“绿色信贷”平台的构建，人民银行孝感市中支不仅出台了一系列绿色信贷指导意见，还提请市政府出台了一系列有利于环保、资源再生利用及循环经济发展的政策法规，如《实施中小企业培育工程的意见》中，市政府明确每年选定15～20家重点企业作为培育对象，由市级财政拨款150万元用于培育企业技术创新、技术改造和项目建设第一批专项资金。对于当年新上技改项目投入过百万元的企业，市政府从专项资金中给予贴息补助，对首获ISO 9000等质量体系认证和ISO 14000环境体系认证的企业每项奖励1万元。另外，市政府还主持召开了全市绿色信贷签约大会，请金融部门推介自己的绿色信贷产品，请环保达标企业业主畅谈自身信贷需求。

同时，在实践中，强调商业银行对信贷流程应全程环保跟踪，即根据企业环保信用等级评价结果，针对不同等级制订相应的信贷管理方案，贷款授信、审批和发放先查询人民银行企业征信系统中的环保信息和环保部门的相关信息，做到每一笔贷款、授信审批符合“绿色信贷”政策导向，并在台账中留档相关查询记录或相关环保咨询信息。对“绿色”“蓝色”等鼓励类环保型企业，从简化贷款手续、完善金融服务入手，给予积极的信贷支持；对“红色”“黑色”等高耗能、高污染企业的信贷投入，实行高标准和严要求的信贷准入标准，尤其对不能通过环境影响评价的信贷需求予以一票否决。

“绿色信贷”平台的构建，方便了政府、金融机构及企业三方的联系，明确了各自的定位，促进了信贷资金的有效投放，如应城7家金融机构与市新都化工、双环科技等12家企业签订了总金额达12.22亿元的银企绿色信贷合作协议；在绿色信贷指导意见引导下，应城市已投资2 500万元对14家重点企业实施治理项目43个，依法关停和搬迁48家高能耗、高污染、低水平膏粉生产的“五小”企业。“绿色信

贷”平台的构建也有效促进了经济转型和调整的步伐，如应城市城北办事处为了防止不可再生资源石膏矿产的开采浪费，关停搬迁了生产经营小、粉尘污染大的三家石膏制品企业，对两家生产工艺落后的企业进行了升级改造，并引进台湾资生堂集团与李咀石膏公司联合投资5 000万元采用世界一流的石膏深加工技术，使石膏粉单价从原来的每吨400元提高到1 200元以上，不仅提高了资源开发转化增加值，也有效改善了当地环境。

2. 构建绿色信贷考评奖惩机制，以提升绿色金融效率

人民银行孝感市中支下辖的应城市支行较早就提请政府修订出台了《应城市金融机构考评办法》，人民银行孝感市中支经总结提炼后迅速推广到各县市，有效推动了孝感市绿色信贷激励约束的机制的构建。同时，将实施绿色信贷的考评结果作为党政评定先进单位的重要依据，作为人行、银监部门批准金融机构市场准入、业务准入的重要依据，作为银监部门评价高级管理人员业绩的重要依据，大大提高了办事效率。为推进绿色信贷政策与地方环保政策和财政政策相配套，孝感市政府还实行了财政性资金存款调度制度，对新增贷款额排末位的金融机构调减财政性资金存款1 000万元，倒数第二位的金融机构调减财政性资金存款500万元，相应增加排名前两位的金融机构存款各1 000万元和500万元，每季度考核调度一次，对绿色信贷给予实质性支持，有效提升了绿色金融效率。

“绿色信贷”考评机制一经推出，便呈现出良好的导向功能。由于“绿色信贷”考评机制强调环境违法信息共享，使得违法违规企业获得授信支持的难度加大，授信余额下降，而节能环保的企业获得重点支持，使全市投资结构明显优化。如应城市长江赛孚化工工业园某企业，过去因环评不达标而被环保部门通报，工行立即收回其500万元的贷款，该企业经过重点整治后环评报告合格，工行根据其资金需求状况发放了190万元的流动资金贷款。宜化双环科技公司从生产工艺各个环节抓控制，抓减排，对生产过程中排放的各类废水实施清污分流，启动纯碱、氯化铵“6改10”工程，对此，该市中行、农行等金融部门积极介入，对其技改项目和环保治理项目主动提供信贷支持，新增授信10.5亿元，已发放贷款4.5亿元。目前，应城市金融机构向环评合格项目累计发放贷款5.6亿元，向环评不达标项目收回贷款1 200万元。

3. 营造良好的氛围，以促进绿色金融的活跃

制度建设和平台搭建是基础，而要使绿色金融落到实处，必须有良好的氛围。为此，孝感市政府和市中支从政策宣传、绿色金融理念培育、业务交流、业务指导与培训、流程改进和金融产品创新等方面入手，努力营造政府重视、金融机构支持的良好氛围，使孝感市绿色金融的发展日趋活跃。以建行孝感市分行为例，绿色信

贷主要是节能环保产业和清洁能源产业，前者的主要客户包括国电汉川发电有限公司和华能应城热电有限责任公司，后者包括中广核湖北大悟风力发电有限公司和中广核大悟阳平风力发电有限公司，建设银行分别授信6.35亿元和9.24亿元。其中，国电汉川发电有限公司工程项目为2×1 000MW超燃煤发电机组，依靠规模化和高技术的环保节能设施，实现节能减排；华能应城热电有限责任公司项目为1×350MW超临界抽凝式供热机组+1×50MW高压抽背式供热机组热电联产工程，通过热电联产，上大压小，实现规模化和节能减排；中广核湖北大悟风力发电有限公司和中广核大悟阳平风力发电有限公司为中广核集团在大悟县建设的风力发电项目，公司拟投资100亿元，在大悟地区新建10个以上的风电场，年发电量50万千瓦，为可再生的清洁能源项目。建行为以上项目给予了大力支持，为四大企业授信总额达34.73亿元，其中国电汉川15亿元（实际贷款23.2亿元）、华能应城9亿元、大悟风电6.03亿元、阳平风电4.7亿元。

（三）孝感市绿色产业的金融供给

2018年，孝感市绿色信贷余额额度不高，变动比较平稳，4个季度平均余额只有51.4亿元，其中，农、林、牧、渔贷款3.5亿元，电、热、燃气贷款18亿元，交通、仓储、邮政贷款11.3亿元，建筑业和水利环境公共设施贷款均为8.5亿元，制造业贷款1.1亿元。与同期银行总贷款平均余额1 192.5亿元相比，全市绿色信贷只占4.3%。需要说明的是，“绿色信贷规模”属于金融专项统计，该科目只统计农林牧渔行业中的“绿色环保产业贷款”，主要是清洁能源、空气、环保治理贷款，既不包括农村商业银行、邮政储蓄银行、村镇银行主要发放在农村地区的各项贷款，更不包括金融系统广义的“三农”总贷款。事实上，这几项贷款占据了孝感市总贷款的一半以上，而且几乎都是名副其实的绿色信贷，如果将其纳入绿色信贷统计范畴，孝感市金融系统绿色信贷占贷款总额在一半以上。

就较大额度的绿色金融支持项目而言，农行孝感市分行对节能环保产业和清洁能源产业发放相关贷款19.81亿元，其中，华能应城热电有限公司热电联产项目贷款6.84亿元，地下综合管廊项目5.5亿元，中广核湖北大悟风力发电有限公司5.38亿元，中广核大悟阳平风力发电有限公司2.09亿元。正在申报中广核大悟阳平、风力发电有限公司宣化等两个风电项目，大悟污水处理PPP项目，其中，工商银行分别授信1.5亿元和8 600万元；孝感市“资源—产品—再生资源”闭环经济模式的生态工业园以及孝昌污水处理PPP项目，工商银行给予流动资金贷款2.5亿元，脱硫项目0.41亿元。另外，孝感市六县市天然气项目共获得2亿元绿色贷款。

三、孝感市绿色金融发展中存在的问题及成因

（一）政府存在“三不足”

1. 政策执行力不足。我国虽然出台了很多有关环境经济方面的政策，但这些政策文件缺乏约束力和执行力，导致经济主体落实不到位。特别是法律上对商业银行贷款对象造成环境污染的行为还没有追究放贷银行的责任，导致银行为了自身利益，加大对污染行业的信贷投放。如孝感市正处于承接先进地区产业转移的重要位置，一方面给本地经济发展带来机遇，另一方面增加了高耗能高污染产业转移的风险。安陆市陶土储量达5亿多吨，已承接东部产业转移而建成40多条以陶土为原料的琉璃瓦生产线，是典型的高能耗高污染项目，农商行等金融机构先后为多条生产线贷款260多万元，还有几千万元的信贷申请等待审批。

2. 政府推动力不足。在构建绿色金融体系中，政府的作用不可或缺，因为绿色金融不仅仅是一个单纯的金融问题，还牵涉到环境保护、产业结构调整、资源价格改革、财税政策等多个方面，涉及环保、发改、财政、税务等多个部门，需要政府协调推动。同时，政府的必要干预也可以弥补市场的缺陷。但是，当前地方政府推动力明显不足。一是绿色发展理念缺失，偏重经济发展而忽视节能环保，如湖北中科铜箔公司是安陆市政府的招商引进企业，是典型的耗电大户，政府不仅把一座小型水电站低价卖给该企业，还将其作为重点企业推荐给金融机构，短短三年时间，该企业先后获得当地工行、建行、农行信贷支持达4 600万元，占当地金融机构同期新增贷款的13.2%。二是尚未制定绿色金融实施意见，也没有成立相关领导小组推进相关工作。三是绿色金融宣传推广少。

3. 财政收入不足。无论央行、国家发改委，还是证监会出台的绿色金融政策，都鼓励地方支付综合利用贴息、财政补贴、设立绿色债券投资基金等政策支持绿色金融发展。在中部地区和不发达地区，地方财政大多是吃饭财政，在落实绿色金融鼓励政策方面心有余而力不足。由于绿色项目的发展缺乏财力支持，反过来也制约了绿色金融的发展。

（二）监管部门存在“三缺失”

1. 标准缺失。一是在绿色信贷方面，缺乏统一执行的标准，被调查的商业银行普遍反映，目前银保监会关于绿色信贷的政策都是综合性规定，缺乏具体的评价参照标准，可操作性差，制约了企业绿色信贷申请；二是绿色债券分类不一，人民银

行《关于发行绿色金融债券有关事宜的公告》侧重于规定绿色债券审批与注册，第三方认证评估及信息披露等具体执行标准，与之相配套的《绿色债券支持项目目录》将绿色债券支持项目分为6类，而国家发改委的《绿色债券发行指引》侧重于细化绿色项目的分类以及对绿色债券的优惠措施，且将绿色债券支持领域分为12大类，这些监管制度的不统一不仅为发行绿色债券带来阻碍，也制约了金融机构相关业务的开展。

2. 激励政策缺失。一是在宏观审慎评估中没有纳入绿色信贷业绩评价；二是在存款准备金率、存款保险费率等方面缺乏激励政策。

3. 统筹推进缺失。由于缺乏统筹推进，目前绿色信贷占主导地位，其余的保险、证券、担保等绿色金融组织体系尚未建立，相关绿色金融业务发展滞后。

（三）市场主体存在“三不强”

1. 企业绿色金融需求不强。目前，孝感市产业结构层次总体偏低，仍以传统产业发展为主，资源型产业占比较高，先进制造业、高新技术产业比重偏低，新型生态业和新型业态发展缓慢。如应城市的经济以盐业化工、石膏建材和温泉旅游为主，是典型的资源经济发展模式，据调查，该市资源经济占经济总量的70%以上，共有规模以上资源型企业45家，其中盐业化工27家、石膏建材13家、旅游服务5家，资源型企业共完成增加值19.2亿元，占GDP的比重达到31.3%；上缴税金2.8亿元，占财政收入的57.1%。上述资源型产业中，相当多的中小型污染企业采取民间融资或者自筹资金，基本上不向金融机构贷款，绿色信贷对这些污染企业尚不能发挥制约作用，限制了资源型经济向循环型经济的转化。同时，一些企业环保法制观念不强，缺乏绿色环保意识，重发展、轻环保，而且在资金、技术和人才方面都存在先天的劣势，难以承受节能环保技术的成本和投入，需要较长时间才能发展成为绿色金融的有效需求者。

2. 商业银行绿色金融供给意愿不强。作为绿色金融的重要供给端，发展绿色金融离不开商业银行的参与。但调查显示，因绿色金融风险高，环保信息不对称以及专业人才缺乏，导致商业银行参与绿色金融的意愿偏弱。

3. 消费者绿色消费意愿不强。据中国社会调查事务所对1 863个消费者调查显示，仅有35%的消费者看重产品环保特性，其他消费者在消费时更多的是考虑价格因素。而绿色产品生产需要新工艺、新技术，成本相对传统商品要高，售价自然也高，特别是在不发达地区，受收入水平制约，消费者对绿色产品消费意愿和能力都偏弱，制约了企业绿色生产与投资等，导致企业对绿色金融的需求不足。

四、政策建议

（一）培育绿色金融的有效需求

一是环保部门应严格执行环境保护法律法规和行业标准，增加污染企业在市场竞争中的生存成本，营造良好的绿色产业成长氛围，使潜在的绿色融资需求转化为现实需要。二是各级政府应设立和培育绿色项目库，推动库内项目与金融机构的有效对接，从而起到示范效应和引领作用。三是加大绿色金融宣传力度，释放绿色金融的改革信号，在各类规划、战略设计中融入绿色金融理念，营造绿色经济、绿色金融氛围。

（二）构建并完善绿色金融的激励机制

应综合运用财政、税收、货币等政策工具，通过政府补贴、税收减免、贷款利率优惠以及监管政策调整等措施，引导金融资源支持节能减排和生态环保领域的建设；建议中央财政加大对中部地区和不发达地区绿色金融的补贴力度，以降低绿色金融融资成本；应完善利益补偿机制，推进政策性绿色金融保险业务的实施，探索建立绿色金融风险分担机制，引导担保公司开展绿色信贷担保业务；应不断探索和改进绿色信贷业绩评价工作，并将其纳入宏观审慎评估。

（三）推动相关配套措施的实施

一是统一绿色金融统计标准，探索建立涵盖信贷、股票、债券、保险、基金、信托、担保等多种新型绿色金融产品的专项统计制度；二是强化对绿色融资主体的信息披露，推动各级监管部门与金融机构之间的信息共享，为金融机构开展绿色金融风险管理和产品定价提供依据；三是加快环境产权交易市场建设，要控制碳排放总量，维护良好的生态环境，在条件成熟地区或行业开展碳排放总量控制试点，待时机成熟后推广。同时，要进一步完善股权交易中心功能，确保相关企业能通过碳排放权交易获得节能减排收益，并发挥市场机制在企业碳排放指标调剂的作用。

参考文献

［1］［美］保罗·A. 萨缪尔森，威廉·D. 诺德豪斯．经济学［M］．萧琛译．北京：商务印书馆，2013.

［2］李晓西，夏光．中国绿色金融报告［M］．北京：中国金融出版社，2014.

［3］殷剑峰，王增武．中国的绿色金融之路［J］．经济社会体制比较，2016（6）：43－50.

［4］王海全，黄滨，姚林华．基于内生增长模型的绿色金融支持绿色经济发展研究［J］．金融发展评论，2017（10）：29－47.

［5］文洪武．金融支持经济绿色发展［J］．中国金融，2019（4）：60－62.

［6］2000—2018 年国家、湖北省、孝感市经济金融统计资料．

［7］2015—2018 年《孝感市市人民政府工作报告》及其绿色环保发展规划．

［8］钱水土，王文中，方海光．绿色信贷对我国产业结构优化效应的实证分析［J］．金融理论与实践，2019（1）：1－8.

以电子商业汇票业务推动中小企业疫后复苏和融资拓展的思考

董少广[①]

摘要：电子商业汇票是货物贸易的资金结算工具，本文比较了电子商业汇票比传统纸质票据的优势，以及当前影响电子商业汇票推广使用的客观因素和主观因素，并就加快电子票据业务发展，提高电子商业汇票流转效率，为客户提供更精准、更专业的服务有针对性地提出了几点务实思考。

关键词：电子商业汇票　优势　短板　对策

票据作为服务实体经济的重要金融工具，传统纸质票据业务长期以来饱受遗失、损坏、抢劫、假票、克隆票等问题的困扰，是银行案件高发的业务品种之一。电子商业汇票（简称电票）是出票人依托中国人民银行开发的电子商业汇票系统，以数据电文形式制作，委托付款人在指定日期无条件支付确定金额给收款人或持票人的票据。电子商业汇票不但涵盖了纸质商业汇票的所有功能及特征，随着金融科技的发展，电子商业汇票还具备了更多的拓展性功能。自2009年建成电子商业汇票系统ECDS以来，中国人民银行2018年6月修订了《电子商业汇票系统管理办法》《电子商业汇票系统运行管理办法》《电子商业汇票系统数字证书管理办法》和《电子商业汇票系统危机处置预案》，原则上单张出票金额在100万元以上的商业汇票应全部通过电票办理，以上一系列文件措施的相继出台，标志着中国人民银行一直致力于推动电子票据发展，使其成为成本低廉、安全性级别更高的票据形态。本文从电票业务的优势和短板两个方面，对如何不断提升中小企业电票的使用，为客户提供更精准、更专业的服务进行了深层次分析。

---

① 作者简介：董少广，现供职于中国银行安徽分行。

一、金融科技的提升、政策给力使电票业务的优势日趋凸显

（一）电子商业汇票对短期商业贷款具有替代效应

融资难、融资贵是困扰中小企业发展的全球性难题。《支付结算办法》规定商业汇票的最长付款期限不得超过6个月，银行承兑金额不得超过1亿元，中国人民银行出台的《电子商业汇票业务管理办法》将电子商业汇票的付款期限延长到了1年，银行承兑金额扩大到10亿元，这一特点为企业一年内的融资需求提供了最好的解决办法，尤其是中小企业融资难的问题。由于电子商业汇票可以跨行、跨区域流通，且流通效率高，随着电子商业汇票的普及无疑在一定程度上减少了企业的利息支出。同样，电子商业汇票的付款期延长为一年，相应的贴现周期也将延长为一年，在一定程度上增强了企业的融资能力，持票企业可以直接将票据用于货款支付，也可向银行申请贴现融资，且中国人民银行224号文已经明确了电子商业汇票贴现环节可以不审查增值税发票等，电票作为一种灵活高效的金融产品，可实现信贷资产的可进可退，目前已经成为中小企业的主要融资工具。

（二）电子商业汇票的普及实现银企双赢

传统的银行承兑汇票基本流程是：企业存入开票保证金，向银行提出开票申请，经银行审核、承兑、出票，到开票人取得纸票传递给供应商，一般需时3~5天。尤其是一些落后地区金融机构网点短缺，服务半径受限，电票的开立使企业不用跑银行，打破了时间、空间的界限，通过电子交易系统即可快速开票，电票直联后，客户在银行一经开出电子汇票，瞬间便可到达交易企业银行账户。同时，票据付款期限从半年延长到1年，金额从1亿元到10亿元，可以免去企业间因交易金额过大需要到银行签发多张票据的困扰，无疑会吸引企业开具电票的积极性，加速资金流转，促进贸易往来，减少对现金流的依赖。电票与短期贷款相比，票据贴现的利率更低，企业可以较低的融资成本获得资金。票据除了作为支付结算手段，还具有融资和投资功能，票据业务既有利息收入又有非利息收入（票据贴现、转贴现、买入返售和手续费收入），还具有“创造存款”等功能，同时电票业务还节约了票据印制成本，降低票据保管成本，规避票据遗失风险，在一定程度上提升了银行的中间业务收入。

（三）电子商业汇票提高了金融交易效率

在新冠肺炎疫情期间，电子商业汇票比传统纸质汇票有四大突出特点，以数据

电文代替纸质凭证、以计算机设备录入代替手工书写、以电子签名代替实体签章、以网络传输代替人工传递，有效提高了商业汇票业务的透明度和时效性，节省了传递、查询成本，丰富了票据市场的业务形态，弥补了传统票据市场对中小企业融资以及电票需求的缺失，为金融市场注入活力，也有助于线上线下、电票、纸票全国统一票据市场的形成。传统的纸质票据背书付款，需要在票据上加盖公章或票据专用章、邮寄需耗时 2～3 天，因背书不规范如票据盖章不清晰、操作人员将公章变成"营业用章""工程专用章"，单位名称填写不全或者简写、背书不连续等，还有可能造成供应商退票。电子商业汇票背书仅需登录网上银行提交背书申请，经过银行处理后，接收票据的企业就可以即时登录网银签收电票，或继续背书给下一家企业，提高了企业资金的周转速度。

（四）电子票据有效克服了纸质票据的操作风险

票据业务一直是我国案件高发的金融产品，除了操作上内外勾结，随着造假技术的提升，纸质汇票在真伪辨识方面存在较大困难，容易发生伪造、变造和克隆票据。常见的"母票"变造，如小票变大票且纸票查询收到的回复均是真假自辨，甚至此票据已被多次查询等。电子商业汇票依托于中国人民银行电子商业票据系统平台，票据的每一笔转让系统都会在 ECDS 上实时更新记载，全流程信息可查询、可追溯，帮助企业和金融机构有效防范克隆票、变造票风险，有效解决了票据在流转过程中或保管过程中被挪用的问题，避免了资金损失。商业银行或企业在办理贴现转贴现业务时免去了审核票据要素、检验票据真伪、尽职调查等环节，降低了相应的操作成本，甚至杜绝了操作风险。电子商业汇票的风险基本上只与电脑系统运行有关，相对于纸票的易被仿制、变造等风险而言，各个环节的"电脑"监控比"人脑"更有保障，在新冠肺炎疫情期间除了银行贷款，协同推动应收账款票据化等多元模式解决了中小企业千差万别的需求和痛点。

（五）电子商业汇票为支付结算的安全性提供了保障

传统的纸票托收流程，需提前 7 天委托银行收款，银行工作人员首先要进行票面审核、邮寄托收、入库保管等一系列烦琐手续，如有票据书写和签章错误还需补充证明或退票，票据回笼主要通过邮寄，为防止丢失或损毁，大额票据一些企业还专人携带，一些票据经理也戏称自己为"票据的快递员"，不但成本高、速度慢，还要承担票据遗失、损坏、诈骗等风险，费时耗力甚至无法及时回笼资金。电票省去了纸票的传递、保管等环节，可以在票据到期日当天通过银行票据系统完成线上提示付款，不存在瑕疵票据，无退票可能，当天款项即可到账，有效促进了金融资源的优化配置和服务水平的提升。以往纸质票据居多的情况下，很多企业不接受纸质票据作为支付工具，电票流转和资金划付就像是支付宝与余额宝的关系，即使是非工作日也可以通过网银客户端进行申请，其安全性、便捷性，吸引越来越多的企业将持有的电票支付给上下游企业，票据的支付功能更加凸显。

二、制约电子商业汇票推广的深层次分析

（一）缺乏法律规范，电子形态的证据如何被法庭所接受还存在许多短板

目前，电子商业汇票在《票据法》中尚未确立合法的地位，尽管中国人民银行2018年6月修订了《电子商业汇票系统管理办法》等，但为行业规章，层级较低。与转账支付、代发工资等一般网上银行产品相比，电票业务涉及环节较多（签发、承兑、贴现、转贴现、再贴现等），操作更为复杂，现行的《票据法》未将电票纳入调整范畴，票据电子化交易的效力未在法律层面得到确认，一旦出现票据纠纷，对于电子证据如何采信、票据各方应承担何种举证责任不尽清晰，如电子交易的签章只通过电子签名的形式来实现，但我国现有的《票据法》尚未承认经过数字签章认证的非纸质的电票支付和结算方式。随着上海票据交易所上线，电子票据的发展迎来了历史性机遇，从2010年至2017年全国电子商业汇票交易平均以每年60亿元的增长额稳步发展，由于具有法律效力的纸质票据已使用几十年了，交易流通渠道和贴现融资渠道均已成熟，加之各家银行电票系统相互独立、无法对接，票据不能跨行流转，因此，加快票据业务电子化转型，尽快推动电票、纸票系统功能整合势在必行。

（二）操作模块不统一，电票业务发展存在区域性差异

由于各商业银行自身资源和科技实力、业务水平存在地域性差异，电票系统是基于各家商业银行网上银行功能自行开发的个性化模块，客户端操作界面、录入要素、流程顺序相差较大，客户体验较差。尤其是一些中小银行电子商业汇票业务客户端设计烦琐，客户登录系统操作步骤多、手续麻烦；有的网上银行界面设计过于简单，缺乏必要的流程操作提示，对于待处理业务缺乏提醒功能，甚至时有发生系统不通畅现象，尤其是各银行间不能实现已开通电票系统银行网点机构共享，跨行的银行网点在推广电票业务时不能自主查询其他银行哪些网点可以办理电票业务，当出票人使用不同网上银行签发电子商业汇票时，开立、签收、背书转让、贴现需

要掌握不同的操作界面、录入要素，由此给出票人带来较多的困扰，互联网时代接触成本（金钱成本和时间成本）对产品的选择往往起决定性的作用，不同的银行不同的模式，且相互独立，客户在短时间难以完全掌握，在一定程度上影响企业使用电子商业汇票的积极性。

（三）票据的流通性是影响票据使用的一个关键因素

电子商业汇票推出尚未形成有效的流通环境，对银行来说，电票系统升级改造后，电子商业汇票业务处理要求商业银行内部电子商业汇票系统与人民银行电子商业汇票系统对接科技水平要求更高。目前，经济不发达地区有的城市商业银行、农村商业银行和农村信用社尚未加入电票系统。对中小企业来说，电子商业汇票开出后，伴随着交易的发生，常常需要背书、转让、贴现、转贴现、再贴现等多个环节，经过多次转手才能最终解付。只有企业自身及其上下游客户同时具备使用电票的能力和意愿时，该企业才可能签发或接受电票，否则，票据就会在流转中受阻，影响电子商业汇票的正常使用。如出票人愿意使用电子商业汇票，而其交易对手作为不使用网上银行或即使使用网上银行但没有开通电子商业汇票功能，则出票人只能被迫放弃使用电子商业汇票而去选择纸质商业汇票。尤其是中小企业由于受开户行和自身因素的影响，企业网上银行和电子商业汇票业务开通率低，同时，包括一些财务公司在内的非银行金融机构不是大额支付系统的直接参与者，还无法实现电子商业汇票的线上清算，中小银行和企业尚未完全开通电子商业汇票系统的双重制约，在一定程度上影响了电票业务的拓展。

（四）电子商业汇票系统并未真正实现全部过程电子化

有些银行企业在申请办理电子商业承兑汇票业务时，和办理纸质银行承兑汇票一样，需要向承兑银行机构提交办理纸质票据需要的相关材料，如真实、有效的证明债权债务关系的交易合同增值税发票等；在申请贴现时，要提供证明其与前手真实交易关系或债权债务关系的合同等，且几乎全部是书面纸质的，这部分线下资料，不能实现利用电子设备无纸化传输和网上审核批准，导致电子票据与实物资料脱钩，企业没有感受到票据电子化所能带来的高效率。同时，与转账支付、代发工资等一般网上银行产品相比，电子商业承兑汇票业务涉及环节众多，操作复杂，一旦填错，需联系贴入行退回。尤其是有的银行系统电票差错解决流程过长，需逐级向上反馈，得到省分行后台技术支持后才能查找原因，影响了客户的资金使用。电子商业汇票是无纸化的支付工具，部分企业对既看不见又摸不着没有实体介质的电子商业汇票的安全性存有疑虑，同时，电票系统的运行，使企业商业信息更加公开透明，客户信息、企业财务信息等商业机密容易外泄。

（五）票据定位缺乏差异性，银企都缺乏积极性

电子商业汇票为银行贡献的利润较少，除了手续费收入，短期贷款利息收入远高于票据贴现利息收入。同时，中小企业融资难的核心问题是中小企业普遍存在的信用缺失问题，所以一些商业银行仅认可已经在其自身银行系统内建立信贷关系且信用评价等级较高的企业，对中小企业在授权、授信方面设置较为严格的标准和条件，对于纸票商业银行可以利用转贴现业务转移贷款规模等，激励机制不到位。客户经理受利益驱动，对推广电子商票的积极性不高。从企业的角度来说，电子商业汇票和纸质商业汇票的承兑申请人都需向承兑银行缴纳票面金额万分之五的承兑手续费，在承兑手续费上没有价格优势，不少银行对开通电子商业汇票功能还要收取一定的年费。与纸质商业汇票相比，电子商业汇票最长付款期限为一年，因此贴现率也相对较高，所以短期资金需求的出票人没有很强的动力去选择使用电子商业汇票。同时，电子商业汇票的业务实现方式是通过企业网上银行操作，需要依靠电子签名制作数据和认证证书完成相关操作，企业不掌握电子数据的管理权，对电子汇票的虚拟性信赖度不高。

三、推进中小企业电票业务发展的几点务实思考

（一）加强电子商业汇票顶层制度设计，提升服务质效

电票业务是一个认知和实践循环推动的过程，立足我国的现有制度环境和市场环境，一是建议由人民银行牵头利用云计算、区块链等新技术打造高效的票据交易平台，按照票据全生命周期统一业务流程和自动化服务界面，进一步提高商业银行网点电票业务机构的开通率。同时，出台相关政策扶植经济不发达地区和部分实力较弱的中小银行尽快接入 ECDS 系统，帮助其开展电票业务，打破科技成果转化“最后一公里”，保障电子商业汇票系统安全、稳定、高效运行，在同等条件下优先办理电子商业汇票再贴现业务，满足不同客户的诉求与偏好。二是扶持和建立中小企业电子商业承兑汇票发展基金，解决中小企业增信难问题，开辟中小企业电票业务绿色通道，中小企业要积极增强自身“体质”，对于无理拒付、拖延支付、超限额签票的企业，定期向社会通报，严厉打击恶意逃废债和欺诈行为，加大企业失信成本。三是强化业务培训，完善客户经理业务考核体系，在日常营销中从客户开户时就引导客户开通网上银行并实现电子商票签约，对涉及电票业务较少、未开通电

子渠道的客户，可考虑由柜台临时接收和代办电票业务，黏住用户连接。四是依托票据交易所的大数据平台，加强各金融机构的信息共享互通，提升风险把控的主动性与前瞻性，不断降低电票业务的交易成本，进一步提升中小企业融资服务的可得性和满意度。

（二）突破同质化竞争，强化业务创新

票据是商业信用规范化的表现形式，金融机构应开展多种形式的业务推介和银企对接，如为重点客户组织专场推介会，通过现场操作答疑、提供有针对性的辅导培训，引导企业认识票据、熟悉票据，不断改进操作模式。结合当地产业结构特点，紧密依托核心客户或大中型企业集团的辐射作用，针对不同的客户，按照先易后难的顺序对供应链上下游的中小企业客户群提供组合服务分类打包定价，降低承兑手续费率、优惠贴现利率，以点带面逐步推进电子商业承兑汇票的发展。在业务创新上，推动金融机构采用保函、保贴等方式，对优质中小企业签发的电子商业承兑汇票进行增信。通过票交所实现票据与信用证（银行保理等）的组合国际结算业务和“1 + N”商业承兑汇票贸易融资组合业务，提高票据的应用领域。通过在线审查电子签名、电子订单、电子发票、合同、担保手续及保证金缴存等真正实现“一条龙”操作，利用电票全程电子化、易于嵌入到各类业务系统和交易系统中的特性，加强与互联网金融，利用电子商务、现代物流、信息服务、跨境贸易等推动电子票据融资业务的融合发展。建立联盟平台进行优质资源共享，大力推动“电子商业汇票 + 应收账款 + 商业保理融资”业务创新，在线实现批量获客。与应收账款相比，票据更有利于保护债权人利益，规范商业信用。在风险可控的前提下，有序探索电子商业汇票的资产证券化业务，使产品和用户的需求对接得更为顺畅，进一步提升企业使用票据的意愿和能力。

（三）把好电票系统的入口关，强化风险控制

由于互联网环境的开放性、复杂性和信息系统的脆弱性易受攻击，网络安全一直是金融系统面临的最大风险，比如说数据文件的丢失、系统运行的瘫痪、网络遭遇黑客攻击、各种病毒入侵等，将会造成债权债务的灭失，甚至引发大规模的连锁反应。大型银行业务品种丰富，系统支持力度相对较强，中小银行业务相对简单，系统管理手段也相对较弱。一是利用大数据、人工智能平台建立票据生命周期管理视图和风险监控排查机制，接入统一安全认证平台，开展指纹登录及统一认证服务，推动客户审核和风险防控由“人控”向“机控”、最终实现“智控”转变。同时，严格依据“了解你的客户原则”，不断提高银行客户经理的职业道德和风险意识，

不断优化票据联动受理、代理提示付款、自动售票、业务查询和下载、在线签署承兑和贴现协议、票据管理等全流程服务分析模型，准确计量各类业务带来的风险，从而推动风险穿透管理能力的提升。二是制订电子商票业务咨询、投诉整个过程快速处理应急方案，指定专人及时解决电子商业汇票业务办理过程中出现的各种问题，严厉打击利用电子票据进行金融犯罪的行为，严格执行增值税发票原件正面加注制度，有效杜绝以票据市场套利为目的，进行以贷转存、虚构交易背景、虚假承兑电子商业汇票行为的发生，让客户真正体验到电子商业汇票快捷、安全、便利的优势，以此推动电子商业承兑汇票业务的全面、健康、稳步发展。

参考文献

［1］万旭，方红，史瑾妍．电子商业汇票使用及推广的影响因素研究［J］．金融纵横，2017（2）．

［2］中国人民银行天津分行课题组．我国电子商业汇票业务发展探析［J］．华北金融，2017（5）．

［3］电子商业承兑汇票是有效服务中小企业的法宝［J］．江西财经大学九银票据研究院，2019－05－14．

［4］董少广．银行推广电子商业汇票的优势、难点及对策［J］．金融会计，2018（7）．

观察思考

商业银行客户授信评级存在的问题及对策

张新存①

摘要：对客户进行授信评级已经成为各商业银行发放贷款的重要步骤，对提高商业银行贷款发放程序的规范化、标准化发挥了明显的作用。但在应用的过程中也出现了各种各样的问题，尤其是对授信评级结果的过度依赖、授信评级标准的稳定性和适用性欠缺、银行内部的沟通机制失灵、对企业提供数据信息的迷恋等。解决这些问题，需要对症下药，商业银行从上至下应各司其职，确立授信评级应有的职能定位，并严格通过授信评级流程，多渠道获取授信评级的数据资料，合理地加以运用，并借助第三方中介机构和同业的优势，形成业务合力。

关键词：授信评级　商业银行　实践　定位　标准化

随着信息化技术和大数据应用在商业银行的普及，银行融资业务越来越依赖于对融资申请人的授信评级，以此作为银行是否对客户提供融资支持以及提供多少融资金额的依据。这代表着商业银行公司治理、现代化经营的发展方向，有利于提高商业银行的资本约束能力和持续盈利能力。但在对客户授信评级的过程中，仍存在着这样或那样的问题，找出问题的症结，对症下药，妥善解决这些问题，对商业银行的可持续发展至关重要。

一、商业银行对客户授信评级中存在的问题

（一）过度依赖授信评级结果

凡事皆有度。商业银行出于现代公司治理的要求，强化授信评级的应用，确实

① 作者简介：张新存，现供职于中国工商银行天津市分行。

大有裨益。但授信评级的结果也受制于多种因素的制约，不可能完全反映客户的真实经营状况和资金需求。很多商业银行将对客户的授信评级结果作为发放融资、提供资金支持的唯一参考因素，以授信评级结果来核定对客户融资的规模，这在实际操作中，难免会失之偏颇。因为客户的经营千差万别，客户的需求迥然不同，企业面临的经营环境也不可忽视，以全国统一的尺度来约束对客户的融资服务极有可能造成真正有资金需求的客户得不到满足，而不需要过多资金支持的客户却获得了过度的融资，造成资金脱实向虚，对整体资金市场形成抽血效应。

（二）授信评级的方法、流程过于呆板、理想化

由于对授信评级的过度依赖，商业银行内部部门间都将其作为客户营销和融资发放的灵丹妙药，银行上下一致追求授信评级的万无一失。这种大背景造就的结果之一就是完全依赖总行出台统一的规则，各基层银行机构的积极性被完全屏蔽。由于规则的单一性，授信评级的操作慎之又慎，导致制定规则的人多方考虑各种影响因素，再形成固定的模型。但相对于日趋活跃的客户需求和金融市场，这种模型难免太过呆板，各种新出现的经济现象无法得到关注，而模型的前提是真空环境，理想化的假设根本无法适应现实业务的需求。规则制定部门往往又沉湎于自我良好的认知，认为自己的模型是最为先进的、引导潮流的。

（三）授信额度调整缺乏有效沟通机制

企业的经营是千变万化、瞬息万变的，这就要求根据企业经营的变化实时调整授信额度，以更好地反映企业的真实经营原貌。但由于商业银行对授信额度的过分依赖，决定了授信额度的调整是非常重要的决策事项，在将授信额度的应用上升到战略层面的同时，也决定了授信额度的调整缺乏灵活性。一方面，上级行对授信额度的核定有着非常严格的规范，调整企业授信额度需要履行严格的审批程序；另一方面，面对烦琐的报批程序，基层行也没有动力去适时调整企业的授信额度，遵从上级行意志的现象司空见惯。

（四）授信评级过于依靠企业提供的信息数据

由于商业银行对授信评级的严格要求，导致授信评级过程的任何环节都不能存在瑕疵。然而，水至清则无鱼，对过程的极致完美追求导致授信评级的最终链条落在企业身上，以企业提供的报表（虽然是必须经过审计的）作为尽职免责的依据。我国企业的诚信水平尚在提高之中，审计机构作为第三方中介机构的独立判断也受制于方方面面人为因素的影响，企业提供资料的真实性得不到完全的保证，数据造

假并不鲜见，因此，商业银行完全依靠企业提供的报表资料作为授信评级依据的做法难免存在草率之处。

（五）差别化授信策略还大多停留在纸面上

支持实体经济发展，实现金融业务的普惠是各级政府部门一直倡导的业务方向，尤其是对中小企业的金融支持早已纳入国家发展战略，成为长期追求的目标。各商业银行也充分认识到了普惠金融的重要性，出台了多方面的支持措施。然而，在授信评级上，却没有充分考虑支持实体经济发展的意图，过多依赖于铁板一块的固有标准，对实体经济的多样性和个性化诉求重视不够。这就造成很大一部分实体经济企业的融资需求得不到满足，而大量的银行资金流向非实体经济领域，在抬高企业融资杠杆的同时，也使银行融资面临脱实向虚的更大威胁，银行资金安全无法得到充分保障。

（六）脱离企业真实经营需求核定企业授信额度

银行界普遍存在傍大款现象，使得各商业银行授信的普遍衡量标准是企业的规模大小，想当然地认为企业的规模越大，抗风险能力越强。殊不知，很多规模极大的企业，盈利能力堪忧，内部管理混乱，与现代化公司治理机制的要求还存在极大的差距。为这些企业核定过高的授信额度，极易造成企业经营上的进一步膨胀，诱导企业涉足并不熟悉的领域，以充分利用银行极其廉价的资金。已经出现的大量典型案例证明了规模并不代表安全，规模越大的企业，一旦发生贷款违约，对商业银行造成的损害可能更是致命性的，导致一家银行机构的经营全面陷入困境，迟迟无法走出不良贷款的泥潭。

（七）授信评级的标准调整过于草率

由于银行内部对授信评级结果应用的过度依赖，因此授信评级的依据也就会持续引致行内上上下下的高度关注。尽管国内商业银行的转型升级一直在不断完善之中，但存贷款利差仍是银行利润来源的重中之重，占据着不可比拟的份额。这样，贷款发放的多少直接影响着银行的盈利水平，贷款发放的快与慢直接影响着银行利息收入进账的早与晚，为此，在企业资金需求旺盛，银行贷款成为企业热捧的融资渠道时，银行处在卖方市场地位，往往会收紧贷款发放标准，提高授信评级的要求，反之，在企业资金需求萎缩，银行贷款发放困难时，则会放宽授信评级要求，以便贷款尽快顺利得以发放。这种授信评级标准的调整并不是根据企业的经营状况做出的必要修正，而是出于银行盈利的需要，其结果的应用要么造成银行贷款质量的恶化，陡增巨额不良贷款，要么无法为企业提供周全的融资服务，导致银企关系恶化，流失优质的客户资源。

（八）授信评级的效率影响业务的正常开展

由于各商业银行对客户的授信评级结果大都由总行或区域总部型分行最终核定，但客户业务的落地和服务往往都是由基层机构完成，这样，大部分商业银行的授信评级流程往往是由基层机构向客户索取授信评级的信息资料，逐项录入银行内部操作系统，逐级向管理行上报，最终审定机构为体现授信评级结果的科学性和合理性，还要召开不同范围人员参加的评审会进行集体审议，待审议通过后才能允许基层机构执行。其间，有任何环节的纰漏，或者审批人员提出不同的意见观点，往往都需要发回基层机构重新补充数据或修改信息，占用大量的时间，耗费基层机构宝贵的精力，很多功夫没有用在客户营销上，而是烦琐的程序管理上。这不仅仅是造成基层机构疲于应付，而且大量的客户授信评级申请集中上报到管理行，也使授信评级岗位人员面临极大的工作压力，繁重的工作量不仅需要加班加点才能完成，而且其真正规避客户信用风险的效果也不一定能够实现。更为双输的结果是，烦琐的流程耗费了银行各级人员数不尽的心血，但客户并不领情，要么等不及授信评级的结果转向其他渠道寻求融资，要么对银行的服务失望，形成银行融资门槛过高的社会印象。

（九）强调授信评级结果的应用加大了企业过度融资的可能性

由于授信评级是企业从银行获取融资支持不可或缺的前提，企业得到银行最终的授信评级认可往往耗费了双方不菲的人力、物力、财力，一般都会上升到双方的高级管理层进行决策和具体部署。由于对银行的授信评级寄予过高的期望，甚至作为银行对企业支持力度的晴雨表，因此，银行授信评级结果确定后，企业第一时间是充分用足用好银行给予的授信额度，申请到顶格的银行融资，是以银行授信额度的多少作为融资多少的唯一依据，而很少甚至完全不再考虑企业的真实资金需求，有些情况下，企业申请银行融资的规模远远超出企业的现实需要，甚至超出了其可能的还款能力。同时，银行的资金也是有成本的，企业从银行融资的当日起，就要支付利息；为消化资金成本，在资金充裕的情况下，企业往往会涉足自身并不熟悉的金融领域，美其名曰开展多样化经营，在专业人才匮乏和市场环境瞬息万变的背景下，很有可能会导致企业血本无归，这也极易使银行融资悬空，出现巨额不良贷款。

（十）弱化了银行对贷后管理的重视和行动

授信评级流程的引入初衷是为了更好地对银行贷款进行精细化管理，改变传统上银行发放贷款决策过于随意的弊病，确保银行资金的安全。然而，再高明的授信评级流程也只能作为发放贷款这一初始环节的参考工具，而贷款发放后对客户资金使用的跟踪和监管才是更为根本的，银行贷款不仅要发放得出去，最为关键的是能够收得回来。因此，授信评级流程本不该被抬高到过高的位置，承担不应有的责任，贷后的管理工作才更为重要。最为了解企业的是银行基层客户经理，其向企业发放贷款是基于对企业的全方位掌控。然而，依赖授信评级结果发放贷款的内部管理制度，不仅无法确保银行贷款资金的安全，而且也使基层客户经理将工作的重心用在疲于应付上级行烦琐的授信评级流程上，而对企业经营的关注和资金流向变得不再重要，况且，由于发放贷款的决策不是基层银行机构做出的，其也没有动力去确保贷款发放后的资金安全。但大量不良贷款发生的现实并没有警醒银行管理层反思贷款发放的流程，而是舍本逐末，又耗费大量的人力、物力、财力来追查基层员工在授信评级流程中的责任，施以重罚来体现授信评级流程存在的价值。

二、完善银行授信评级的对策

（一）合理界定授信评级结果的应用功能，降低依赖度

对企业的授信评级结果可以作为向企业发放贷款的参考，尤其是在确定放贷额度大小上，但影响企业贷款的因素有很多，既有企业经营因素，又有各种主客观、宏微观因素，这样，能不能发放贷款就不能仅依据授信评级这一个因素。首先，要从授信评级部门的自身定位重塑做起，授信评级部门不应为了凸显自身的价值而将自身的功能抬高，要善于发现自身工作岗位的局限性，而不是无限制地向高管层陈述自身的不可或缺。其次，银行高管层也应及时总结授信评级过程中出现的问题和衍生的负面效应，反思对授信评级结果的过度迷恋，打破授信评级部门出于部门利益臆造的神奇功效，在银行日常经营管理决策实践中，合理将授信评级结果应用至业务流程之中，既不应将授信评级结果作为制约业务发展的唯一利器，也不应忽略授信评级结果的佐证作用。再次，基层银行机构也要积极发挥主观能动性，在执行上级行要求必须全面采用授信评级结果的同时，也要积极寻求发放贷款的其他参考依据，全面了解企业信息，在参考定量指标的同时，还要广泛收集有关企业发展愿景、企业文化、企业领导层个人品质等定性指标，确保所发放贷款的安全性。

（二）科学制定授信评级标准，确保符合银行长远发展规划

既然将授信评级结果纳入了银行发放贷款的流程，那么对企业进行授信评级的标准就要严谨务实，既符合银行对贷款业务的长远规划，又要接地气，便于基层机构落实执行。要摒弃将授信评级作为研究型项目进行开发的做法，由少数没有银行贷款发放经验的所谓专家凭空臆造或全盘照搬西方银行模式的授信评级行为，以复杂的模型来彰显自身的先进性，而对真实的企业经营状况一无所知。授信评级标准要坚持问题导向，从基层银行机构中来，到基层银行机构中去，广泛征求基层银行机构对授信评级标准的需求和建议，去粗取精，形成一套符合业务实践的制度体系，切不可认为基层的做法都是落后的，从国外学来的才是先进的，殊不知，我国商业银行长期以来积累的一些经验做法正成为西方老牌银行学习的对象，不断修正已有的固化模式。为确保授信评级结果接地气，真正为基层机构所采纳，要善于在不同的机构试点，从中发现存在的问题，及时予以完善，切不可忽视基层机构的应用感受，以一刀切的强硬方式普遍推广，使基层机构疲于应付，应用结果流于形式。

（三）确保授信评级标准的严肃性，切忌随意调整

在将授信评级结果的应用纳入信贷发放流程之后，授信评级结果的严肃性应得以保证，这就要尽可能维持授信评级标准的稳定性，避免频繁修改授信评级标准。授信评级部门应敢于担当，对于来自基层机构意愿、符合业务合规管理要求的授信评级标准要善于坚持自身的观点，不应迫于贷款发放的压力而随意更改这一标准。银行贷款的发放是随着经济周期的波动不断呈现出膨胀或萎缩的需求，而贷款的资金属性不会发生根本性变化，安全性、流动性和效益性是商业银行不变的经营方针，因此，确保银行贷款资金的安全，使银行对企业授信评级的结果不受非关联外界因素的影响，是必须坚守的一项准则。银行不同机构之间可以根据环境的变化适度调整对企业授信评级结果的应用深度和广度，但授信评级结果的可信度不应因环境的变化而大打折扣。授信评级部门应将授信评级结果的准确性和合理性作为追求的首要目标，而不是将授信评级结果的强制应用作为提高部门地位的手段。

（四）充分借助第三方机构和大数据的应用，减少对企业提供数据的依赖

厘清责任的需要，迫使授信评级部门将信息数据的真实性核实职能推向提供信息数据的下级机构或其他部门，而这些机构或部门为了免责又将信息资料的最终提供方定位于申请贷款的企业，但企业为了成功获取贷款，粉饰报表数据的行为是不

可避免的，银行内部上上下下都是心知肚明的，但仍坚持由企业提供报表。企业向银行提供经营报表是不可缺少的环节，企业报表是银行了解企业经营的一扇窗口，也并不是所有企业的报表都是虚假的、不可信的，但将企业报表作为授信评级的唯一来源就难免有失偏颇了。随着我国服务业的兴起和第三方中介机构的发展，随着大数据应用的日益普及并逐渐成为一种产业化趋势，通过企业之外的数据佐证企业真实全面的经营状况变得越来越现实，越来越具可操作性。这样，进行授信评级就不应再仅仅依赖下级机构提供的来源于企业的报表资料，要赋予授信评级部门责任和义务去获取更多的数据来源，使银行内部各级机构将工作的重心放在客观真实的授信评级数据的收集和评判上，而不是放在互相推脱责任碌碌无为上。

（五）完善事权划分，授予基层机构必要的授信评级权限

最为了解企业的是客户经理，客户经理的忠诚度和服务热情是确保企业融资安全收回的关键。而提高客户经理和基层管理者忠诚度和服务热情的最有效途径是在确保其受人尊敬的薪酬激励前提下，给予充分的信任，而不是以完善内部治理和提高内部控制为噱头，对基层客户经理和管理人员施加无谓的限制，采取一系列无情的手段，浇灭基层机构的营销热情。早在几千年前，大禹治水的经验就昭示世人，防患重在疏，而不是堵。过分的管理手段累积到一定程度，必然招致基层员工的反感，要么无所作为，对优质客户和国家倡导的实体经济部门不提供任何融资支持，要么敷衍了事，将审批的责任层层上推，让上级行凭厚厚的纸面材料或看似精密实则表象化的电子数据进行审批，影响审批效率和银行贷款资金安全。因此，采取措施调动基层机构的积极性已成为迫在眉睫的任务，一是要进一步细化责任，明确各级机构的事权划分，不应将过大的审批权限集中在某个单一部门，而应赋予基层机构一定的审批权限。二是完善考核手段，不宜过分强调内控一票否决制，既要免除基层机构人员惧贷惜贷的心理，又要防止恣意妄为，可通过事后检查、访谈周边知情人、贷款质量评比等手段，调动基层机构比学赶帮超的热情，而不是疲于应付上级行的指令。三是要区分不同地域的特色，对同一级别但不同管理效能、不同经营环境的基层机构授予不同的授信评级权限，借以鼓励所有机构主动作为，为争取更优惠的审批权限而改进自身的对外营销和内部操作行为。

（六）简化授信评级流程，提高业务处理效率

商业银行授信评级普遍效率不高的一致借口是压实责任的需要，而压实责任的来源是对授信评级结果的过分依赖和银行融资发生不良之后过于严苛的处罚措施。为此，要提高授信评级效率，一是要改变为明晰责任而出台的流程设计，要将授信

评级作为贷款发放流程的普通一环来处理，不应为了确保贷款发放后的责任追究而在授信评级环节出台杞人忧天式的过多考虑，增添过多不必要的无效劳动来防范凭空臆造的风险。过度授信的概念是站不住脚的，授信评级的结果只是一种管理手段，是贷款发放的一种辅助参考，不应按照发放贷款来设计工作步骤。二是要减轻授信评级环节应承担的过失责任。授信评级仅应作为银行融资的参考手段，而不应作为贷款的必要条件，发放贷款的依据应是企业的资金用途和还款来源，而不应虚化为企业的报表数据，尽管企业的经营成果是贷款发放的前提。三是要减轻不必要的上传下达环节。在电子化日益成熟的条件下，必要的资料传递应尽可能由基层行直接上报到授信评级部门，减少中间环节，淡化行政级别层层把关的习惯做法。要提高业务集中处理水平，提高授信评级专业化水平，减少因不同人员认知不同造成的无效劳动。

（七）把握支持实体经济方向，落实社会责任

授信评级政策虽然是一种技术手段，但由于其结果具备的参考价值甚至是影响力，因此，在授信评级过程中，应充分考虑商业银行对支持实体经济发展的社会责任，一是在授信评级的客户准入上，优先考虑实体经济业界客户，将尽可能多的实体企业纳入授信评级范围；二是对实体经济企业授信评级开辟绿色通道，在同等流程下，优先完成对实体经济企业的授信评级流程；三是在授信评级标准的制定上，要充分考虑实体经济企业的生产周期、贸易环节、资金周转特点等因素，将对实体企业的授信支持落到实处；四是要充分听取实体企业的意见反馈，全面了解其真实的融资意愿，加强银企互动，支持实体经济开展持续而专业的经营。

（八）全面掌握企业真实资金需求，综合评估企业的贷款发放

授信评级机制的引入，为商业银行发放贷款提供了一种有效的参考依据，使发放贷款的行为可量化、标准化，但影响贷款发放的因素有很多，仅凭授信评级一个参考因素显然是不够的。除了这一定量因素之外，定性指标的因素也应更多纳入考量范围。这首先需要高级管理层在战略决策上不应将授信评级作为唯一的制度设计来规范贷款行为，但由于这一机制已经建立起来，重新界定甚至降低对授信评级结果的重视对银行高管层决策也是一种艰难的考验，不可能轻易废止，可以先选择部分业务品种和部分基层分支机构进行试点，在平稳运行一段时间之后，如果贷款质量没有明显的恶化，或者有了进一步的改进，再适时予以推广。另外，对于需要考量的定性指标因素，也应指定另外的部门出台成型的政策制度，作为指令性要求在贷款发放中予以应用。在部门墙越来越凸显的商业银行，只有另外的部门出台新的

制度要求才有可能冲销对授信评级结果的迷信。

（九）加强贷后管理，确保银行贷款资金安全

授信评级的应用，只是在贷款发放环节，而贷款发放之后能否顺利收回，还受很多不可预期因素的影响。因此，加强贷款发放后的跟踪管理，显得更为重要。一是要制定严密的贷后管理流程，结合银行的已有业务实践，尽可能全面地规范贷款发放后各级机构和人员的责任，既不能全盘推给基层机构和客户经理，也不可简单依靠 IT 系统的自动提醒，贷款的安全运行存在诸多的不确定因素，需要细致的人工分析。二是要弱化授信评级环节在不良贷款责任认定中的比重，不宜将授信评级环节发生的漏洞作为不良贷款的全部责任，唯有此，才有可能弱化授信评级依赖。三是要将贷后管理真正落到实处，要对企业的经营管理了如指掌，提前预判企业可能面临的经营风险，只有做到了这一点，才能确保贷款质量的安全，而不是满眼纸面文章。

（十）加强同业合作，完善协调机制

在很多情况下，不良贷款的发生使银行的授信评级部门颇为困惑，因为全面考虑了各种还款来源和抵押担保措施之后，贷款质量仍然呈现恶化趋势，原因之一是不同的银行在对同一客户同时在授信评级，每家银行额度不大，但汇总之后极可能诱导企业过度融资，使银行贷款暴露在风险之中。因此，各商业银行在竞争的同时，在授信评级环节互通有无是极其必要的。为降低企业信用风险，银团贷款方式是一种不错的选择，各商业银行通过联合发放贷款，既控制了对企业的放款总量，又分散了各商业银行的风险。当然，贷后管理的落实也应在所有参贷行中做出严格的责任划分，避免重放轻管行为的发生。对于无法组成银团的贷款，各商业银行也应充分发挥自律机制的作用，杜绝恶性竞争，加强信息交流，在不泄露商业机密的前提下，尽可能多地共享企业经营数据资料，使每家银行的贷款都能充分考虑企业的整体融资能力，确保银行融资安全。

境外劳动力流入的双向经济效应分析

——来自云南省金平县马鞍底乡的田野调查①

张雨涵　涂新莹等②

摘要： 在城乡二元户籍制解除、大批青壮年外流的背景下，我国西南边境地区出现了劳动力“空巢”现象。通过对云南省金平县马鞍底乡的实地调研发现，越南劳动力的流入在为“劳动力匮乏”这一问题提供了一个解决方法的同时，也在降低用工成本、提高劳动效率、带动消费和增加财政收入等方面带来了一定的积极效应。但其中，也不乏负向的经济效应。

关键词： 西南边境　越南劳动力　经济效应

一、问题提出

改革开放以来，我国经济持续高速增长，但近年来我国人口红利耗尽，劳动力成本不断提高，且中西部资源仍集中于产业价值链的低端环节，第一、第二产业仍需要许多廉价劳动力。外籍劳动力的进入在一定程度上解决了我国西南边境地区“用工荒”问题。另外，制度发展与人口发展是一切发展的根基。在当前“一带一路”倡议的背景下，对于包括跨境劳动力流动在内的人口流动与人口发展规律的研究是重中之重。

跨境人口流动对于输入国来说是一把双刃剑。积极方面，如国外学者（Laura Schoenberger，Sarah Turner）认为，边境通行是由多方面复杂的社会和结构因素调停

① 本研究受国家级大学生科研创新项目《边疆跨境劳动力流入的双向经济效应与问题研究——以云南省金平县马鞍底乡为例》（中央民族大学）资助，项目编号：GCCX2019110081，指导教师：郭利华。感谢项目组其他成员在实践调研中给予的帮助和写作启发。

② 作者简介：张雨涵、涂新莹、凌芮、陈紫、刘怡铭，现均就读于中央民族大学。

的，这些因素反过来又产生不同的经济机会①；国内学者何玲、赵刚、李高超、胡铁军认为跨境劳务合作激发了边境发展活力②，实现多方共赢③。消极方面，学者张戈跃、李国梁等认为，“非法”的劳务不利于边境经济社会的稳定和发展④⑤。李其荣则表示，跨境人口流动的正面影响应是第一位，负面影响次之⑥。

在现有研究中，研究对象多为跨境婚姻、“三非”劳工，主要利用深度访谈法从社会学、民族学、法学等学科出发，集中研究其现状、特点及法律问题，且一些学者基于消极立场，主张限制低廉劳动力，对于外国人来华就业的益处常一笔带过。关于云南边境少数民族地区境外劳动力所带来的经济效应的相关研究尚有推进空间。

二、研究对象、研究方法与数据来源

本文选择的研究区所属金平县与越南2省5县接壤，边境线长502公里，居全国与越南接壤的边境县第一位。而本次调研地马鞍底乡东、南、西三面与越南的老街省坝洒县迤底乡和莱州省封土县瑶山乡接壤，国境线长达156公里，距国家级口岸河口仅98公里。截至2018年，全乡农业人口共4 311户18 337人，且呈现多民族聚居的特点，少数民族占总人口的95.67%。马鞍底乡属于典型的农业乡，主产水稻、包谷、薯类、大豆，经济作物有花生、草果、棕片、茶叶等。全年全乡经济总收入为15 681万元，第一产业在全年的经济中占到了主导因素，是农民收入的主要来源。自我国解除城乡二元户籍制度以来，马鞍底乡大批青壮年劳动力外流，截至2019年5月，全乡外出务工人员共5 838人，出现了劳动力“空巢”现象。因此，在红河州中越边境地区形成的一个特殊的人口群体——越南劳动力，给当地带来了较大影响。因此，马鞍底乡具有研究的代表性。

本文中跨境劳动力流动主要是指“边境越南劳动力来华务工”，本次调研对象主要是位于马鞍底乡边境地区的越南来华务工者及其雇主。本文中对越南劳动力的界定是：（1）不包括中越自卫反击战时期来华的越南难民；（2）不包括以探亲、旅游、治病为目的来华的越南人口；（3）包括来华婚嫁的越南籍劳动力；（4）包括从

① Laura Schoenberger, Sarah Turner. Negotiating Remote Borderland Access: Small – Scale Trade on the Vietnam – China Border [J]. *Development and Change*, 2008, 39 (4).

② 何玲. 跨境劳务合作激发边境发展新活力［N］. 中国改革报，2016 – 03 – 29.

③ 胡铁军. 跨境劳务合作有助于互利多赢［N］. 广西日报，2016 – 11 – 21.

④ 张戈跃，郭宵星. 中越边境越南居民在广西提供跨境劳务的现状及改善途径［J］. 对外经贸实务，2017 (6): 85 – 88.

⑤ 李国梁，潘敏仪. 越南劳工跨境非法就业的治理对策——以崇左市为例［J］. 现代商贸工业，2018, 39 (9): 137 – 141.

⑥ 李其荣. 国际移民对输出国与输入国的双重影响［J］. 社会科学，2007 (9): 38 – 49.

事各种职业，不论工期长短的越南籍务工。而本次研究所关注的“双向经济效应”具体解释为越南跨境劳动力流动为流入地——马鞍底乡所带来的经济上的正向与负向效应。

本文将采用理论分析和实证分析相结合的分析方法，理论分析以经济学理论为基础；实证研究部分，对问卷数据资料以及来源于有关部门的数据进行了必要的量的统计和比较。理论分析部分的资料来自于有关文献，其中包括著名经济理论和近年来有关劳动力流动的国内外研究成果。实证研究的资料部分来自研究者团队于2019年7月18日至8月26日到马鞍底乡边民互市点及当地居民告知的跨境劳动者居住、工作地点进行持卷访谈获得的第一手资料，访谈对象涉及101位越南劳动者和96位雇主。另一部分来自当地县、乡政府的统计年鉴以及公安局、民宗局、人社局等有关部门提供的资料。

三、越南劳动力对流入地的正向经济效应

分析越南劳动力流入的正向经济效应须明确马鞍底乡当地总体的经济状况与劳动力资源状况。据有关部门提供的数据显示马鞍底乡经济总收入、第一产业收入、种植收入总体呈上升趋势（见图1），劳动力资源总量变化不大，但第一产业劳动力投入量总体呈下降趋势，且常年外出务工劳动力逐年增加（见图2），其中不可否认的是，部分增加的经济总收入是由外出务工的劳动力所带来的。在社会生产过程中，劳动力作为一种生产要素，对农业生产起到了重要作用。通常，在不改变其他条件的情况下，如果劳动力减少，必然会导致农业的产出水平降低。当前我国农业生产的技术含量不高，尤其在偏远的边疆地区，农业生产仍采用较为传统的生产方式，

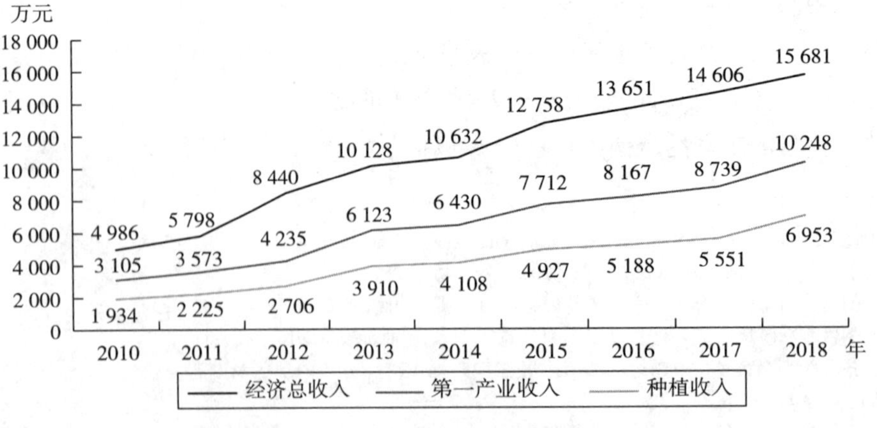

图1　马鞍底乡经济收入情况

对劳动力有很大的依赖性。而马鞍底乡在劳动力减少的情况下第一产业和种植收入不减反增，越南劳动力在其中发挥的作用可想而知。

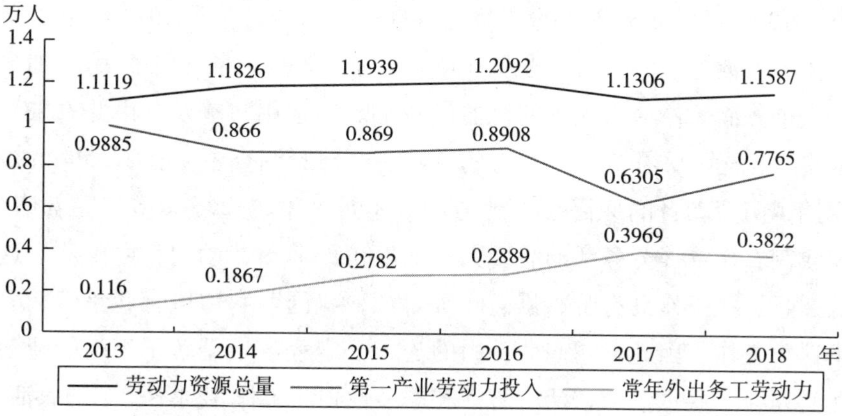

图2 马鞍底乡劳动力资源情况

越南劳动力流入对当地所带来的最直接影响，即是对雇主的影响。调查结果显示，越南劳动者雇主中有过半数认为雇佣越南工人节省了用工成本，约30%认为满足了用工需求，17%认为雇佣越南工人提高了工作质量和效率。雇主的主观看法表明越南跨境劳动力流动的存在确实在经济层面上带来了一定程度的积极影响，也为我们的研究提供了深入路径和调查思路，后面我们将结合从问卷和公开文件中提取出来的数据和书面表述，对跨境劳动力流动的双向效应做进一步的分析。

（一）人力资本补进效应

历史上，居住在中越两国毗邻地区的跨界民族有着独特的地缘优势与共同的历史渊源，加之文化传统相近、语言相通及亲缘关系，因此来往十分密切，常互相帮忙，这种情况以建房帮工、农忙时帮工等多种形式存在。随着跨界民族民间交往逐步扩大，形式多样化成为跨界民族间劳务帮扶的一大特点，尤其是在边境地区，中国与接壤国家的经济发展与生产条件差距逐渐拉大，各国跨界民族间在劳务上的经济互助活动更为普遍了[①]。伴随着社会发展与经济进步，原有的自发帮忙务农的形式逐步被组织化的雇佣模式所取代。越南劳动力通过族缘、亲缘关系所构建的社会网络进入我国西南边境地区从事农业种植、收割等工作，实现了劳动力上的优势互补。

① 张鑫．“一带一路”跨境次区域跨境劳务合作模式与路径［J］．现代经济探讨，2019（1）：61－67.

此外，由于马鞍底乡当地劳动力为了追逐更高的报酬和更体面的工作纷纷外出打工，致使当地出现劳动力匮乏的情况，当地劳动力的价格也不断上涨。据悉，马鞍底乡自2013年以来外出务工的劳动力数量逐年增加，截至2019年上半年，马鞍底乡外出务工人数为5 838人，约占当地劳动力总数的一半（见表1）。加之当地地形崎岖，农事方面无论多么先进的机器设备都难以运用与普及，由此看来，目前技术上的进步尚且无法弥补当地劳动力的空缺。在田野调查中，有32.5%的被调查雇主表示雇佣越南劳动者的原因是本地劳动力不足。中越边境又多存在着诸如建筑、种植以及收割农作物等劳务活动需要大量的廉价的简单劳动力，由于从事这些工作收入较低，且这些工作具有脏、累、险等特征，我国西南边境青壮年劳动力大多不愿意从事这类工作。因此，越南劳动力的流入一定程度上缓解了当地的劳动力紧缺问题，尤其是在一些重活、苦活、脏活和季节性强、工作相对不稳定的农活领域。

另外，越籍女性跨境劳动者的流入，一定程度上缓解了两国边民择偶困难的问题，促进了边民社会和平、稳定交往①。同时，由于跨国婚姻（一般都是本地男子迎娶越籍女子）的成本相对更小，即不需要支付过高的礼金，可有更多的可支配资金用于国内消费。并且，此类跨国婚姻可以对人力资本起到再补充以及延续和带动作用。据当地有关部门统计，含马鞍底乡在内6个边境乡镇、64个村委会，共有736对边民通婚，均为非婚同居。

表1　　当地劳动力外出务工情况

年份	劳动力总数（万人）	外出务工劳动力（万人）	比例（%）
2013	1.1119	0.1160	10.43
2014	1.1826	0.1867	15.79
2015	1.1939	0.2782	23.30
2016	1.2092	0.2889	23.89
2017	1.1306	0.3969	35.11
2018	1.1587	0.3822	32.99
2019上半年	—	0.5838	49.98

（二）降低用工成本，提高劳动效率

越南劳动力流入在补进人力资本的同时，也降低了用工成本，提高了劳动效率。从劳动力价格上来看，2017年越南工人月均收入约相当于人民币1 500元，同期我

① 秦红增，李开元，宋秀波．中越边境地区跨国婚姻模式新探——以广西龙州武德乡布依三屯为例[J]．黑龙江民族丛刊，2011（5）：111－117.

国农民工月均收入 3 485 元①，外出务工农民工月均收入 4 107 元，还较本地务工农民工多出了 767 元。经对比可以看出，我国农民工人均劳动力价格比越南工人普遍要高，因而，在我国西南边境许多工农业雇主更愿意选择雇佣越南劳动者。此外，在田野调查中我们了解到，有 70.83% 的被调查雇主表示雇佣本地人做工的日薪大多高于 70 元，有 85.41% 的被调查雇主表示请越南工人的日薪低于 70 元，总体上较前者低（见表 2 和表 3）。此外，越南劳动力多属"你情我愿、口头约定"的非正式就业，无法套用相关涉外劳动法规，不必考虑工伤赔付、保险等情况，这也构成了事实上的价格优势。有 72.84% 的被调查雇主表示工资低的确是雇佣越南工人的主要原因。雇佣越南劳动者可以降低用工成本，被调查的 96 位雇主，单日单次雇佣越南劳动者的价格比当地劳动者大约低 20 元。

表 2　雇主雇工成本情况

名称	最小值	最大值	平均值	标准差	中位数
雇佣当地工人日薪（元）	50	150	83.229	15.509	80
雇佣越南工人日薪（元）	20	90	62.344	9.866	60
日薪差额（元）	0	100	20.885	13.338	20
雇主雇佣人数（人）	1	50	5.823	6.775	5
雇佣当地工人成本（元）	50	4 050	479.089	527.519	385
雇佣越南工人成本（元）	20	4 050	371.615	481.378	280
成本差额（元）	0	750	107.474	112.317	90

表 3　雇主雇工待遇情况

雇工待遇	当地工人	越南工人
提供食宿	10.41%	76.04%
提供住宿	3.13%	7.29%
提供餐食	26.04%	12.50%
均不提供	60.42%	4.17%

从劳动力品质上来看，在越南劳动力常从事的建筑、种植、收割等工种上，其表现出的体力和技巧性不输于中国劳动力，有时劳动参与积极性甚至更高。30% ~40% 的被调查雇主认为雇佣越南劳动者的原因是其劳动参与积极性高、做工质量好（见表 4）。此外，在访谈中，有越南劳动者雇主表示，农忙时节，越南劳动者早早就过境到达务工地点、天黑后还在田地里打谷子、收包谷，耕作是也严格按照雇主的标准，经

① 初阳，陈雷，秦永芳．中越跨境劳务合作的实践与探索——以广西防城港市、崇左市为例［J］．桂海论丛，2018，34（5）：127 -131.

常忙到晚上八九点才收工过境回家，而回家往往需要两三个小时。根据经济学上的劳动力供给曲线可知，工资水准较低时，工资的增加会诱导劳动力供给的增加。通俗地讲，即请穷人做事容易，请富人做事要花高价；此外，由于该曲线受个人偏好影响：做诸如农活等脏、累、险的工作，请勤汉容易，请懒汉则需要花费高价①。由此可知，越南劳动力为何能够接受劳动强度较高、工作环境更差、劳动价格相对较低的工作了（见表5）。

表4　　被调查越南劳动者（不）雇佣越南劳动者原因

招用越南工人原因		不招用越南工人原因	
工资水平比较低	72.84%	住宿或者吃饭花销大	42.86%
劳动参与积极性高	32.50%	劳动参与积极性不高	25.00%
做工质量高	37.50%	做工质量不好	58.33%
当地劳动者不足	32.50%	个别女性不检点	8.33%

表5　　越南劳动力工作类型

工作	在越工作类型	在华工作类型	在华雇主雇佣工作类型
建筑房屋	1.98%	25.74%	14.58%
耕作土地	99.01%	51.49%	40.62%
收割农作物	99.01%	25.74%	32.29%
除草	0	0.99%	48.62%
施肥打农药	0	0.99%	5.21%
种树	0	0	2.09%
砍树	0	0	4.17%
背水果	0	39.60%	20.831%
刺绣	0	3.96%	2%
在工厂工作	1%	0	0
果园管理	0	0.99%	20.831%

由此可见，越南务工人员大多能吃苦耐劳，对工资要求也不高，且往往具备从事这些工作的丰富经验，符合雇主对降低用工成本、提高生产效率的需求。因此，由于资本的逐利性，越南的简单劳动力很受当地雇主的欢迎。

① 何小民．中国入境外籍劳工现象研究——以广西为例［J］．学术论坛，2016，39（7）：124－129.

（三）消费带动效应

一般来说，流入的劳动力都会使当地的商品消费增加，从而有利于增加当地商户的收入。而中越边境两侧边民基本上是从事自给自足的农业经济。20 世纪以来，某些民族为获取所缺的铁制农具、锅碗、棉、麻、布、针线等轻工家用产品必须与其他民族进行交易活动。所以边境两侧都有定期的集日。越南边民常越过边界去“赶集”，把自己有优势的土特产品拿到集市出售，并购回自己所需要的商品①，边民互市的传统也一直延续至今。越南边民到当地“赶集”，进一步促进了消费。但越南边民到当地“赶集”需要使用人民币，大多数情况下，人民币并非通过汇兑获得，而是通过来华务工和商品售卖获得，而他们又时常将所得收入反馈给自己的家人。恰如许多国外学者的观点，移民汇款回国是基于利他的动机，移民有强烈的愿望补偿其家庭成员，以抵消或防止由于本国经济波动或外部冲击而造成的收入短缺，即为了赡养家庭，维持国内亲属的基本的生活和消费需求，改善家庭生活水平②③，这样的转移使得接受转移的家庭能够随着时间的推移来平稳消费。此外，传统的观点还认为移民汇款主要用于消费④，而越南劳动者的家人也常会在边民互市时使用其在华务工所反馈的货币收入（见图3）。由图 4 可见，有 70% 左右的被调查越南劳动者家庭在华支出占家庭总支出的 20% ~40%。因此，越南劳动者来华务工获取货币收入，其家庭成员参与边民互市促进了当地的消费，即存在一种务工反馈和汇款返华的现象。此外，据当地有关部门统计，马鞍底乡西北边民互市点于 1987 年经省政府批准为非正式对外开放口岸，每隔 6 天赶集一次，年交易额在 1 500 万元以上。

（四）增加财政收入

提及财政收入，便不得不提及我国最主要的税种——增值税。在调研地区，虽然没有大型规模企业作为收税对象，但是却有许多小型工厂、个体工商户以个人以增值税小规模纳税人的身份缴纳增值税，进而将增值税的 50% 变为地方的财政收入。在当地，商贩店铺随处可见，由此可知，他们对于地方增值税的贡献不小。而

---

① 范宏贵. 中越两国的跨境民族概述［J］. 民族研究，1999（6）：14－20＋107.

② S. Bracking，Sending Money Home：Are Remittances always Beneficial to Those Who Stay behind［J］. *Journal of International Development*，2003，15（5）.

③ G. E. Johnson and Whitelaw W. E.，Urban－ruralin cometransfersin Kenya：An Estimated－remittances Function［J］. *Economic Development and Cultural Change*，1974，22（3）.

④ CISSE Djibrilla Alhadji，丁金宏，COULIBALY Mariam. 非洲的移民汇款及其对国家发展的作用［J］. 世界地理研究，2008，17（3）：26－36.

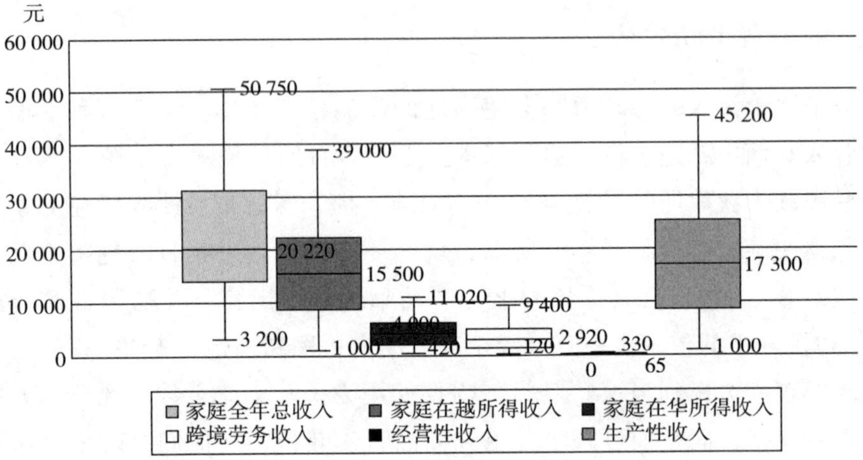

图 3 越南劳动者家庭收入情况

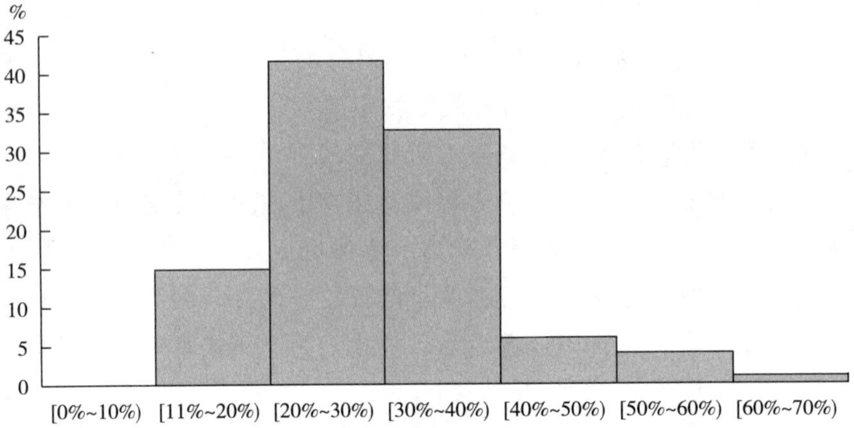

图 4 越南劳动者家庭在华支出占家庭总支出比例

由于这些小规模纳税人的主营业务都是日常生活用品以及食品餐饮，越南劳动力流入后，他们的消费需求扩大了这些商铺小店的消费群体、增加了他们的销售额，所以就进一步促使了地方小规模纳税人所上缴的增值税增加，导致地方财政收入增加。

此外，越南劳动者入境时需要缴纳边防检查的费用，入境就业办理相关手续时也需要缴纳相应费用，这些费用的收取增加了当地的财政收入。例如“云南省边境地区境外边民入出境证”，每证 10 元，附页签证每证 0.3 元；境外边民当天出入境“入境卡”，每证 0.3 元；口岸以外边防检查、监护费，每人每日 50 元；口岸过货管理费按照一般贸易进出口货物货值的 2‰计收；边贸管理费按照边贸出口货物成交额的2‰计收等①。

而由于越南人员的出入境时间规律、数量不定性以及部分劳动力的非法性，使得这样的财政性收入带有季节性与随机性。在对马鞍底乡政府农科院站长的采访中，我们了解到，这部分财政收入在总体数量上不算太多，在早出晚归型的跨境型务农务工和婚嫁型跨境劳动两种类型中，后者带来的财政收入比较稳定。

（五）当地劳动力流出的反向促进效应

越南劳动力的自发流入虽会增加我国边境地区劳动力市场的不稳定性，扭曲当地劳动力市场的三大机制（供求机制、价格机制和竞争机制），但由于越南劳动力流入会增加当地劳动力的供给，弥补当地劳动力的不足；加之越南劳动力工资低，其流入会拉低当地劳动力市场价格水平；越南劳动力吃苦耐劳的品质也会吸引当地雇主，减少当地劳动者的就业机会。由此，当地未外出务工的劳动者或将会为追求更高的工资和更多的就业机会而外出打工。也就是说，越南劳动力的流入一定程度上会反向促进当地劳动力的外流。

而近年来，金平县在政策上也鼓励当地劳动者外出务工。当地政府向有意愿外出的劳动者提供对口工作帮扶系统，面向全县提供职业技能培训，整合资金，由6家招标入围的培训机构对未外出贫困劳动力开展农村实用技术、技能、创业培训12 488人；由人力资源公司对外出务工人员开展适应性培训3 776人。通过“一金四保”模式联合3家人力资源服务企业，完成贫困劳动力就业转移目标。具体到马鞍底乡，共有2 038人外出务工，职能技能培训需求1 419人，转移意向890人。以实际需求为导向，大力开展钢筋工、混泥工、种养殖技术等中短期技能培训，共计培训贫困劳动力660人，公益岗位安置133人，全面提升了贫困劳动力的技能和创业能力。

基于对当地劳动者外出寻求工作的数据分析，并结合对当地农户进行采访的实际情况，认为越南劳动力流入间接引发的当地劳动力外出务工潮，存在一定程度上的积极促进效应。理论上看，外出劳动力将一部分收入通过家庭内部重新分配的方式寄回或直接带回乡村，这种外出收入的转移将有效改善家庭的福利、消费以及投资状况，即产生三重微观效应②。因而，马鞍底乡原有当地劳动力在越南劳动力跨境流入后或主动或被动外出务工是追求经济效益最大化，规避家庭经济风险的理性选择。

① 云南省政府．云南省边境口岸收费管理办法［Z］．1997－12－25.

② 田富强．陕西农村劳动力流动效应［J］．新疆农垦经济，2010（6）：6－11.

四、越南劳动力对流入地的负向经济效应

（一）劳动力市场挤出与社会福利挤占效应

从现有法律看，不能合法地在当地工作的涉外人员包括非法入境、非法滞留的人。尽管其中部分人员确实为推动地区经济发展作出了贡献，但在华长期居住的非法移民抢占了大量的就业机会①。加之我国人口数量较大，人口与住房、耕地、就业间的矛盾加剧，廉价外籍劳动力冲击我国劳动力市场，挤压了低端就业空间。前文中提及越南劳动者具有吃苦耐劳、工资低等优势，尽管其一定程度上缓解了当地劳动力的不足，也得到了当地雇主的认可，但不得不承认越南劳动者一定程度上挤占了当地的劳动力市场。

客观地讲，越南跨境劳动者由于大多数在华属于非法务工，因而对中国公民公共福利的挤占是不显见的，但越南劳动者既然居留于中国境内，就必将挤占一部分国内公共基础设施和社会公共资源。

（二）管理成本增加

跨境劳动者虽是经济价值的创造者，但他们的流入也在一定程度上增加了当地的边境管理难度和成本。越南边民入境办理相关手续以及边防检查的材料和人力耗费是不可忽略的，其通过边境小道非法流入所带来的问题更是加大了管理的成本。为了进一步规范境外边民入境务工管理工作，红河州还出台了《红河州人力资源和社会保障局关于印发境外边民入境务工管理办法的通知》（红人社发〔2015〕42号）文件，旨在对境外边民入境务工进行有效管理。

此外，调查结果显示，越籍劳工所从事的工作类别虽在不断地扩展，除了农作物种植、收割外，他们还广泛参与了基础设施的建设和农地管理等。这些工作对于受教育背景、技术水平等并没有特定的要求。工作的危险程度也不在雇主考虑范围之内，几乎只要是入境的越南人经过亲属或者熟人的介绍都能与雇主对接成功。他们从事这类工作不需要进行严格的技能培训，雇主也并不会按照章程严格办理聘用手续。因此，严格来讲，他们基本上不具备合法的、正式的工作资格，即未在边境管辖单位进行手续的办理、未与雇主签订劳务合同。因而国家政策和政府无法对这

① 郭烁．大国新问题：在华外国非法移民的司法对策研究［J］．清华大学学报（哲学社会科学版），2012，27（5）：134－142＋161.

样的劳务输入进行管控，因此越南劳动者也无法长期持续地进行劳务活动。一旦出现劳务纠纷甚至工伤事故，由于没有严格的合法文书，事态严重者甚至涉及两国政治问题，处理起来会更加复杂，因而，越籍劳工通过边境小道非法流入后所带来的问题更是加大了管理成本，包括经济成本与社会成本。

五、结论

综上所述，越南劳动力的流入弥补了马鞍底乡劳动力的不足，降低了用工成本，提高了效率，一定程度上带动了当地消费，增加了当地财政收入，反向促进了当地农村劳动力外出务工。然而，外来劳动力挤占当地居民的就业机会和福利，并增加当地行政管理成本等负向经济效应也兼而有之。我们应正确认识并利用境外劳动力流入的正向经济效应，同时也应考虑到境外劳动力流入的负向经济效应。

参考文献

[1] CISSE Djibrilla Alhadji，丁金宏，COULIBALY Mariam. 非洲的移民汇款及其对国家发展的作用［J］. 世界地理研究，2008，17（3）：26－36.

[2] 初阳，陈雷，秦永芳. 中越跨境劳务合作的实践与探索——以广西防城港市、崇左市为例［J］. 桂海论丛，2018，34（5）：127－131.

[3] 范宏贵. 中越两国的跨境民族概述［J］. 民族研究，1999（6）：14－20＋107.

[4] 郭烁. 大国新问题：在华外国非法移民的司法对策研究［J］. 清华大学学报（哲学社会科学版），2012，27（5）：134－142＋161.

[5] 何玲. 跨境劳务合作激发边境发展新活力［N］. 中国改革报，2016－03－29（2）.

[6] 何小民. 中国入境外籍劳工现象研究——以广西为例［J］. 学术论坛，2016，39（7）：124－129.

[7] 胡铁军. 跨境劳务合作有助于互利多赢［N］. 广西日报，2016－11－21（23）.

[8] 李国梁，潘敏仪. 越南劳工跨境非法就业的治理对策——以崇左市为例［J］. 现代商贸工业，2018，39（9）：137－141.

[9] 李其荣. 国际移民对输出国与输入国的双重影响［J］. 社会科学，2007（9）：38－49.

[10] 秦红增，李开元，宋秀波. 中越边境地区跨国婚姻模式新探——以广西

龙州武德乡布依三屯为例［J］．黑龙江民族丛刊，2011（5）：111－117.

［11］田富强．陕西农村劳动力流动效应［J］．新疆农垦经济，2010（6）：6－11.

［12］云南省政府，云南省边境口岸收费管理办法［Z］.1997－12－25.

［13］张戈跃，郭宵星．中越边境越南居民在广西提供跨境劳务的现状及改善途径［J］．对外经贸实务，2017（6）：85－88.

［14］张鑫．“一带一路”跨境次区域跨境劳务合作模式与路径［J］．现代经济探讨，2019（1）：61－67.

［15］G. E. Johnson and Whitelaw W. E.，Urban－ruralin cometransfersin Kenya：An Estimated－remittances Function［J］．*Economic Development and Cultural Change*，1974，22（3）．

［16］Laura Schoenberger，Sarah Turner. Negotiating Remote Borderland Access：Small－Scale Trade on the Vietnam－China Border［J］．*Development and Change*，2008，39（4）．

［17］S. Bracking，Sending Money Home：Are Remittances always Beneficial to Those Who Stay behind［J］．*Journal of International Development*，2003，15（5）．

资本项目便利化政策助力中关村高新技术企业创新发展

宋谷予[①]

近年来，国家外汇管理局围绕有序推进资本项目可兑换、加快构建宏观审慎框架下的资本流动管理体系等目标，以简政放权为基础，不断深化外汇管理重要领域的改革，推出了直接投资外汇管理、全口径跨境融资宏观审慎管理等一系列改革措施，进一步提升了跨境贸易、投资的便利化水平，有力地支持了实体经济发展。这些改革措施既是外汇局认真贯彻落实国务院深化行政审批制度改革要求的重要举措，也是外汇局主动转变外汇管理理念和方式的具体实践。

习近平总书记在2018年中央经济工作会议上强调，世界面临百年未有之大变局，变局中危和机同生并存，要化危为机，就必须加快经济结构优化升级，提升科技创新能力。中关村国家自主创新示范区是我国战略性新兴产业发展的策源地，是国家和北京重点建设的国家科技金融创新中心。示范区成立之初，即被国务院赋予“政策先行先试”功能。目前，中关村示范区拥有高新技术企业2.6万家。根据2019年1～11月规模以上企业统计数据，示范区实现总收入54 327.2亿元，同比增长13.8%；工业总产值10 037.2亿元，占全市的56.9%。中关村示范区资源优势突出，产业发展和投融资模式与国际市场接轨程度高，对外汇管理方式转变和效率提高的需求强烈。人民银行、外汇局积极响应党中央促进科技与金融融合的号召，顺应中关村地区市场主体需求，在推动外汇创新政策落地、促进投资便利化等方面将目光聚焦中关村。

一、政策实施背景

2015年2月，国家外汇管理局批准在中关村示范区海淀园实施外债宏观审慎管

① 作者简介：宋谷予，现供职于中国人民银行营业管理部。

理试点。基于中关村等地的成功经验，2016 年 5 月，人民银行在全国范围实施全口径跨境融资宏观审慎管理。2017 年 4 月，国家外汇管理局批复同意在中关村示范区海淀园等七个园区实施外债便利化政策。

为进一步贯彻国务院关于北京加快建设全国科技创新中心的总体要求，加快推进中关村示范区聚集全球先进技术和创新资源，落实好将关键核心技术牢牢掌握在自己手中的战略部署，在总结前期工作经验和深入了解企业需求的基础上，国家外汇管理局于 2018 年 10 月批准在中关村国家自主创新示范区实施资本项目便利化政策，北京外汇管理部授权中关村中心支局具体执行相关政策。

二、政策主要内容

资本项目便利化政策主要包括以下内容：一是升级扩容外债便利化政策，拓宽企业融资渠道，降低企业融资成本；二是落地资本项目收入支付便利化政策，允许符合条件的企业在办理资本项目收入及其结汇所得人民币资金在境内支付时，凭《资本项目账户资金支付命令函》即可直接在银行办理，无须事前、逐笔提交资金支付真实性与合规性的证明材料；三是符合条件的企业可在银行办理外债注销登记业务。参与此项政策的企业需满足以下条件：注册在中关村示范区一区十六园内，获得国家高新技术企业证书或中关村高新技术企业证书，且在中关村科技园区管理委员会发布的中关村高新技术企业名录库内；近两年无外汇违规处罚记录；属于房地产企业、政府融资平台以外的非金融类企业，如有货物贸易分类结果的，其分类结果应为 A 类。

三、经验做法

政策实施以来，国家外汇管理局中关村中心支局通过主动与各区政府对接工作、银行专项指导、企业驻点培训等多项举措保障政策及时、精准落地。新政实施以来，业务进展顺利，社会各界反映积极。

（一）“重点银企机制”助力精准定策施策

中关村示范区企业国际化程度较高，对简化外汇资金使用手续等外汇管理方面的创新需求也相对较多。在政策准备阶段，通过主动调研辖内重点企业，准确掌握企业政策需求。在北京外汇管理部的指导下，中关村中心支局与辖内 12 家银行和 70 家企业建立了重点银企沟通联系机制，指定专人与各重点银企“一对一”组建联动工作小组，缩短问题反馈链条，及时快速掌握银企生产经营情况及外汇政策诉求，找准痛点积极争取各类试点政策落地。

通过调研发现，高新技术企业普遍具有“轻资产、高负债、高成长”的特点，且部分互联网高新企业“小额、高频”支付需求较多，存在支付真实性证明材料进一步简化等问题。在充分调研的基础上，北京外汇管理部及中关村中心支局向上级部门提出采用更加灵活的外债管理方式、实施资本项目收入支付便利化等多项政策建议，并于2018年10月落地。

（二）“绿色通道”创新业务办理模式

业务办理方面，中关村中心支局为相关业务开辟绿色通道，为有意愿办理业务的企业提供政策辅导和预审服务，推进业务办理流程标准化、规范化。在实施细则公布后，中关村中心支局贴心为企业制作材料清单和表格填写模板，受到企业普遍肯定。

外部培训方面，为确保政策传达贯彻到位，北京外汇管理部及中关村中心支局采取召开金融机构通报会、银行专项指导、企业驻点培训、个案辅导等多项措施保障政策及时、精准落地。政策实施以来，累计组织或参与各类培训活动20余次，近千人次受训。

（三）“回头看”强化事后监管、完善政策细节

为进一步强化事后管理，在北京外汇管理部的指导下，中关村中心支局坚持问题导向，通过全面梳理回顾，强化银行事后监管，了解企业最新政策诉求，开展资本项目便利化政策“回头看”，进一步巩固政策成果。2019年下半年，中关村中心支局对多家重点银行和企业开展专项调研，了解外债便利化政策和资本项目收入支付便利化政策执行情况、业务存在的问题和相关政策建议。

四、主要成效

（一）突破创新发展瓶颈，缓解中小科技型企业“融资贵、融资难”问题

中关村示范区企业“轻资产、高成长”现象较为普遍，净资产规模较小甚至为负，在2.6万余家高新技术企业中，中小科技企业“融资难”问题较为突出，不足以解决研发等资金需求。外债便利化政策使“轻资产”企业可采用更加灵活的外债管理方式，为企业从境外调回资金提供了低成本的融资途径。以某人工智能领域企业为例，该企业处于财务亏损或利润较少的初创阶段，又因缺乏可抵押资产，境内

融资能力弱，便利化政策为企业开辟了低成本融资渠道，融资成本较境内下降约500个基点。再如，某电商企业，企业九成以上境内实体融资需依靠境外母公司资本金支持。此前通过资本金方式调回使用，税费及管理成本较高，参与外债便利化政策后，融资成本较境内下降约400个基点。

（二）服务实体经济，助力高新技术企业创新发展

外债便利化政策支持的行业涉及人工智能、交通、环保、新能源、健康等多个领域，资金流向聚焦服务实体经济。以某无人驾驶领域企业为例，企业从集团关联公司借入的外债资金用于支付研发人员工资、购买研发设备等，为企业在无人驾驶领域实现技术快速升级提供有力支持。再如，人工智能行业某领军企业被列入美国出口管制“实体名单”，海外资金面临资金冻结风险。出于安全考虑，企业通过外债便利化政策，将原存于境外美资银行的全部资金调入境内中资银行，有效避免了跨境资金风险。

（三）强化风险防控主体责任，促进示范区经济良性健康发展

业务办理过程中，中关村中心支局主动加强对企业外债资金使用情况的跟踪监测，在总结典型案例的基础上，探索形成监管穿透，不断完善银行和企业风险控制的监督、指导。银行普遍反映，参与外债便利化政策，银行通过与海外分行联动，学习境外金融机构授信、风控等先进经验，有效促进风险管理水平的提升。某人工智能行业企业表示，办理此项业务企业需直面国际金融市场，承担汇率、利率风险，有利于提升自身主体风险管理水平，促进示范区经济良性健康发展。

（四）创新“企业自律＋事后监管”业务模式，优化地区营商环境

资本项目收入支付便利化政策允许符合条件的企业无须事前逐笔提交资金真实性与合规性证明材料，凭支付命令函在银行直接办理资本项目收入支付，银行通过事中、事后抽查强化对企业的监督，审核效率提高60%。参与试点的多家中关村高新技术企业表示，新政的实施极大地提升了业务办理效率，有利于进一步提升地区营商环境，支持高新技术企业创新发展。同时，为进一步强化事后监管，指导相关银行探索建立业务“回头看”模式，通过“企业自律＋银行事后监管”的方式，在做好防控风险的前提下进一步提升业务办理效率。

（五）外债注销登记下放银行办理，降低企业“脚底成本”

2018年10月，国家外汇管理局批准在中关村国家自主创新示范区试点开展取消外债注销登记行政许可事项，改由银行办理外债注销登记业务。银企纷纷反映，

新政在风险可控的前提下，进一步降低企业“脚底成本”，优化地区营商环境。某互联网文化传媒企业表示，外债注销登记业务改由银行办理后，企业可在关闭外债账户时一并办理注销登记，新政的实施提升了业务办理效率近50%。

五、相关建议

（一）进一步加大宣传力度，确保政策落地见效

与中关村管委会、各分园区管委会等政府部门密切配合，创新宣传形式，继续组织开展政策培训宣讲会，对示范区内商业银行开展轮训，定期进行政策答疑，确保银行政策传达到位。邀请重点企业召开座谈会，便利有实需的企业及时了解政策情况、真正受惠于政策。

（二）建议进一步简化外债登记模式，推动更多创新试点政策落地中关村示范区

中关村示范区作为全球高端创新资源的配置中心，产业发展和投融资模式与国际市场接轨程度高，对外汇管理方式转变和效率提高需求强烈，多家中关村高新技术企业希望进一步简化外债登记业务管理。建议在更多地区试点取消非金融企业外债借入逐笔登记要求，试点企业可参照海南模式到国家外汇管理局办理一次性外债登记，并在净资产2倍内自行借、用、还外债资金。

（三）引入大数据等分析方法，提高外汇管理部门事中、事后监管的针对性和效率

参与资本项目便利化政策的部分企业为单笔“高频”“小额”交易模式，一定程度增加了外汇管理部门对交易真实性进一步事后核查的难度和时间成本。建议整合外汇局现有各外汇业务系统及互联网各类信息数据，引入大数据等分析方法，加强事中事后监督，定期统计监测，从大量交易数据中寻找内部关联与逻辑关系，及时识别潜在违规行为，对政策执行中的情况问题及时报告反馈，进一步提高外汇管理部门事后监管的效率、效果，有效防控跨境资金流动风险。

（四）探索构建政银企联动的分类管理正向激励机制

联合税务、商务等部门形成政策合力和监管约束，筛选符合条件的中关村示范区企业建立“白名单”制度，实施更加便利的措施和政策支持。